時代清华

（第二辑）

清华大学学生会　主编

清華大學出版社
北京

图书在版编目（CIP）数据

时代清华．第2辑 / 清华大学学生会主编．—北京：清华大学出版社，2014
ISBN 978-7-302-35291-4

Ⅰ．①时… Ⅱ．①清… Ⅲ．①社会科学—文集
Ⅳ．①C53

中国版本图书馆CIP数据核字（2014）第018863号

责任编辑：宋丹青
封面设计：傅瑞学
责任校对：王凤芝
责任印制：杨　艳

出版发行：清华大学出版社
网　址：http://www.tup.com.cn，http://www.wqbook.com
地　址：北京清华大学学研大厦 A 座　邮　编：100084
社总机：010-62770175　邮　购：010-62786544
投稿与读者服务：010-62776969，c-service@tup.tsinghua.edu.cn
质 量 反 馈：010-62772015，zhiliang@tup.tsinghua.edu.cn
印 刷 者：三河市君旺印装厂
装 订 者：三河市新茂装订有限公司
经　销：全国新华书店
开　本：170mm×240mm　印　张：17.5　字　数：274 千字
版　次：2014 年 4 月第 1 版　印　次：2014 年 4 月第1 次印刷
定　价：42.00 元

产品编号：055986-01

目 录

科学求真，人文求善，艺术求美

【嘉宾介绍】

一个是诺贝尔奖得主，在异乡斩获荣誉无数，而最后落叶归根，隐居清华园；一个用理念构筑生活，运筹帷幄，建筑人造山河；一个出身草野，却精于金石书画，好读书，求甚解；一个师承金岳霖、奚啸伯，下笔如有神，桃李满天下：杨振宁、吴良镛、冯其庸、欧阳中石，四位大家，从前沿科学到传统文化，横贯古今中外，纵使世殊事异、阅历不同，却有着共同的精神：求真、求善、求美。于是乎，五湖四海，清华尽地主之谊，科学家、建筑家、国学家、艺术家，骈坐百年大礼堂。

杨振宁，著名美籍华裔科学家、物理学大师、诺贝尔物理学奖获得者。1957年因与李政道一起提出的“弱相互作用中宇称不守恒”观念并被实验证明而共同获得诺贝尔物理学奖。其于1954年提出的规范场理论，于20世纪70年代发展成为统合与了解基本粒子强、弱、电磁三种相互作用力的基础，并曾在统计物理、凝聚态物理、量子场论、数学物理等领域做出卓越贡献。

杨振宁先生先后任教于普林斯顿大学、纽约州立大学石溪分校、香港中文大学，并于1997年出任清华大学高等研究中心荣誉主任，1999年出任清华大学教授。其先后获得中国科学院、美国国家科学院、英国皇家学会、俄罗斯科学院等多个国家科学院的院士荣衔及多家大学的荣誉博士学位。

吴良镛，著名建筑学家、教育家，国家最高科学技术奖获得者。吴良镛先生主持参与了大批重要工程项目，如天安门广场扩建规划设计、中央美术学院校园规划设计等。吴良镛先生先后就读于重庆中央大学、美国匡溪艺术学院，1950年回国后协助梁思成先生创办清华大学建筑系，并任教至今。吴良镛先生是中国科学院院士、中国工程院院士。

冯其庸，著名文学家、艺术家。冯其庸先生以其对《红楼梦》的研究而著称于世。吴先生先后在中国人民大学、国务院文化组《红楼梦》校订组、中国艺术研究院、中国文字博物馆工作，现任中国文字博物馆馆长。冯先生先后创作有《曹雪芹家世新考》《漱石集》《秋风集》等一系列著作。冯先生还是中国红楼梦学会名誉会长、中国汉画学会会长、中华炎黄文化研究会副会长、中国戏曲协会副会长、《红楼梦学刊》主编。

欧阳中石，著名学者、书法家、书法教育家。欧阳先生是首都师范大学教授、博士生导师、中国书法文化研究所所长、中国书法家协会顾问、中国画研究院院务委员，代表作有《中石夜读词抄》《欧阳中石书沈鹏诗词选》等。欧阳先生于2006年获“中国书法兰亭奖——终身成就奖”。

【策划手记】

时代求大师，“蓄谋已久”。这四位大师，最“年轻”者欧阳中石老人，也已八十三岁高龄。在我们的社会里，这样的大师本已不多：我们常说现在的教育培养不出大师，对于这个问题，四位老人是怎样看的呢？我们常说东西文化难以调和，而四人专业有异、爱好不同，却能将中西文化相贯通，自成体系，有所成就，他们又是怎样实现的？面对科学、人文、艺术，我们应该有什么样的态度？带着种种问题，我们请到这四位大家共聚一堂，与我们清华学子面对面、与时代面对面。岁月无情，不只催人老，这样与多位大家共同交流、进行思维碰撞的机会，怕是越来越少了吧。

从宇称不守恒到中国书法历史，从北京城市规划到红学研究，讲座嘉宾专业跨度之大，的确空前，也许绝后。但也正因如此，我们才能齐聚科学之真、人文之善、艺术之美，才能以点带面，一窥真善美的究竟：我们活在这世上，总希望生活是有意义的，然而意义又是什么？也许，真、善、美就是一种答案。也许我们永远找不到答案，但是我们听听这些大师的看法，总会有不同的启发。这就达到这场讲座的目的了。

【演讲精粹】

中国传统教育有一句非常有名的话，叫作“知之为知之，不知为不知，是智也”。我想大家都听过这个话，这个话有没有道理呢？有道理，这个与整个中国的教育体制都有很密切的关系，就是说要注意把了解的东西弄得清清楚楚，不了解的东西不要管它。可是这有一个很严重的缺点，它没有组织年轻人吸收新的办法，新的知识，就是刚才讲的渗透性的办法。

你去听一个老师讲，你没有办法问他很多问题，不懂的地方没法花很多时间和他讨论，而和同学在一起却可以无限时间地讨论下去，尤其是复杂的问题，是非常细微的、非常微妙的东西，通过这种讨论才可以学习到。有些同学在很早的时候，觉得自己对某一些事情特别有兴趣，特别有能力，就培养这个兴趣能力的再发展，这个将来很可能会变成一个非常重要的大发展的方向。

一位国画的大师，说得很有意思，他说什么是艺术，是造谣言。不过这个谣言，大家都喜欢。喜欢听就是谣言，而且还信这个谣言，甚至很向往这个谣言。

我们今天不是说科学求真，人文求善，艺术求美。人文求善没有错，但是人文里面也要求真，因为你不求真怎么善？所以现在有一些文章让你看着实在不放心。对不对？是不是？你怎么来证实，我心里最大的担忧就是我们文化的衰落，我们学风的变化。

每一个领域里头，大家所热衷的时候能够发展的方向是有起伏的，一个东西可以做得很成功，可是过了二三十年以后就没有办法再做下去了，所以如果你是在那种强弩之末的领域里，你是自讨苦吃。

如果我们把计算机弄成一个比手还灵巧、能写出更有艺术性的汉字来的话，那就更了不起了。我听说有许多计算机专家正在考虑这个问题，所以我们社会是在发展的，提出来的问题都促使我们各种学科前进，确实非常有希望。所以我觉得大家提到计算机对于我们的挑战，我们应当谢谢计算机，这不是挑战而是督促，是对我们的启发。所以我说科学和艺术是会一起发展的。

【演讲实录】

主持人：尊敬的四位老师，同学们，大家下午好，欢迎大家来到“清华大学时代论坛”，我是今天的主持人。今天是2011年12月17日，距离2011年结束还有不到14天的时间。在我们百年校庆年即将走近尾声的时候，一场什么样的学生活动能够总结我们整个2011年，乃至整个清华过去走过的一百年，以及开启新百年新的奋斗呢？今天在大礼堂里，我们希望可以给大家一个答案。今天坐在台上的四位大师，他们的年龄之和为350岁，他们拥有的智慧、阅历远远超过了350这个数字。最让我们感动的是，今天作为一场学生组织的学生活动，四位老人在如此严寒的北京，在他们非常忙碌的年末，每一位都没有犹豫，非常爽快地答应了清华大学学生会同学的邀请，非常愿意在这样的时刻和大家一起聊一聊。所以请允许我在这里大胆负责地和大家一起分享：今天在场的每一个人，我们一起见证了历史，因为四位大师一起坐在台上是一个历史时刻，所以今天让我们放下心里所有不能够集中的因素，把每一个细胞调动起来，在接下来进行的一个半小时的访谈中，从四位大师身上更多地学习，更多地汲取。也许很多内容我们还不能够理解，但是相信今天他们给予我们的智慧，是我们在清华的四年，都很难很快获得的。

在今天活动的开始，首先让我们用掌声欢迎清华大学党委副书记邓老师为我们致辞。

邓老师：尊敬的杨振宁先生、吴良镛先生、冯其庸先生、欧阳中石先生，尊敬的各位领导、嘉宾，老师们，同学们，各位媒体朋友们，非常高兴在清华百年校庆之际，校学生会“时代论坛”举办了这场“科学求真、人文求善、艺术求美”的教育活动，首先请允许我代表学校对各位领导和嘉宾，特别是四位大师的到来表示衷心的感谢和热烈的欢迎。

今年是清华大学建校一百周年，回溯沧桑，感慨颇多。

自1952年选系调整后，我校成为一所以理工见长的学校。不过令人欣慰的是，改革开放以来，清华的人文社科建设快速发展，让世人再一次见证了清华通过综合大布局，更好地适应了多元的社会的过程。清华的莘莘学子也一直融汇其中，“科学求真、人文求善、艺术求美”的境界不断成为大家内心的追求。大家都迫切渴望从一位位大师的身上，收获心灵的指导和智慧的启迪。今年校学生会时代论坛很荣幸地邀请到杨振宁先生、吴良镛先生、冯其庸先生以及欧阳中石先生，就“科学求真、人文求善、艺术求美”为话题进行一场交流，这样的机会非常珍贵，必将成为百年校庆年的历史佳话。

长期以来，四位先生一直关注大学的素质教育，他们都是青年学生最为推崇的长者和大师，我们希望通过四位大师对素质教育的看法等一系列问题指点迷津，使大家从我做起，从现在做起，并最终在自己的专业领域收获一段幸福完整的人生。我们相信迈入新百年的清华，继续推崇“科学求真、人文求善、艺术求美”的文化。

最后再一次衷心感谢四位大师的到来，预祝今天的时代论坛圆满成功，谢谢大家。

主持人：今天的论坛正式开始了，首先我们把时间交给杨老师。

杨振宁：我非常高兴，今天有机会跟三位一块参加同学们组织的讨论会。这个讨论会的题目大家都知道是三句诗一般的句子。前两天我想了想，我花15分钟，能把这个很大的题目讲出什么结果吗？我想不太可能，所以我想只花10分钟跟大家讲一点自己的经历。

2004年秋天，我在清华大学物理学系教大一物理。我在美国很多年，也教过大一学生，我想比较一下青春年华的大一学生，有什么区别。在中国，考上清华是很不容易的事情，我知道，事实上中国各个中学毕业的同学，对学习吸收的程度要比美国同学好得多，中国第一流大学的一年级学生，比美国一流大学的一年级学生学的要多得多。二流的中国大学大一的学生，比美国二流学校的大一学生也是要学的多。中国在这方面是很成功的。

另外给我非常深的印象一点是，中国大一的学生普遍非常成熟，比起美国大一的学生要成熟得多。美国大一的学生至少有三分之一还完全在一个不怎么开窍的状态，而中国学生早开窍了——这与整个中国的传统以及共产党立国以后的教育政策有密切的关系。我讲这个话，是希望在座的每位同学都深深了解到，这是中国中学教育的优点。我想每位同学了解这一点，对于你们自己怎么掌握自己的前途，也是有些帮助的。

那么是不是中国的同学学习的方法，学习的态度有缺点呢？有，这也是现在社会上讨论得很多的。最大的一个缺点就是中国的教育，小学、中学、大学的教育政策太偏重训导。训导是什么意思呢？就是老师给你设定一个课程让你去钻研，不要去管别的事情，这样可以走得更深，这个当然与刚才我讲的中国大一的同学过去习题做得很多有关系，可是这样一来也有一个很大的缺点：学生太注重专一，好像不管闲事。这一点我在美国看到了很多从中国去的研究生，我看得很清楚。

我举一个最清楚的例子，一个美国的研究性大学，通常每个礼拜都会有一个讲座，都是外国的专家进来讲一个新的题目，当然有可能不是他自己做的，但是介绍的都是他常常做的领域。有很多中国同学去了以后，我问他们：你去听了这些吗？他们说没去。我说："为什么不去呢？你要知道我是很有经验的，即使是我去听这些讲座也常常听不懂，因为有很多新的东西不是每一个学者都会认识到，都会了解到的。可是我觉得一次没有听懂，回来稍微想一想，过了三个月，我再听另外一个人讲同样题目的话，我就多懂了一些。"这种学习方法，我给它起了个名字，叫作渗透性的学习方法。

渗透性的学习方法是美国学生学习的主要办法，而这是中国传统教育所不赞成的。中国传统教育有一句非常有名的话："知之为知之，不知为不知，是智也。"我想大家都听过这个话，这个话有没有道理呢？有道理，这个与整个中国的教育体制都有很密切的关系，就是说要注意把了解的东西弄得清清楚楚，不了解的东西不要管它。可是这个有一个很重要的缺点，它没有组织年轻人吸收新的办法，新的知识——也就是刚才讲的渗透性的办法。所以我跟中国去美国的研究生说，必须每一个讲座都要听，你听了一两年之后就会知道自己在不知不觉中很多方向都有了一些长进。

另外一个我很多年的经验，可以跟大家讲一下，最好经常跟你几个熟的同学讨论问题。我在西南联大念了四年本科生，又念了两年研究生，这几年我有两个非常熟的朋友，都是同班的：一个叫作张绍联，现在还健在，是一个退休了的电机系的教授。还有一个我想大家都知道，现在已经不在了，叫作黄昆，他在半导体工业里面有非常大的贡献，实际上中国现在的半导体工业就是他一个人在50年代带出来的学生，和学生的学生，学生的学生的学生所创建出来的，所以他在晚年的时候，江泽民主席曾经当面给他中国科学的最大的奖。我们三个人经常讨论，我们当时年轻，高谈阔论的，什么都讨论。从日常的生活到世界的政治动向，到看电影有什么细节，都是我们讨论的内容。可是当然最最重要的是我们都在念物理，对于物理里不懂的东西我们经常辩论，这个辩论对我们三人对物理的了解有非常重要的作用。

后来我到美国在芝加哥大学念了两年多研究院，后来得了博士学位。在那两年多时间，又有很多美国同学，也是彼此通过辩论，每人的知识都更深入了。你去听一个老师讲，你没有办法能够问他很多问题，不懂的地方没法花很多时间和他讨论，但和同学在一起可以无限时间地讨论下去，尤其是复杂的问题——那些非常细微的，可是非常微妙的东西。这样的东西，只有通过这种讨论才可以学习到。所以我劝同学们多多跟你熟的同一个系的同学，多做这种讨论。

另外大家知道现在网上有很多资源，我们要学会利用。网上乱七八糟、毫无价值甚至是有害的东西多的不得了，可是也有非常好的东西，如果你训练出良好习惯，就能够经常获得收获。举个最简单的例子，美国最重要的报纸《纽约时报》，如果你经常在网上看《纽约时报》的一些文章的话，对于你的英文一定有很大的帮助，对于了解世界的动态也有很大的帮助，对于你整个的人生以及知识面宽广的程度都有密切的关系。中国的同学，必须要了解到，中国教育的办法容易把人引到太窄的方向，需要弥补这一点，所以希望看得宽广一点。

另外，最后我再给大家举一个例子。大家知道20世纪，一个最伟大的科学家是爱因斯坦。写爱因斯坦的传记，我估计现在有四五十本，现在公认最重要的一本，尤其是对爱因斯坦的学术怎么发展出来的，而且表述的最正确的，是亚伯拉罕·派斯在1980年的时候写的版本。这个派斯和我是同事，所以我对他写这本书和他一生的经历很了解。他是念物理的，他对物理的贡献也是很好的。可是他有一点，这点我讲出来给大家听，他在念书的时候，就想着写爱因斯坦传，所以他在那个时候就经常注意爱因斯坦讲的话，以及爱因斯坦自己的工作，这些变成了他随时都会留意的事情。当然他当时主要做的事情和他同辈人做的事情是一类的，不过你可以说他另外有一支发展的方向，就是他搜集爱因斯坦的一切。到了70年代，他就放下他自己做的物理研究工作，把这些以前所搜集的爱因斯坦的材料整理起来，就写成了他一生最重要的一本书——《爱因斯坦传》。

这个故事我讲给大家听，也是希望有些同学在很早的时候，自己觉得对某一些事情特别有兴趣，特别有能力，就培养这个兴趣能力的再发展，这个很可能将来会变成一个非常重要的大发展的方向。谢谢大家。

主持人：刚才我也作为一个普通的听众听了杨老的心声，杨老师主要给大家强调了几方面：我们需要多看书，需要把自己从目前现有的专业中开拓出来，还要多跟身边的人交流，这种交流会促进我们的思考。接下来，我们把时间传递给欧阳中石老师，请欧阳中石先生讲一讲。

欧阳中石：今天我觉得非常有幸能够在这样一种情况下和三位老师一块坐在一起谈一谈，尤其是和大家一起来说说话，很高兴，我觉得这是我好好学习的一个机会。我今天来到这儿，看到这三句话，说科学的问题、人文的问题和艺术的问题，各个追求都了不起。所以我说今天见到三位老师，来听听大家说的话，我觉得是有好处的，是一种学习。

我想这样说一下，谈谈艺术的问题。艺术是在求美，艺术是什么呢？“艺”这个字我们知道怎么讲，“术”这个字也知道怎么讲，两个字合到一起说明什么？不清楚，我知道我们古代在《汉书》上曾经谈到了“艺术”；诸子百家把一般的学问分成了三类，也说到了艺术；在《礼记》里头又说到艺术，但《礼记》说艺术基本上是个小道，把它扔掉弃之可惜，保留下来又觉得“不经”，所谓“不金”就是说不像“五经”那样是正经的学问，所以艺术是个小道。但是，现在看来它不是一个小道，它是在求美。现在的辞书里面又说它，艺术是什么呢？是用想象、用形象来反映现实，但是比现实更加典型，它是一种社会的意识形态。看起来要一步一步地研究它，很抽象。它是用一个抽象的话来说，所以看起来很深奥。可是我们接触起来就非常容易，比方这个同志喜欢唱歌，这是艺术，这个同志喜欢画画，也是艺术，喜欢写诗也是艺术。有许多人都在接触中，但把它概括起来说出一个究竟就不容易说清楚。

我记得曾经有一位国画的大师，说得很有意思，他说什么是艺术：造谣言。不过这个谣言，大家都喜欢。喜欢听就是谣言，而且还信这个谣言。比方这个人画画，画个苹果，画得不错便是艺术。要画一个烂苹果，就没有意思了，一定要画一个很好看的苹果，看起来有什么感觉？画得好，怎么好啊？画的和真的一样。当我听到这儿的时候，我觉得艺术是像真的。可是他又说了一句，不但像真的，比真的还真。我觉得这句话太了不起了，这是把一个很深奥的内容说清楚了。是用形象反映的现实，比现实还典型化。这就是比真的还真，这就是艺术。所以我觉得，看起来艺术是小道，但现在我们需要用新的眼光来看。当然它不能像科学、像人文那么准确地服务于社会，但是这个学科是人生离不开的一个学科。因为它在求美，它在了解美，这种美会让人感觉到高兴。所以这样说看起来这种求美应当好好追寻。

我没有学过艺术，应该说我对什么都没有学好，只是老考虑它。我考虑艺术，我们在人生的过程中离不开它，它起了很大作用。我前几天参加了一个大会，是航天部开的一个大会，庆祝我们上天的对接成功，用一句话叫天地对接。天和地没有对接啊，那他说的天和地都不是真天真地，是艺术语言。而且我又看到一个事实，最近我们对月亮的研究，我们已经可以把月亮全部照下来，照得很完美，这是什么？我们的领导人题了一个词：嫦娥。但是嫦娥有过吗？没有，这是一个神话。但是，嫦娥很美，这不就是我们把想象中的事情和科学对接了吗？“嫦娥”，你说说是科学还是艺术啊？我觉得又有科学，又有艺术。

所以我想了许多，我们领导人想到把飞船题为“嫦娥”，我也表达一下态度：我题一个词很难，因为我不懂科学，不知道奔月是怎么回事，可是他把它比成嫦娥了，我把它比成什么呢？我想了一下，毛主席诗词里面有一句话：九天揽月，这句话就把人们对月亮的理解说得很清楚了，于是我写了两个字，我写了“揽月”。怎么想到用揽月来说呢？是啊，这个揽是一个提手，一个展览的览。那个字里面有一个见是要看的，为什么加了提手，它是把月亮揽过来，又看又揽，就是说它对月亮的理解和研究很渗透，把整个拿到跟前。所以艺术应当有科学的思维，应当随着科学前进，为我们科学服务，让我们的科学更加灵感化。搞科学顺着艺术的思维走，嫦娥奔月说了多少年，我们今天用科学实践了它，了不起。所以我说科学也好，艺术也好，人文学科也好，都是我们应当学习的。我很惭愧什么都没有学好，今天有机会和三位老师坐一起谈谈这个问题，我觉得很荣幸。我的思想就是这么幼稚，希望得到大家的指教，谢谢大家。

主持人：今天讲到这里，大家估计对“大师”这两个字有了更多、更形象的认识，接下来轮到我们的吴老师。大家可能很关心一个很有意思的事情，大家可能也知道您设计了南京的红楼梦博物馆，而冯老师是红学的大家，我想请二位能不能就这样一个问题进行对话，特别是也想请吴老师，您作为一个建筑学家，您自己也做了很多和文化息息相关的建筑设计，能不能谈一下您对今天这个题目的看法。

吴良镛：今天既然提到了这个问题，我就说几句。今天很多同学到大学来都在学习着不同的专业。但是大家都迷建筑这个学科，因为它是一种艺术，是一种爱好，有时候也不太求深解。我上大学的时候有一位老教授，后来还是南宁市的副市长，他很有学问，他就说这些学生，他说这个建筑学生是不懂的，那些东西懂不了的。所以在这个里头，建筑自以为清高，其他的也认为建筑只是建筑——包括2011年我被选为科学院院士的时候。

建筑是艺术与科学的结合。房子是怎么盖的？今天老有新的问题，低碳、节能、减排、大楼结构不好了等问题，都需要用科学去解决。现在艺术又变成各种派，尤其是到六七十年代以后，变成了符号，我也是不太理解那些东倒西歪的建筑究竟是怎么样。我觉得我们最重要的还是生活，社会生活，生活是最根本的，你不断提出要求，所以我觉得就是要求以问题为导向，社会有什么问题，建筑学科有什么问题，来找到追求，而不是哪个派，哪个学科，规定是什么样，而是追求现在社会的变化。这个概念转过来之后，我发现另外一个世界，就是我们现在生活的世界，这个世界要什么，当前社会要什么，在这里我认识到环境科学：大家住的环境是根本。中国现在的人居环境和西方不完全一样，他们是发达社会，中国的东部、西部差距很大，我们还有很多地方需要努力。

建筑不是从哪个定义看，而是从社会来看，社会让你建筑，要讲人文，建筑就是为社会服务。那么建筑里头无论大小，大的方面讲要结合人工的环境、区域、城市，小到一个建筑群、清华的校园、每个角落，这里面都有问题，都是艺术的问题，都有空间的创造。西方有一句话：“设计无所不在”，我们讲的艺术追求，空间的追求，形象的追求，在每个阶段都有，包括艺术本身，审美的文化。审美文化里面各个方面建筑、雕刻、绘画，以及诗歌等，这些都是无所不在的，这些要求根据条件而建立。如果解放了这个思想，我觉得到处都是我们的专业。那么有这个专业的思想，就有社会责任感。人与环境，贵在融汇。科学的精神可以放在人文，人文的精神可以放在艺术，艺术的精神也可以放在科学。我就讲这些。

主持人：我们刚才听吴先生讲的时候，不知道大家有没有一种穿越时空的感觉。我不知道大家是不是清楚，欧阳中石和吴良镛的老师都是大师，欧阳中石的老师是金岳霖，他们作为大师的弟子，他们也把大师的智慧传给大家，这让我有一种很神奇的时空交会的感觉。接下来我们请冯其庸老师给我们讲一讲：您是一个探险家，您在自己的巴山楼里面做了很多的学问，您也多次到西域亲身做了很多研究，能不能和同学们分享一下您觉得在屋子里做学问看书，和出去自己亲身感受这些文化，对我们做学问都有什么样的帮助？

冯其庸：今天到清华来非常高兴，但是有一点我要向大家说明，我的耳朵不灵，刚才三位先生讲的我只能略听到几句，听不清楚，所以我无法对三位老师的讲话呼应。面对面讲我还能听清楚，在旁边实在听不清楚，不好意思哈。刚才他说的我听到一点，说我在巴山楼做学问，其他的也没有听清楚，我现在说也像是自说自话，因为我无法呼应，也请三位前辈谅解。

我自己到过西域，非常想给大家介绍一下西域的情况，电话里让我讲，我觉得一言难尽，那么短的时间讲不了。那我就先讲讲我经历的西域。我一共去了十次，在座的孟院士也一起去过，我的助手他们也跟着上去过，他们去的次数也不少。最早我要去西域，是被同事吸引了，被《玄奘法师传》吸引了。我十次去西域，我得到了什么结果呢：查清楚了玄奘法师从印度回归的三个路线，这个路线是非常奇怪的，我是第八次才查到。前几次都与《玄奘法师传》对不上，他去的地名我都对不上，所以没有办法认可。

第八次我先到吐鲁番四千米，到了那里以后，我当时下决心要去另外一个山口。当时我听到招待所的领导商量安排我明天怎么活动，把我当成旅游去了，找这个地方参观，找那个地方参观。我说我不是来参观的，我是调查，要到凌天盖（音）去，他们说这个路太难走了，我说你们怎么走的？他说前方有战士，我说他们能走我为什么不能走？我说这一次我也是批准让去的，他说非常颠簸，我说怎么颠簸我也愿意去，他们最终还是答应了我。所以终于经过一段艰苦的路程，到了我们前哨的基地，到了那里我又去找一个叫公主坡的地方，那是《玄奘法师传》上面的一个地名。找到了公主坡，但是我看到大水把桥冲掉了，过不去。正灰心的时候，看到有一个路标，是给老百姓过的，这个路标让我高兴得不得了，那个路标上写着玄奘是从瓦翰（音）回来的，我就非常高兴，我说再往前走，再往前走就是赫尔里尔（音），我还是要去，最后终于到达了那个地方。我看到战士站在很高的高哨上，我跑上去问他这个地方有多少高度，他说四千七百米。同时他告诉我，玄奘，他说唐僧，就是从这里回来的。战士都知道，他说上面还有一些布施的墓，还有公主坡。现在（公主坡）慢慢地残废了，就剩一堆乱石了。我去的时候，那里还有一个很大的羊头，这个羊不是我们现在看的羊，是高山的一个品种，角很大，我从新疆带回来了好几个。这样终于查到了凌天盖（音）。往前走，其实还有一个山洞，结冰了，战士告诉我，那里有一个成冰块的尸体，我说想去看看，他不让我去，他说看那个要和地区交接，先打好招呼才能去，而且，没有准备的人是去不了的，因为普通穿的衣服到冰洞里也就成冰了，所以没有去成。

但是，至少玄奘从山口进来以后，就是我们走的路线，但是这个路线还只是大体，还不能绝对准确。到了2005年，我83岁，我又到了凌天盖（音），在那里竖了一个碑，然后我们到了吐鲁番，我说这一次我一定要到公主坡去，我来的机会太对了，这次机会我不能错过。问当地的人，他们说太难了，没有路，我说没有路也要去。后来我就商量找老百姓，不要找招待的人，找老百姓牧羊的人会有办法。有一位老百姓，认识一条小路直到公主坡，但是车不能全部开，只能开一部分路程，我说能开多少开多少，就是颠簸地往公主坡走。靠近公主坡不到一里路的地方，车过不去了，年轻人都可以走石头过去，我无法走那个石头过去，不过刚好赶上牧民来了。于是我坐着他的马，老乡拉着马，旁边有人扶着，到了公主坡。后来我们见到的唐代的彩绘都是后来去修的，那个山坡根本上不去。年轻人很快就爬上去了，新疆那边有一个招待的人员管着我不让上去，说我这么大年龄太危险了，我就听他的话没有上去。但是我最大的收获，是我见到一个陌生人，我问他，说这是去哪里的？他说这是通往凌天盖（音）的古道，以前上去的都是解放军新修的一条小道，但不是原来的古道。这解决了我什么问题呢？玄奘求法回来为什么要到公主坡，那里有一条很大的河，我们只能仰望着公主坡，我百思不得其解，为什么他要到那里去，还记下来了公主坡的古字。

他一说这个问题就明白了，原来玄奘回来的时候是沿着山坡河的右边，我们从山上看下去是左边，他是从小道下来的，公主坡是他的必经之路，因此他会记载他经过公主坡，再从公主坡往下走就是吐鲁番，他在这里待了二十一天。我一共去了三次，第一次、第二次我都到吐鲁番的古城里面看了，只有第三次没有去。当时有一个疑问：公主坡不大。后来我请教了一个新疆的老首长，他说原来外面的城墙是唐代的旧城，现在我们去的公主坡范围缩小了，中心在这里，但是范围比这里窄。就这么一点小事，花了多少年的心血，终于把事情弄明白了。因此，我觉得做学问是很艰苦的，需要花精力的，需要下决心的，需要有求证的一种不懈的精神。我们今天不是说科学求真，人文求善，艺术求美？人文求善没有错，但是人文里面也要求真，因为你不求真怎么善？所以现在有一些文章看着让你实在不放心。对不对？是不是？你怎么来证实？我心里最大的担忧就是我们文化的衰落，我们学风的变化。

我读书的时候，杨先生是我们的老大哥，他比我大两岁，吴先生1924年吧（编者注：实为1922年），我也是1924年，我和欧阳也差两岁（编者注：欧阳老人1928年生，因此实为四年），我们都是差不多的年龄，我觉得我们读书的时候我们的导师非常严谨，做学问没有随意说的。我听过台湾田冰思（音）先生等那些大师来给我们讲课。我觉得这些老一辈的人都是非常严谨的，现在我非常担心学界的风气。清华大学提倡文科，提倡人文科学。清华能够重振文科太了不起了，我们这个国家，我们这个时代太需要这一方面了，人民大学办国学院要我再去，我也答应再去了，原因就是我希望我们国家不仅科学要上去，我们的文科也要上去。

马克思主义要和实际结合，这是非常有深度的一句话。结合到什么程度算完美？没有底，我觉得尽可能地结合起来，也就是说，马克思主义一定要融入我们中国文化里面去，成为我们自己的东西，唯物论的辩证法要成为我们思维的基本方法。如果人的思维离开了唯物论，离开了辩证法，思想就很难受了。

我列举佛教，佛教从东汉末年开始流行，到隋，到唐，到现在，现在全国老百姓中间有相当多的一部分人自动地崇拜佛教，相信佛教。佛教是宗教，马克思主义不是宗教，是科学，但是它在中国老百姓心里生根也应该到这样的程度。我们应该把它发扬，把它的思维方式和我们的思维方式融汇一体。何况我们自己，很早时候，唯物论、辩证法我们就都有，因此我们接受马克思主义的唯物论、辩证法这些思想很自然。我觉得我们清华大学能重振文科非常重要，我们要共同努力，使我们中国几千年的思想传统、文化传统还有科学传统，加以发扬光大。

我自己经历了非常艰难的过程，因为我是一个农村孩子，小学五年级的学问完全就是靠自己读书，不懂也学。后来上了农村中学，后来又失学。后来我又到了部队，部队又把我派到学校里面，那时候都是指定你学什么，没有你喜欢什么，研究什么。包括研究《红楼梦》也是组织派我去研究的，结果一下子几十年都没有出来，就这么个情况。所以大家要我讲《红楼梦》，真是一言难尽，但是我可以讲几句话，大家可以体会一下。《红楼梦》开头有几句，如果就诗学来说这些话都不押韵，不在韵里头，但它也是大家承认的诗：满纸荒唐言，一把辛酸泪。

百年的家世、百年的富贵荣华，最后的抄家。抄家的时候，只有旧房几十间，当票多少张，还有借人家的三万银两，除此以外一无所有。是经历了这样一个家世没落。因此他（曹雪芹）应该知道经历了最后一段繁华后是要败落的。我是这样想的，《红楼梦》包含了整个家庭的辛酸，世上当时的人不理解他，他写这个是什么意思？没有人能够知道他心里的痛苦。所以这两句话，我觉得既是《红楼梦》的开头，也是《红楼梦》的总结。

还有一句话：无奈可去补苍天。是以石头的身份说的，说女娲补天的时候没用完，没用了。对曹雪芹来说也可以结合他的身世，他出生的时候已经没落了，无法挽救败落的家庭。这完全是编出来满足上面的一句话，但是你认真讲也可以结合曹雪芹自己，虽然是荒唐言，但这就是败落以前的情况。这都是以石头的口气说的，所以我觉得归纳起来这几句实际上已经把《红楼梦》基本最重要的内涵概括进去了。真正要细讲，不是一次两次，我写了十几本书，我把自己的体会写在了《评批红楼梦》里，我有误解就写在上面，每一回合我都有评，把我自己的感受都写在上面了。前几年我又重新修订了一次，增加了一些评和标注，这个月底这个书会出来。

因为时间有限，我实在很抱歉，我很想听三位老前辈、老兄长精彩的讲话，可是我坐在这个位置，他们前面讲，我坐在旁边只听了一小边，下面我还要向三位请教，就不占用更多的时间了。谢谢大家。

主持人：听冯先生讲前半段的时候，可能有一种参加了社会实践的感觉。刚才冯先生讲的时候大家有没有抓到一个很重要的点：他近期到新疆考察的时候已经80多岁了，而且依然到了前线，那里有他需要印证的要研究的内容，也让我们非常震撼。

今天到场的有很多大一的新生，大家也非常愿意听杨老师给我们做关于学习的建议，一字班有很多的同学通过我跟他们的接触，他们有时候会产生什么问题呢？因为高考的时候，专业是按成绩来分的，多少分去一个专业，一字班来了之后觉得这个专业可能学的劲头不高，但是你问他你想去哪个专业？他自己可能也不明确。面对有不少困惑的一字班的同学，您给他们什么样的建议？

杨振宁：最重要的是你要走到一个正确的专业。通常一个研究性的大学研究生本质和人力根基都是非常好的，可是他们毕业以后、得了博士学位以后，到十年以后去看，他们的成绩就不一样了，有的人做得很成功，有的人做得很不成功，为什么有这么大的区别呢？不是因为他们的本事或者努力差了这么多，其实最简单的解释，就是有人走了一个正确的道路，正确的专业，有的人没有走到正确的专业。什么叫正确的专业呢？就是在做研究生的时候，以后十年、十五年是同步发展的一个领域，你走到那个领域就是正确，你如果走到一个强弩之末的领域，就越走越窄，这个如果从各个不同的科学过去五十年、七十年的发展看，就会看得很清楚的。每一个领域里头，大家所热衷的时候能够发展的方向就是起伏的，一个东西可以做得很成功，可是过了二十年、三十年以后就没有办法再做下去了，所以如果你是在那种强弩之末的领域里面，你是自讨苦吃。

所以说一个研究生，对他自己的前途所要负的最重要的责任就是找到一个前途大有发展的方向，而不要走穷途末路的方向。这个当然并不解决问题，因为你们的问题就是会问我哪个是有前途的呢？如果你今天问我物理里头哪些前途有希望，哪些有困难，我不敢说我讲的百分之百的对，但是大部分是对的，这是一个有经验的人对于过去历史的发展比较有经验，他可以做一个比较正确的判断。所以我想每一位同学进研究院之后要做的事情就是尽量吸取这个领域做得相当有经验的人提出的一些劝告。

不过，这个大家也要小心。为什么要小心呢？因为通常你去请教一个资深的四十岁、五十岁的教授，他在一个领域里头，他不会讲他那个领域的困难，所以这一点你必须要小心，如果能够多找一些人做一些比较之后，比较容易得到一个较为正确的回答。这一点我认为是给刚进研究院的同学一个非常重要的劝告。

主持人：刚才冯先生讲到了他很担忧未来我们能否传承自己的文化。实际上欧阳老师，同学们也都反映了一个问题，现在的年轻人，大家之间通信都是发短信打字的，交论文用电脑做，越来越少拿起笔去写，这是否引起您的担忧？您一直在中国推动的书法文化的发展、它的传承，会不会因为这些电子产品越来越多地介入大家的日常生活而出现一些文化衰落呢？您有这方面的担心吗？

欧阳中石：目前教育部和我们的中央领导都提出了这么一个问题，指示我们要在中小学甚至于小学的三年级就要开始学习书法，这是一个什么概念？书法教育，不是简单的一个写字问题。就是简单的写字，我们是不是都研究得很好了呢？我们在小学里面，从三年级开始，三年级四年级五年级六年级到初中高中，这些都要学。应当怎么理解呢？这是一个什么问题？现在的事实就是科学发展了，电脑使得许多同学很方便地学习了文字，学习了内容，但是写字的能力却差了。这是电脑向书法的挑战。

我这么想，我们的社会在发展，我们的科学化给我们提供了极大的方便，方便在哪里？方便在学习理解上。我们写字是不是耽误时间呢？写一些字还不如打字快，这应当怎么理解？我是这样想，我们的汉字应该说是中华儿女对于世界人民的贡献，是人类智慧的结晶，我们人与人交流思想，最直接的是语言。但是语言有时间空间的限制，我们这里说外边听不见，我今天说了明天又不存在了，一会儿就不存在了。这就需要解决。我们知道我们把它记录成文字，就解决了这个困难。但是大家意识到没有？这个字与声音和客观事物没有必然的联系，这是我们都知道的事情，但是没有把它当成一个严重的问题。我们说一本书，在中国是书，在美国就是book。哪一个是根本呢？哪一个也不是。这就能说我们的文字是胜利的，因为声音和客观事物之间没有必然的联系，只是约定的联系，我们就这么说。

我记得有一个日本朋友来到中国先到了东北，大家都介绍说这是一位“一本人”（日本人），然后到了西安，就介绍说这是一位“二本人”（日本人），到了广东说他是一位“几本人”（日本人），他自己都不知道他到底是几本了。所以声音并不代表本来的情况，所以我们中国祖先有了一个了不起的办法，画个图，画个画，画个太阳，谁也认得，所以说日怎么写，月怎么写，尽管不会说，但是能够画出来。当然了能够画的画也不多，我们写一个木就画一棵树，树多了怎么办？在旁边再画一棵树，林，能画出来的画很少。我们中国的祖先很了不起，一张画不行，画两张画，两张画不行再画一张组合起来，这是我们的祖先的办法。大家都知道太阳是发光体，月亮是反光体，放在一块就是光明，很自然地就解决了问题。当然不是所有问题都能解决的，但是解决了很多很多，我认为这是智慧的结晶，我们应该肯定这一点，这就是科学。

我们中国的文字是科学的，但经过历史这么久，有很大变化，今天写的字已经不是原来那张画了。虽然有困难，可是我们的汉字是有规律的，有规律按照规律就很方便，这是科学。把我们的字画出来这是艺术，所以我们的汉字既是科学又是艺术，我们应该很好地发掘它。现在有电脑很多都不用写了，我们说电脑是不是发明到头了？还没有到尽头。它如果再结合与写一样的艺术性，不就更了不起吗？你说艺术也可以促进我们科学的发展，有不少朋友在思考这个问题。

我最近听到一位领导说的情况。他到日本，坐在长途汽车上，发现旁边有好多书，凡是不想打瞌睡的就拿本书看看，一打开书很奇怪，不是文字，是图画。他觉得图画很容易沟通人们的思维，不知道是哪国人，不知道是哪国文字，图画就都明白了。我说什么叫图画呢？我们的汉字不就是图画吗？这一点我们能意识到，我们不应当自私，我们应当把我们的文字整理得更好，让人一看就明白，一看就知道它代表了什么事物，这样的话我想我们的中华文化就能很好地传达。如果我们把电脑弄成一个比手还灵巧、还更能写出艺术性的汉字来的话，那就更了不起了。我听说有许多电脑专家正在考虑这个问题，所以我们的社会是在发展中，提出来的问题都促使各种学科在前进，确实非常有希望。所以我觉得大家提到电脑对于我们的挑战，我们应当谢谢电脑，这不是挑战而是督促，是对我们的启发。所以我说科学和艺术是会一起发展的，我是这样感觉的。谢谢。

主持人：所以给大家一个建议，我们今天晚上回到宿舍想记住大师给我们的建议的话，我们可以用笔给记录下来，这可能也是我们今天向大师求教新的感悟。

由于时间的关系，我们和四位大师的对话到这里就暂告一个段落了，我觉得在这个时刻我们应该把最热烈的掌声送给四位大师。希望各位老师身体健康，今天回去好好休息，谢谢你们。

【点滴感悟】

我们的生活，不能是茫然无目的的；我们生活的目的，不能是人云亦云的；那什么样的目的才好呢？我觉得，真善美三字足以概括。真，指向世界，是真理；善，指向人间，是道德；美，指向内心，是我们的欣赏和愉悦。

（水工01　李沫婵）

大师的路我们没有走过，那里沧海桑田，我们无法从寥寥数语中感悟。人生就是这么个过程，我们在奋斗中走过，再回顾往事，只觉得淡然和苍茫。希望我在暮年，也能有大师们的那些阅历，那份淡然，回首今天，不留遗憾。

（建环01　郭浩然）

情凝清华，人文怀思

——昔日大师之后，今日清华之风

【嘉宾介绍】

宗璞，原名冯钟璞，笔名绿蘩、任小哲等，著名哲学家冯友兰之女，当代作家。曾就职于中国文联及编辑部、中国社会科学院外国文学研究所，多年从事外国文学研究，吸取中国传统文化与西方文化之精粹，学养深厚，气韵独特。

宗璞在文学创作方面以细密从容的叙述方式，建立起优美温婉的语言风格。众多的人物命运和世相心态，在看似平淡的生活情境和细节中缓缓展开，伏有大气磅礴的布局。宗璞笔下的战争没有刀光剑影，却烙刻了深重的精神创痕，并具有一种柔性的书卷气息。那种浸入骨髓的文化质感，竟令人在阅读中有置身于《红楼梦》之感。

其主要作品有《红豆》《弦上的梦》，系列长篇《野葫芦引》等。

季承，1935年生，国学大师季羡林之子。毕业之后分配到北京中国科学院工作，中国科学院高能物理所高级工程师。曾任李政道先生主持的中国高等科学技术中心顾问，与李政道有着长达三十年的紧密合作，现在李政道高等科学技术中心兼职。2009年12月10日出版《诺贝尔奖中华风云——李政道传》一书。2010年5月中旬，出版《我与父亲季羡林》一书。

闻立雕，又名韦英，闻一多先生的次子，作家，先后在北方大学文学系和中央团校学习，毕业后先后在团中央、陕西省委宣传部、中央统战部、新疆维吾尔自治区宣传部、中央宣传部工作。闻立雕先生从中宣部离休后，一直致力于《闻一多全集》的出版工作。

【策划手记】

当年的清华在屈辱中建立，肩负着光荣与梦想，走过一个世纪的风雨洗礼。今天，我们站在历史的门前，百感交集，清华即将迎来她璀璨的百年华诞。在过去的百年中，多少志士在这里指引一个民族的方向，多少巨擘在这里书写一个民族的文明，多少大师在这里闪耀一个民族的智慧，他们在百年校史上写下了浓墨重彩的一笔。百年之后，当几位大家齐聚清华，我们是何等的荣幸，得以追寻先贤的足迹，感受清华的人文日新。在大师后人的追忆中，感受他们对清华的不解深情，感受他们身上永不磨灭的清华精神与人格魅力。

本场的嘉宾不仅自身与清华有种种渊源，情凝清华，在人文方面造诣颇高；更是众多大家之后人，追忆大师更是追忆清华百年的风雨历史。他们很难得能聚到一起，在百年校庆之际回到母校，追忆他们与清华，他们与大师，大师与清华的种种不解之缘。通过他们的娓娓道来，我们聆听到了清华的历史，瞻仰到了大师的遗风，更让我们新百年的学子懂得珍惜现在的辉煌，激励我们为下一个百年而不懈奋斗。

【演讲精粹】

我们和清华有着千丝万缕的联系，有着极其深厚的感情，清华让我们干什么，我们都愿意。

我参加革命之后改了名姓韦英，我不愿意我父亲是闻一多，我不愿意靠着父亲的光环使自己在社会上得以怎么样，怎么样的。

诗人主要的天赋是“爱”，爱他的祖国，爱他的人民。这是闻老爷子的话。

——闻立雕

第一个公式是成功的公式，叫“天才+勤奋+机遇=成功”。

他说清华的精神是“清新俊逸”，北大的精神是“凝重深厚”，他对清华还额外加了好多清华精神，比如他讲清华精神永葆青春，永远充满活力，永远走向上的道路，清华的校风是清新、活泼、民主、向上。

“清华有光辉灿烂的历史，一定有更加光辉灿烂的未来”，这是绝对没有问题的！

——季承

【演讲实录】

主持人： 尊敬的各位嘉宾、老师们、亲爱的同学们，大家晚上好！欢迎来到“清华大学时代论坛”溯源讲堂，很高兴在这个繁忙而又充实的校庆周，和大家相聚一堂共享欢乐。

今天我们看着美好的春光，在美丽的春色里和清新的春风说说话，和翠绿的春柳一起舒枝展叶，和春花春月一起枝头绽放，拥抱这个春天里清华的新百年。而现在我们相聚在一起，不为别的，只为和几位和蔼可亲的老人，一起回顾孩提时代纯真美好的记忆，细数藏在红砖绿瓦间那一段段尘封往事，珍藏老清华和老西南联大带给我们的感动和希望。让我们以热烈的掌声欢迎闻一多先生的次子闻立雕先生和季羡林先生之子季承先生的到来。

闻立雕先生又名韦英，闻先生于1948年上半年随母亲来到解放区，先入北方大学文学系学习，后进入中央团校读书，毕业后分配到团中央工作，在团中央工作一段时间之后被调入陕西省委宣传部工作。在那里闻先生工作了整整15个春秋，之后被调到中央统战部工作。“文化大革命”开始后不久，闻立雕先生被调任新疆维吾尔自治区委宣传部工作，直到1978年春天才被调回北京，在中央宣传部任副局级调研员，一直到闻先生离休。离休后的闻先生并没有闲着，他一心致力于《闻一多全集》的整理和出版工作。

季先生1935年出生于山东济南，毕业于北京俄语专修学校，也就是现在的北京外国语大学。季先生毕业之后被分配到北京中国科学院工作，是中国科学院高能物理所高级工程师。季先生长期从事翻译、党政、科研管理工作，为建立我国高能加速器做出了贡献，曾作为中方代表出使美国，后创办中国新技术开发公司、中科院辐射技术公司等。季先生曾荣获中科院科技进步一等奖，任中国高等科学技术中心顾问。

让我们再次以热烈的掌声感谢两位老先生的到来！同时我们也真诚地感谢本次活动中因为身体原因，而不能出席讲座现场的宗璞先生。所幸我们同学已经于2011年4月20日下午拜访了宗璞先生在北京大学的居所，为我们带来了难得的视频资料，记述了宗璞先生对历史的回顾和对新百年的展望。这段视频我们将会在我们的讲座和访谈环节里面给大家观看。宗璞先生原名冯宗璞，是著名哲学家冯友兰先生的女儿，宗璞先生也是著名的当代作家，曾就职于中国文联及编辑部，中国社会科学院外国文学研究所。宗璞先生多年从事外国文学的研究，她吸取了中国传统文化和西方文化的精粹，学养深厚。宗璞先生的主要作品有《红豆》《弦上的梦》，系列长篇《野葫芦引》等，相信大家都和我一样非常熟悉宗璞先生的《紫藤萝瀑布》，在此我们遥祝宗璞先生身体安康，继续在文学和文化的领域内散发美丽的光芒。

荷塘中的莲叶依旧在风中翩翩翻翻，小溪也曾经是碧绿潺潺，古月堂琴的月牙还是那么的皎洁弯弯，流光飞舞，清霜轮换，不变的是历史，无声的是岁月，永存的却是我们最为难得的人间真情，旧日时光。现在我们就把宝贵的时间交给两位先生，在百年的节点上回顾过去，细数往事，展望未来。

先有请闻立雕先生进行个人演讲。

闻立雕：我是闻一多先生的家属，首先对清华百年校庆表示热烈的祝贺！我今年83岁了，身体不是太好，所以对不起，我坐着讲。我想先介绍一下我的父亲当年在清华留美预备学校学习及以后他的一生的简要情况，然后着重地解释一个问题，就是他既没有专业地学习过中国文学，留美又是学的美术，回国来之后为什么清华大学一下子就把他聘请为中文系的教授，我会对这个事情说明一下。

我父亲是1912年考入清华的，也就是清华留美预备学校成立二周年之时。1922年从清华毕业，毕业之后到美国去留学，学的是美术。在美国留学三年，回国之后，先后在五个城市七个单位搞过教学工作和其他的工作。1932年清学已经改称清华大学，他被母校聘请为中国文学戏剧教授。抗日战争时期，清华、北大、南开合并在长沙组成临时大学，我父亲到了长沙以后战局紧张，学校搬迁到云南，我父亲又和同学们一起从长沙步行到昆明，共走了68天3500里地。抗战后期因为看到国民党反动派专制独裁腐败，拍案而起，猛烈抨击当时统治者，1946年7月15日被国民党杀害。

我下面着重说一下他在清华的情况。清华那个时候留美预备学校是8年制，中等科4年，高等科4年，一共是8年，但是我父亲在清华是10年。为什么是10年呢？第一年考进的时候，报到的时间晚了，这时候大半时间都过去；再加上因为小时候没有英文课，英文跟不上所以留一级，本来是1912年变成1913年，到最后应该是1921年毕业。但是毕业考试的时候，恰巧又碰上一个事。因为当时军阀混战，教师好几个月都领不到工资，生活没有办法，他们就请愿。请愿遭到了镇压，打伤了很多人。这样高校的教师们就罢教，然后北京市学联就号召有关学校的学生都起来罢课，声援教师。当时清华有一个问题，清华教师的工资是庚子赔款里头给的钱，所以他们没有拖欠的问题，那就有一个问题，就是清华的教师要不要罢教，学生要不要罢课支援，当时学生们产生了分歧：有的说我们不存在这个问题，就不要罢课；有的说不行，咱们是学联的一分子，在正义的斗争上，咱们应该步调一致，一起起来参加斗争。最后清华同学们表决，大家罢课支持。可是对于毕业班，就是闻一多他们那一届要毕业，学校里头做了一个决定，不允许罢教，不允许罢课。因为他们正是期末大考的时候，考完了之后，及格了就可以出国留学了。学校决定说，凡是参加罢考的人，取消你留学资格，这件事情对于清华当时的学生，那可是个很大的问题，在学校学了8年，最后马上就要出国留学了，结果你一罢课、罢教、罢考，取消资格了，前面8年的学习全部付诸东流了。这种关键的时候，到底是罢课还是不罢，是罢考还是不罢考？到了最关键的时候，学校说，今天照样考试，你们谁要拒绝考试，就等于要学校开除你们。这样毕业班的学生就发生了分化，相当一部分同学走进了考场，而闻一多、罗隆基等29位同学，坚持罢考，不进教室，学校就把他们开除了。没办法，这些人背着行李卷回去了。这件事情引起了学校当时董事会内部的分歧，认为我们花了那么多钱培养了几十个学生，将来留学回来之后给国家服务，现在一下子把这29个学生全都开除了，我们过去的钱不都白花了吗？所以董事会内部也有分歧，认为不应该这么处理，学生中间也有人起来斗争，学生的家长也有人提出意见，最后学校就改变态度，说这些人可以回来，但是推迟一年毕业留美，因此我父亲他们被开除之后又回来了，回来当年没有出国，第二年留学，所以他是10年。

他在美国学的是美术，这也是一个问题了：闻先生你学了10年的工科，结果怎么去学了美术？学美术也是不得已的事情，当时他在学校里对美术是很有兴趣，但是并不准备把它作为终身的职业。那他对什么有兴趣呢？对中国文学，对中国古典文学特别有兴趣，除了这个之外，要么就是数理化，要么就是历史、地理，要么就是政治、法律，他对这些一概不感兴趣，就是想学中文。可是留美又不能学中国文学，中国的东西特别是古代的一些东西，在中国才能学到，你到美国去学什么？所以一度他都不想出国去。后来梁实秋等同学们说你还是去吧，学吧，那学什么呢？当时学校的美术老师是个美国女性，说你在美术方面挺有天分，在学校里面经常画画，学校的《清华周刊》上也刊登了你的画，你去学美术去。这样不得已的情况之下才学了美术。

这个地方我就顺便说一下他在清华学习的情况。我父亲从小就特别爱学习，酷爱读书，尤其是古书。因为我们那个大家族是一个书香门第，我祖父是个秀才，我们这个大家族里头，有自己办的私塾，还有藏书楼，就等于一个小图书馆一样。我的祖父很早就给我父亲他们教读古时候的一些书，如《三字经》等。后来他6岁的时候读《汉书》，而且他读起书来特别的能够克服困难，他勤奋地钻研这些东西，并且提出一些问题来，所以我祖父很喜欢他，经常给他教这个、教那个，这样他从小就培养起对中国古典文学的兴趣。清华当时是个留美预备学校，重视理工这方面的东西，也重视英语，而对中文并不是太重视。可是闻先生他自己就非常勤奋，在课余之时，还经常下苦功夫，自己阅读，自学写古诗著作。每一年的暑假回到家里，才一进门，就进到书房里头看书。湖北那个地方夏天酷热，他关着门自己在小书房里看书，汗流浃背，又有蚊虫叮咬，我祖父看他很可怜，进去之后拿扇子替他扇，一看屋子里头，桌子上、椅子上甚至于地上堆满了各种书。他非常勤奋刻苦，在这儿一读两个月，后来他把这个书斋叫二月庐；他看了书还做笔记，笔记记下来给咱们的《清华周刊》投稿，叫作《二月庐漫记》。他非常勤奋、非常刻苦、非常专心，专到什么程度呢？有一天傍晚，在屋子里看书，看不太清楚，他就出来，借外面的光线在那儿看书。我们那个乡村的地方酷热、潮湿，有蝎子、蜈蚣这些东西。那年他去看书，一条蜈蚣爬过来，爬到他的脚上，旁边的人看到就喊“有蜈蚣”，他也不理，还在那儿看书，一会儿蜈蚣爬上来，顺着小腿往上爬，爬的时候我父亲还在那儿专心看书，还不知道，旁边人急了，过去就“啪”一巴掌，把蜈蚣打到地上，赶快拿脚踩死，我父亲说，干什么，捣乱呢，我在这儿看书你们还在这儿捣乱。他专心到这种程度，刻苦到这种程度。

后来，到美国留学也是这样的情况。他学的是美术，可是他一心想要回来之后搞中文，所以到美国留学的时候，抱一大堆中国古籍去看。白天一有空了，他就跟同屋子的同学一块出去看书，到哪儿呢？开始他在芝加哥一个公园，公园里面有个草坪，他们两个人一看这个草坪挺好的，就躺在草坪上看这个古书。草坪里头松鼠一下跑过来，一下跑过去，一直跑到身上他还不管，还在那儿看书。后来他写信告诉我的祖父母，说他现在记的笔记，写的笔记已经有一寸厚那么多纸了。真是非常地勤奋刻苦。

他回国之后，开始是在北京的美术专科学校，也就是后来的艺专当教育部部长，后来在上海的政治大学当训导长，再后来，到了武汉，在北伐军政治部搞宣传工作，画画。当了一年零一个月的兵他不习惯，后来他不干了，又回来。回来之后通过亲戚的帮助，找了一个南京土地局当个职员。这也不适合他，后来到南京中山大学，教英文，最后又到了武汉大学，到武汉大学和青岛大学这倒是搞中文，要担任中文系主任，文学院的。

到了1932年的时候，清华大学聘请他回到清华来教学。他学美术，人家没有什么美术博士、美术硕士，所以他学了三年学问也没有，学衔也没有。清华那个时候大家都知道，留美预备班他是8年毕业之后相当于现在大学的一、二年级，那个时候不分学科，他基本上还是学了文化基础课，他没有进过专业学校学习中文，到美国又学的美术，回来之后这儿当教务长，清华大学还是把他聘为教授。按照后来的情况，在清华大学，助教完了之后教员，教员完了讲师，讲师完了是副教授，然后才是教授，学问得是这样，清华也是很讲究这个资历的。但是却把他一下子直接聘为中文系的教授，这其实也是清华的一个特点，就是清华对于特殊的情况，会打破这个成规。华罗庚是清华一下子聘来的，吴晗考清华的时候数学科零蛋，他到北大考数学又是一个零蛋，结果北大坚决不要，清华一看他这个文史方面的成绩非常好，破格收了。闻一多没有进过专门的学校进行专科学习，也没有学位，但一下子就成教授了。在某种意义上说，他的中文水平基本上是自学出来的，所以说华罗庚是自学成才，闻一多在中国文学方面也是自学成才，清华看的是才，看的是他的成绩，所以一下子录取了。

这个地方我就想到什么东西，想到清华后来的校训“自强不息”，他从一开始就是靠自己自强不息的勤奋学习、刻苦学习最后成为人才的。小时候我在清华度过童年，其中有一个东西印象很深，就是清华的校歌。我那个时候是个娃娃，我不知道大家怎么都唱，我也跟着唱，到现在我还有印象。

“西山苍苍，东海茫茫……”

反复强调这个“自强”。所以现在有些同学们，不清楚清华的精神是什么，其实我也不知道这个清华精神到底怎么概括，但是“自强不息”恐怕还是其中之一吧。所以今天就想在这儿，把闻一多的故事给你们介绍介绍，他是自强不息最后成为人才的，希望同学们也能够自强不息，将来赛过老师成为中华民族的人才。

主持人：听了先生感人肺腑的演讲，我们真的深受启发。先生最后反复强调的就是“自强”，大家很清楚，我们学校是建立在屈辱的基础上的，我们肩负着光荣和梦想，在过去的一百年里，很多志士在这里引领一个民族的方向，很多的作家在这里抒写一个民族的文明，很多大师在这里闪耀民族的智慧，他们在百年校庆上写下了浓墨重彩的一笔。刚才我们分享了闻一多先生的故事，也许我们在闻一多先生身上看到的不仅仅是一个知识分子的良心，更重要的是“天下兴旺、匹夫有责”的中国魂，让我们再一次以热烈的掌声感谢闻先生。

下面我们再有请季承先生为我们解读季羡林先生的清华精神和清华魂。

季承：首先作为我个人，热烈祝贺咱们清华大学百年校庆！我父亲是1930年入的清华大学，他为什么选清华大学，他自己也讲了，就是为了能够出国，这是很明确的。当时他到北京来考试，就是报了北大和清华，他的考试成绩刚才闻先生也讲了，和吴晗差不多，数学不是4分就是6分，结果北大和清华都录取了。最后他就说，清华有机会出国，我就选清华，这是当时他进清华的一些情况。咱们搁现在讲肯定不可能，考个四六分想录取不可能，当时可以，这说明清华、北大在当时来讲是不拘一格降人才。

他入了清华以后，在清华学习4年，他认为收获非常多，因此他把清华大学称为他的母亲之一，没有这个母亲的培养，他不可能有后来的成绩。因此他对清华大学怀有非常深厚的感情，在清华大学80周年校庆、90周年校庆的时候，他写过几篇文章，回忆他在清华大学的学习情况，诉说他对清华大学的一些认识，这个待会儿我给大家介绍。

下面我给大家讲两个事情，季先生一生他总结有两个公式，一个是成功的公式，一个是长寿的公式，也可以叫秘诀。我觉得这两个秘诀对于咱们每一个人很有用处，特别对于今天在座的年轻的学生们，大家都要一要成功，二要长寿，所以我简单介绍一下季先生这两个秘诀给大家，希望大家知道这两个秘诀以后既能成功，又能长寿。

这两个秘诀，季先生写过文章都说过了，但是他没说出背后的事情。第一个公式是成功的公式，叫“天才+勤奋+机遇=成功”。在座的各位同学都是天才，不然的话进不了清华大学。第二，在座的同学们我想一定都很刻苦，都很勤奋。这两个条件有了，那么最后的条件就是唯一的条件了，就是机遇。机遇是不是每个人都有，是不是只有成功者才有机遇，我想不是。实际上在生活里头，每一个人都有机遇，机遇对每一个人都是平等的。但是为什么有人成功，有人不成功，我觉得在于每一个人能不能很自觉地、很及时地抓住自己所遇到的机遇。如果你自觉能抓住，及时地能抓住不放过，我想你一定能成功。机遇在自己整个生命里头也不只是一次，会有很多次，但是也不是那么多，特别是比较重要的机遇，大概也就是几次。大家一定要能够判别，然后把它抓住，我想加上天资、勤奋，大家一定会成功。父亲本身就是一个成功公式实验的验证，他有天资，有勤奋，他抓住了机遇，所以他一定会成功，这是这个公式。

长寿的公式大家听起来更不可理解，他说长寿，第一不锻炼，这个很让大家接受不了。第二他不嘀咕，心里不犯嘀咕，思想没有负担。第三他不忌嘴，有什么吃什么，不挑食，这样的话他就可以长寿了。

这个公式我觉得不要从表面上去理解。第一他说的不锻炼，不是不要锻炼。他是指那些为锻炼而锻炼的人，或者说锻炼主义者，整天想着锻炼、健康、运动，有的甚至超负荷运动，要适当地运动，适当地锻炼，这个大家自己去掌握。我父亲来讲他掌握到什么程度，每天推着锚从家里走到小山上，也就是20米，然后再走下来，这就是锻炼了。他也有长的步行，从13公寓走到北大图书馆，这个可能长一些。这种锻炼，我想用在今天的同学身上可能太弱，所以大家要根据自己的情况，决定锻炼的量。所以季先生说不锻炼不是真的不锻炼，是根据自己的情况来掌握。不嘀咕呢，没有思想包袱，没有思想斗争，这个人会健康、长寿，但是真正能做到不嘀咕吗？思想一遇到困难了，生活上困难、学习上困难能不嘀咕吗，这种人很少，要不就是一个半傻瓜。其实我父亲说的不嘀咕，实际上他能够开导自己，自己能解脱，碰到困难自己想想办法克服，而不要把它当成一个包袱，使自己思想负担很重，这样的话对健康有影响。第三就是说不挑食，他应该是说要得到足够的营养，才有力气钻研一些东西。所以这个长寿的公式要适当的锻炼，能够解脱自己的思想负担，要保持相当好的营养。我想今天在座的同学们都这样，我想大家一定都会长寿，这是讲季先生这两段公式的事。

下面我说一下季先生对清华精神一些理解。他专门写了文章对清华和北大做了一些对比。对这个事情刚才闻先生讲了，清华、北大的精神不大好说，“自强不息”当然是精神，但是是不是还有别的，怎么概括。我父亲说，这个问题不好谈，你们就开个论坛会，开个一个月、两个月，最后也说不定，也不一致。但是他讲了，他讲清华的精神是什么呢？他说清华的精神是“清新俊逸”，北大的精神是“凝重深厚”，他对清华还额外加了好多清华精神，比如他讲清华精神永葆青春，永远充满活力，永远走向上的道路，清华的校风是清新、活泼、民主、向上。这是他在文章里面对清华精神、校风的理解、认识，他有什么根据呢？他举了一个民主的例子。他说清华大学是资本主义，北京大学是封建主义，他说北京大学为什么是封建主义呢？在一个事情上就看出来了，当时对待工人，工人的称呼上，他说清华大学叫什么呢？叫工友，工友是当时比较新的名词，北大叫什么呢？北大叫钦差的，钦差是当时封建社会，他一进学校听了清华大学的教授把工人叫工友，他觉得很民主，北大就叫钦差，一听了封建官僚对自己下属不好的称呼，他觉得清华好。北大还有一个表现他的印象很深刻，就是上体育课。这个体育老师怎么喊口令，他听得非常生气。因为当时在北大上学的学生，都是一些高干子弟，都是大官、是大商人的子弟，体育老师不敢命令他们立正、稍息，于是他说，少爷们立正，少爷们稍息，前头都要加一个“少爷们”。我父亲听完以后，觉得这个封建味太多，这个体育老师不敢指挥学生立正、稍息，前头加一个“少爷们”这个封建味很浓。但是分析说，封建主义和资本主义各有各的好处坏处。“五四运动”为什么发生在北大，因为北大有封建主义因此有反对封建主义的运动。总而言之他对清华倍加褒奖。刚才讲了清华精神、清华校风这样一些内容，大家如果有兴趣可以找找这些问题读一读，是很有意思的。

我父亲对清华怀有很深的感情，清华对他一生起了很大的作用，所以他对清华大学的80校庆、90校庆都非常积极地参加，写文章，写评论。他本来想也参加这个100周年的校庆，因为他和清华大学是同年，今年我父亲是100岁，清华大学是100岁，但因为他身体不支早两年离去，所以他没有机会参加今年清华大学百周年校庆。在这里我最后对清华百周年校庆表示热烈祝贺！谢谢！

主持人：听了季先生有趣而且生动的演讲，我很受触动。我一直认为国学大师季羡林先生是一个非常严肃、严谨甚至一丝不苟的人，但是通过他生活的这些侧面，其实我们可以看出来，当时那个年代的大师们，他们风流文采，能指天笑骂、忽而走马。可能现在我们缺少的不仅仅是这种气概，还有一种他们对于国家，对于这个社会的人文怀思，这是我们需要反省，也是需要挖掘的，在书本里面，在社会里面或者说在我们的大学生活里面去找寻一些真谛。

现在我们就将通过大屏幕上的这个视频，看看冯友兰先生的女儿，宗璞先生她带给我们的百年寄语和对我们学子的寄望。

（视频）

主持人：谢谢宗璞老师，真的是第一次看到这个视频，因为当时我没有在现场。不过现在我跟大家一起看的时候，我有一种感觉，就像宗璞老师跟我们面对面地交流一样。刚才老师反复提到三个问题，一个是我们清华人文精神的原创性，一个是我们清华人的独立性，最后一个以诚信为基础，在这个基础上我们自强不息，我们厚德载物。今天我看到三位先生的学术精神和他们仍然自强不息地工作、学习、生活，我真的很感动，我想我真的非常希望，在座的各位跟我有一样的想法，希望大师们的后辈都能越活越精神，从心所欲不逾矩，为这个国家撑起一片天空，再次感谢三位先生。

下面我们将进入一个访谈环节，请两位先生同登一台和我们同学一起交流一下，对于现场观众我们后面会有一个提问的环节。

首先，就清华精神而言，刚刚季先生提到季羡林先生提出我们学校的校风是清新俊逸，北大是凝重深厚，我感觉大家跟我有一种想法，现在情况好像倒了一个个儿，好像清华的学生更踏实，北大的学生更注重一些比较虚无缥缈的东西。因为刚刚闻老师也提到我们学校的发展毕竟经历了不同的历史阶段，我很想问您，您觉得当初季羡林先生所处的时代我们的校风和今天的校风相对比，它这样转变的原因有哪些？

季承：当时清华大学文理都有，后来变成纯粹是理工科了，这个变化就不一样了，理工科的学生和人文科学的学生哪能一样，所以闻先生的意见很对，综合历史上几个阶段，精神汇通起来，再提炼出来，越提越虚，就清新俊逸了。

主持人：谢谢两位先生，刚才我们看宗璞老师的视频的时候，我不知道大家有没有注意到一个现象，她最喜欢去的地方是两个，一个是她所住的乙所，还有一个是我们学校的图书馆，现在百年我们又有一个人文图书新馆。古人有一句话说“读万卷书，行万里路”，我觉得无论季老师、闻老师还是冯老师，他们都把这两者结合在一起，他们不是书呆子，不是死读书。我想请问两位先生，你们觉得，现在我们的大学生们，我们应该怎样将书本上的知识和我们的社会实践切身地结合起来，或者说你们有没有什么比较好的书目能够给大家推荐一下，谢谢！

闻立雕：我给你们说说一个事。1946年5月，我的妹妹拿着一张纸要我父亲给题字，那个时候大家准备回北平，她在学校里跟同学们也告别了，当时同学们都是你给我题个字，我给你题个字，不知道什么时候再见面。结果我那个小妹妹，她突然想起找我爸爸也题个字，我爸爸说好，我给你写吧，就是什么呢，对功课太认真是不好的，因为知识不全在书本里。我父亲那个时候已经是拍案而起，对国民党反动派非常痛恨，动员所有的力量推翻国民党反动派，这个时候他认为读书是次要的，更重要的是要推翻整个反动主义。我平常学习不大用功，功课不好，留过级而且不止一次。过去我见了我父亲都害怕，因为我的学习不好，贪玩，在清华园里头我到处地跑，后头的气象台什么的我都爬到杆子上，但是工科不好，我父亲老批评我。后来到了开展民主运动的时候，我是运动中的积极分子，我父亲再也不批评我了，他强调这个社会是先要斗争，然后才学习。我后来想一想，这个实践论，知识来源于实践，我觉得我父亲这个话语说得很对，对课本不要太用功了。

主持人：我们要看重GPA，但是不能太看重GPA。

闻立雕：还得有些实践。

主持人：谢谢闻先生。

季承：我想说的是这样的，在大学，无论你学到多少东西，学多长时间都是一个基础，这些东西到社会上用得上，用不上，完全看你到社会上是到了一个什么地方，面对着一个什么工作，是一个什么样的事业，那时候是最关键的。至于说问我怎么把自己学的东西和那个东西结合，首先我想你得要先确定你到了一个什么领域里去了，然后那个时候你发力，给力，然后你学的东西就能发挥作用，这是一个很重要的情况。

主持人：我现在有一个问题，想求助现场观众，知道答案的就快点帮助我一下，大家知道我们的校徽的有正反两面，背面的钟在哪儿啊？大家都知道，在哪儿？

同学：闻亭吧。

主持人：你知道那个历史吗？

同学：据黄严复老师说，原来那个钟后来被日本人拿走了。后来86岁的汪华南先生跟我说，清华返校以后到天津去追这个东西，在天津的一个车间里头，没有找到这个清华的钟。后来从颐和园那边东门，工程车翻出来一个钟，现在这个钟是颐和园那边的钟。

主持人：谢谢这位校友，闻立雕先生就在学校园子里面逛了一圈，先生在闻亭面前对着这口钟深深地鞠了一个躬。我不想说这代表什么，但是有一点值得我们深思，为什么在1946年的时候，闻先生遇害？我们北上的时候，我们怎么样找到那口钟，为什么把这个亭子命名为闻亭？可能我们的前辈们，他们希望我们的身上延续这样的血脉和这样的民族精神，那块匾，大家看见的题字的匾是潘光旦先生手书的。我非常喜欢那个地方，我记得我第一次来到学校，逛这个园子的时候觉得这个地方特别安宁，而且看到那口钟会想起，原来那口钟就是当年老清学的时候，大家用来上下课的铃，所以希望大家把这口钟时常挂在心里，时常想一想。

闻先生刚才我提到您旧地重游，我不知道您心里面有没有一些特别的感触，您能跟大家分享一下吗？

闻立雕：刚才宗璞说了园子里她最喜欢去的地方，童年我跟宗璞是同班同学，我也是诚志学校的。童年时期我最喜欢的是荷花池后面的小山坡，我冬天在荷花池溜冰，春天在那个小山上玩，我腿上到现在还有一块疤，就是树枝划的2寸长的伤疤。新中国成立以后，我每一次到清华，最喜欢去的地方是闻亭，是闻一多塑像。今年接我的同学问我想去哪里，带我重游，到清华来看看。我来清华次数不太多，一年大概有一次两次，每一次来到那里，鞠个躬行个礼，表达一下我们全家对清华的尊敬。我写了一篇文章讲，在1947年，这口钟是1947年闻亭挂上去的，在那个时候，白色恐怖很严重，只有清华的同志开了纪念闻一多逝世一周年纪念会，只有清华公开地挂上了这个，把这个钟挂上，起名字叫闻亭。这就说明清华从领导到同学们，始终记得闻一多，愿意继承闻一多的革命精神。所以我现在，今天到那儿去，我也是怀着这种心情。清华校庆100周年，我们全家都很感动，都很高兴，表示要热烈地祝贺这100周年。我们一家啊，我父亲不用说了，我大哥小时候跟我是在诚志小学，后来他是清华大学的学生，在大学期间加入地下党，我的弟弟的童年，1931年一直到抗日战争时期，是在清华园子里度过的，我的两个妹妹都是在清华园里出生的，我们和清华有着千丝万缕的联系，有着极其深厚的感情，清华让我们干什么，我们都愿意。

主持人：谢谢先生。季承先生，因为我们现在所处的这个二教，其实也非常有历史，我觉得大家肯定都比我清楚，我想问您，在这个园子里面，您最怀念的，或者说您最欣赏的一个建筑是什么呢？

季承：其实我对清华大学的园子并不熟悉，在我有暇的时候伺候我父亲，在北大，所以到清华这边来机会很少。现在我虽然住在蓝旗营这个地方，过来的机会也不多，我脑子里的印象，有个工字厅，我也去过，但是也没有什么特别的感觉，这是我亲自的经历。

主持人：两位先生，很明显，两位都是大师之后，但是我觉得大师之后都会面临一些比较窘的困境。就是可能一直会听到别人介绍自己名字之前，都要冠以×××人的名字，我想问您二位，您在面对这样问题的时候是怎么处理的，包括说，我觉得闻先生一直在继承也在研究自己父亲的东西，而季先生您除了继承之外，您还在不同的领域和父亲做了不同的事情，我想问问您二位在这方面的心得和体会是什么呢？

闻立雕：我参加革命之后改了名姓韦英，我不愿意我父亲是闻一多，我不愿意靠着我父亲的光环自己在社会上得以怎么样，怎么样的。直到粉碎“四人帮”，退下来之后，回到北京这个地方，好多过去的老朋友，和小学的同学、中学的同学还叫我闻立雕，有一些纪念活动，学术讨论活动找到我，那时候我才慢慢地又用闻立雕这个名字。现在反正是，我自己感觉到我对我的父亲并不很了解，因为什么呢？有一些具体情况，从1941年开始我就住在学校，只是逢年过节或者暑假、寒假的时候回家去，一直到抗日战争结束，我都是住在学校，所以平时我父亲的情况，我了解的并不是很多，只知道家里的一些情况。

另外我父亲是搞斗争，搞民主斗争的那些东西，他们有相当一部分是秘密的，也不跟我们孩子们讲。我父亲搞的这个学术方面的东西，我更是一窍不通，所以实际上我还有一个重新了解、认识我父亲的过程。所以离休之后，我在这么一种情况之下，参加编写闻一多的东西，看一些他当年的书信，他的《死水》《红烛》我当学生的时候没有读过，刚开始有些人采访我，让我谈一谈，我说我还没有读过。后来慢慢慢慢的，随着各方面的需要，才看的，大概是这么个情况。

主持人：谢谢先生。

季承：我花很大力气照顾我父亲的家庭包括我自己的家庭的时候，我父亲还没有名气，他头上光环也没有，我头上更没有光环。等到他头上光环大起来了，等到我们父子13年分别后重逢时，我头上有一点光环，但是也有一个“黑环”。我感觉光环对我的压力并不大，另外一个“暗环”，叫“黑环”也好，这个对我的压力也蛮大的。因为大家对我很多批评，说我不孝说我怎么怎么样。所以总结来讲，我自己在自己整个的工作里头，和刚才闻先生讲的一样，没有得到我父亲光环的什么利益，等他的光环大了，我有一点光环的时候，这个“暗环”给我的压力反而更大一些，所以我只能面对这么一个状况，我觉得没有关系，事情经过历史、时间的考验，会逐渐地得到大家的认可。

主持人：谢谢。其实可能我刚刚的问题有一点小问题，我想表达的是，您二位的父辈都是德高望重的名家，但是现在我觉得您二位都能走自己的道路，而不是说沿着父辈的老路这样走。现在我们发现有一个非常严重的社会现象，就是说经常大家都在网上或者各种地方宣称我们出不了大师。您想想看，我们现在再去出一个季羡林，再去出一个闻一多，再去出一个冯友兰，可能这个真的要花上一个十年、二十年的时间，两位先生你们对于这个问题有什么样的看法？宗璞先生刚才提到，原创性和这个清华学派它自身所具有的中西贯通、文理交融的特性，可能就是我们现在所缺少的，您二位是怎么看待这个问题的，您觉得如果要出大师的话，我们还需要哪些东西？

闻立雕：会出的。同学们当中说不定将来就有，我的感觉，还是要百花齐放，百家争鸣，充分地发挥每一个人才能和智慧，这样下去，再加上主观的努力，一定会出人才的。新中国成立以来的经验教训，我们没出大师，跟我们工作中间的很多失误也有很多的关系，这个因素很多，但是我相信我们这个民族一定会出的。

主持人：谢谢。

季承：我还是重复刚才的话，大家按照我父亲的公式做都可以当大师。

主持人：我们也坚信我们在座的各位当中能出大师，清华能出大师，我们继续出大师。从以往的历史经验上来看，刚刚宗璞先生也为我们大致地介绍了一下清华文科院校的建设和调整的一个状况。我们在1929年成立了文学院，然后在1952年的时候，由于院系调整，大部分的文学系的老师还有我们的教学资源被分给北大还有一些其他的北京高校，现在的文学院的复建从20世纪90年代开始。大家知道很新很新，但是有的时候我作为一个清华的文科生，经常有人问我，你们有哪些系，刚才宗璞先生已经为大家介绍了，我们现在一共是12个系。我想说的就是，可能我们的人文日新还需要一段的时间，但是我觉得我们在座的各位理科生，你们才是这个时代的中流砥柱。我觉得文通理比较难，但是理通文的人大有人在，我不知道两位先生是不是也有这样的感触，因为很多大师，他们都是从包括像化学系或者是物理系那边跳槽到中文系，成了一代大师。我也是借两位先生的话，给大家一个美好的憧憬，希望我们能够再回到那个大师云集的时代，谢谢大家！

访谈环节就到此结束，最后我想现在先请两位先生对于我们的清华百年做一句话的寄语，一句话。

闻立雕：诗人主要的天赋是“爱”，爱他的祖国，爱他的人民。这是闻老爷子的话。

季承：我的话是这样子的，“清华有光辉灿烂的历史，一定有更加光辉灿烂的未来”，这是绝对没有问题的！

【观众互动】

主持人：下面我们就进入我们的提问环节吧，麻烦工作人员递一下话筒，同学们请举手提问题。

提问：问题是问闻爷爷的，我在阅读《闻一多传》的时候，1993年人民出版社出版的版本，第204页当中，有一段小的记忆，就是说在西南联大陈家营村边有一条小河，当时为了省一些炭钱，每天清晨闻一多先生带着孩子，就是带着你们去河边洗脸。当时就想到这个是因为，是不是昆明当时的河水比较暖和，或者您借此给我们讲述一下当时您在西南联大时期平时生活的一些具体的细节，还有借此想问您一个真正的问题，杨振宁先生前天在主楼后厅也讲到，西南联大后来有那么高的成就，很重要的一点是处于对国家兴亡的忧患意识，而清华主持人也说了，从一建校清华就有知耻而后勇的文化底蕴在里面，所以我想您在西南联大生活过，能不能给我们谈一下在当今这个时代，我们作为一个年轻人，怎么样去继承这样一种，或者发扬这种忧患意识，使我们走得更远，谢谢！

闻立雕：这个冷水洗脸的事是1941年我们在昆明市郊区，离城里大概有15里地的村子，那时我们家一共是8口人，兄弟姐妹5个，父亲母亲再加上一个保姆，从北京带去的，一共8个人。那个时候由于国民党的腐败，有一些奸商趁机抬高物价，我们家里生活非常困难，陈家营那一段是我们最困难的一段时期，到什么程度呢？买米只能买最次的米，里面经常有老鼠屎什么脏的东西，吃饭不能吃菜，没有钱买菜，更没有钱买油、盐、肉之类的，都吃一些豆腐、白菜帮子或者什么菜叶子，加上一些咸菜、豆腐之类的。我父亲吃得没有办法，把红辣椒搁火里烧一烧蘸一下盐巴吃一口饭就一口菜，在这么困难情况之下，怎么办呢？能节约一点就节约一点，那个时候没有办法，要用热水洗脸的话要烧木炭，昆明那个时候是要烧木炭，烧木炭要花钱购买，因此我父亲说，咱们村子里面有一条小河，你们到河里洗脸就行。这样他就领着我们到那儿去。那个冬天洗的时候可就受不了的，虽然南方没有像北京这么结冰那么深，但是冬天也在零上1℃、2℃，那种情况之下，水也还是很凉的，所以洗了几次之后我们手都发抖，那是真实的情况，当时生活困难。第二个问题是什么呢？

提问：怎样继承你们那个年代的忧患意识？因为现在时代发生了变化。

闻立雕：这句话说来很长了，国民党腐败、专制，社会上各种朱门酒肉臭。一部分国民党的大官们，他们利用抗战的名义搜刮钱财，花天酒地；另外地方百姓生活困难，包括像联大教授这样一些人家庭都非常困难，差不多绝大多数的教授生活都是很困难的，这么一种情况之下，逼得你不能不想一想，这个问题在哪儿？后来我父亲拍案而起，而且联大的很多教授都同情这个进步的学生运动，这就是后来人民之所以能够随着共产党起来以后积极地投入在昆明的学生运动，当时联大成为民主堡垒，跟这些环境都是有关的。

主持人：谢谢闻先生。下一个问题。

提问：您好，我想问一下我们的季承老先生，刚才您说了，我们的季羡林先生给您头上加了两个光环，一个放着金光灿烂的光环，另外一个是您所谓的“暗环”，我想谈谈，您觉得你头上的“暗环”您是怎么理解的，以及社会对你的评价您又是怎样的态度，我想听听您的见解。

季承：我觉得“暗环”可以分析有一些是善意的，对情况不太了解，对我的动机，所作所为不太清楚，有一些批评，这个完全可以理解。有很少一部分是有些恶意的，恶意的背景也可能比较复杂，但是我觉得恶意的，由于不了解而批评，对我来讲完全可以考虑接受。所以我总的来讲，对这个事情并没有十分在意，我是比较冷静地来对待这个事情，我想随着时间的流逝，这个事情大家会有一个正确的判断，正确的理解。

提问：季承先生您好，特别有幸今天在清华遇到您的讲座，我也来自北京俄语专修学校，也就是现在的北京外国语大学，更巧的是我也来自于俄语系。我想问的是，您对昔日北外的印象和感受，但是如果您已经不记得，没有关系，这个问题可以忽略。我们都知道您的父亲季羡林老师是一位特别特别杰出的大师，我想问，他对您在语言学习上的影响，以及对您在专业选择上的一些别的影响。另外这两天刚好是北外成立70周年，也是我们俄语系成立70周年，欢迎您随时回到北外俄原专修大队。

季承：我父亲对于我的这个成长，或者是专业的学习，应该说基本上没有任何影响。因为我们那一代的人，作为父辈来讲，基本上是不管的，何况我的父亲在我念小学、中学、高中的时候，都在德国，所以得不到他的任何影响，但是有一点应该说是感谢父亲的，就是我们学习语言的这个不能叫天才吧，就是财富，是得益于他，所以我在学习语言方面，也有一点点天资。我曾经学过日语，我小的时候念的小学嘛，被日本鬼子占领了，6年全是说日本话的，到了高中就学俄语，到了大学当然也是学俄语，然后自学英语，后来学了法语，但是很多没有时间学了，有时候我想我学个5门到10门外语也不成问题。对于我的母校，当时我们是在城里，在宣武门里头，那时候为了应付和苏联的合作，所以紧急地培养了一批人才，我们是三年制，出来以后分到科学院就和苏联合作搞原子能、原子弹实验。后来因为和苏联翻了脸了，我们这个俄文没用了，没用了以后，就服从组织分配，搞别的去了。所以我对我的母校当然是怀有很深的感情，当时先叫北京俄文专修学校，后来改成北京俄语学院，后来又改成北京外国语学院。我想现在的俄语还是很有用处的，所以希望这位同学还是要学好，我的俄语已经还回去了，刚才他说的那几句话我已经听不懂了。

提问：谢谢两位老先生，我们都知道，今天本来是三位老先生都是如此伟岸的人物，以至于对于我们普通人来说，我们都是一种仰视，或者高山仰止、景行行止地看待他们，您们作为他们的子女，对他们的感情、亲情又是什么样子的，能不能为我们揭秘一下，谢谢！

季承：因为父亲是家里的一个亲人，所以从我们儿女、子女眼里看，并不像刚才这位同学讲的那么神秘或者那么高大，在我们的眼里一般都是觉得是普通的家里的成员，父亲，没有产生那么崇高的感觉。另外父亲对子女，特别是我们家父亲对子女，由于历史的原因他出国了，没有很好地关照学习，所以在我们心目里头，可以说父亲对我们的教导没有太深刻的印象。只是他后来回国以后，在北大当教授，一直能够到最后，他的行为对我们有一些教育，就是身教，所谓的身教，对我们有影响。我和我姐姐，我们是姊妹两个，在学习上都很努力，在生活上也很朴素，对家庭也很关照，这些我想都是缘于父亲良好的品质。

主持人：谢谢季老先生。

闻立雕：我的父亲对于我来讲，既是严父又是慈父，我举两件事情。“严”就是他最讨厌最恨的两件事，一个就是自私自利，一个是说谎。曾经在书信里头他特别地提出来，教育孩子们无论如何要记住，不要自私自利，不要说谎。1938年到了昆明之后，昆明那个时候轰炸得很厉害，学校有小学生，特别是初小学生，上午不上课，因为日本飞机一般都是上午来，下午才上课。不上课的时候，老师就留一些作业，让同学们做，然后上学的时候，作业本交上去。我刚才说了我小时候不用功、贪玩，所以有一天吃了早饭之后，我没有做作业，在那儿玩，一会儿楼上、楼下地跑，我父亲就奇怪，说：“哎，你干什么呢，你作业做了没有，怎么不做作业？”，我说：“老师没留。”“不可能，每天都有，怎么今天没有？”我说：“没有就是没有。”“你骗人！”我说：“我没骗人。”“你撒谎”，我说：“你不信你到学校问我老师去。”我这么说以后，我父亲把鞋脱下来，打我的屁股，我东跑西跑叫唤，我妈也来了，来了之后一看怎么回事，我父亲因为脱了一只鞋，走路就不方便，一蹦一蹦的，打我也打不着。但是这个事，说明我父亲对于我们说谎、骗人，那可是绝对不允许的，我们家里的孩子们很注意，要老老实实的，讲实话，不能骗人。其实我父亲基本上没有打过孩子，就这一次，这是第一次，他对我的教训可能重一点，这是严父。但是后来有次我贪玩做一个化学实验，差点儿闯了大祸，他却没有怎么批评我，而是跟我讲原理讲道理，这又是慈父的表现了。

主持人：由于我们的时间非常有限，已经9点20分了，我们这是本场最后一个提问。

提问：“有一句话说出来就是祸……咱们的中国”“这是一滩绝望的死水，清风吹不起半点漪涟”“你可知Macao，不是我的真名姓，我离开你的襁褓太久了，母亲……”每当我作为一名中文系的学生，回忆起闻先生的这些诗句的时候，我总是感觉他是非常痛苦的精神状态，在忧国忧民。而今天在时代论坛，您二位先生不约而同地回顾起前辈，那种有点诙谐充满生活情趣的一面。而且你们不约而同提到一个相似的细节，于是我想起，在那个时代，好像这个中文系的文学大师他们的数学都不怎么样，我想起我大学中文系很多同学经常会议论到一件事情，当时他们数学考不好。尤其是吴晗考零分的时候，一方面被清华视为不拘一格降人才的典范，同时这也是中文系很多数学不好的同学一个聊以自慰的典故。于是我个人很纳闷，就是以我们20多年考试的经验，一般一个数学考试满分可能不容易，但考到这种地步零分也很罕见，因为怎么蒙，也不可能考到。于是我有一个揣测，我想请问你们二位先生，是不是当时他们20多岁的时候，这些大师比我们这些年轻人还有个性，故意不好好考，抑或当时清华数学考试，真的非常非常难？这是我自己代表中文系同学很好奇的问题，谢谢你们。

季承：我父亲在高中的时候，已经分文理科了，所以他高中基本上没有学数学，当时也有这个风气，即便数学考上零分，其他的文科很优秀，一定被录取，结果确实北大、清华都录取的。但是我父亲的情况有点特别，他随后非常想试一试，如果我当年在清华大学不学西洋文学，而是学数学，是个什么结果，他多次跟我讲，我当时学数学怎么样，我觉得从我父亲的情况看，我想他学数学的话，也一定会有成绩，因为他不是那种见到了数学怕得要命，脑筋就不转了，不是那样的情况。

闻立雕：我父亲讲不强求，他自己在青岛大学当文学院院长的时候，有一个学生考试数学零分，就是咱们著名的诗人臧克家。臧克家考试是个零分，他是文学院院长，这个学生收不收，最后他收，臧克家几次谈到，要不是闻先生的话，我可能上不了青岛大学。

主持人：谢谢二位。今天实在是时间有限，如果大家还有问题的话，可以发到微博墙上或者留在我们的传单上面，我们会代为转达，现在请清华大学的学生会的同学给老师赠送鲜花和我们的礼物。

【点滴感悟】

以前一直对几位大师有一种“高山仰止，景行行止，虽不能至，然心向往之”的感觉。今天听了几位大师后人的演讲，感觉这种憧憬的情感更为强烈，但是又多了一些亲切感。大师虽然在学术上有杰出的成就，但在生活里也只是一位和蔼或者严厉的父亲，是一位严肃中带着可爱的学者，从生活中去感悟大师，会别有一种韵味。

（法02　李唯涵）

听了今天的讲座，印象最深的是季先生提到的那个成功的公式。大师们之所以是大师，确实是因为他们的有天分、勤奋、善于把握机遇，我们清华人有这样好的条件，也应该向大师们学习，争取让清华比灿烂的历史更辉煌！

（汽02　李铭轩）

走向和谐建筑，追忆清华情思

【嘉宾介绍】

张锦秋，首批中国工程院院士，教授级高级建筑师，中国建筑西北设计研究院院长，毕业于清华大学建筑系，师从梁思成、莫宗江教授。她的建筑理念是将传统与现代相结合，其作品有鲜明的地域特色，并注意将规划、建筑与园艺相结合，其作品充满了人文气息。她有许多代表作品：西安大雁塔景区的三唐工程、陕西历史博物馆和西安群贤庄小区，先后被评为国家优秀工程设计奖，建筑学会创作奖，被誉为“新唐风”；西安钟鼓楼广场（建设部优秀规划奖）、陕西省图书馆和美术馆群体建筑（陕西省、建设部及国家优秀设计奖）、黄帝陵祭祀大殿及大唐芙蓉园等作品呈现她多元化的设计理念。其中，陕西历史博物馆成为西安市的标志性建筑，被联合国教科文组织确认为世界一流博物馆。

李道增，中国工程院院士，建筑设计方法与理论专家，国家一级结构注册师。现任清华大学建筑学院教授、博士生导师。对建筑设计方法有深入的了解与研究，特别专精于剧院设计，通晓中外剧院的历史发展，是中国剧院设计研究的开创者。他是清华大学建筑学院首任院长，长期从事教学与科研工作，有大量的论文著作发表。

马国馨，中国工程院院士，当代著名建筑师，全国工程勘察设计大师，第二届“梁思成建筑奖”获得者，清华大学建筑专业博士。作为北京市建筑设计研究院总建筑师，他将自己与奥林匹克联系在了一起。亚运会期间，他主持设计了国家奥林匹克体育中心；北京奥运会期间，由他主持的申奥体育场馆设计方案引起了世人的关注。除此之外，他还主持建造了毛主席纪念堂，首都机场2号航站楼等著名建筑，是一位将理论结合实际的建筑大师。

【策划手记】

在小小的西阶教室，却聚集了三位建筑大师、工程院院士，使气场瞬间陡增。一位是著名建筑大师梁思成的杰出弟子，一位是清华建筑学院首任院长，一位是国家奥体总设计师，在“时代论坛”的讲堂上，思维碰撞出火花，妙趣才得以横生。

有人会想问一个最简单也最复杂的问题：什么是建筑？张院士和马院士在讲座中都给出了自己的回答。建筑之美不在其形，而在其意。作为一门包罗万象的学科，承载着人类的过去与未来。它是那么远，又是那么近，是流动的音符，又是庄严的存在。

经历了清华的风风雨雨，如今谈起过往岁月，他们些许怀旧，些许兴奋，些许伤感，些许憧憬。如今对清华仍懵懂无知的我们，再次被“清华”二字所震撼，才意识到我们肩上责任之重大，“天下兴亡，匹夫有责”八个字，早已深深地刻入了一代代清华人的内心中，骨子里。既为清华人，我们应该做些什么？应该具有什么样的品质？三位给出了很好的诠释。

清华之大，大至每个人的生活丰富多彩而充实自在；清华之深，深到图书馆的管理员都无所不知。

三位院士回忆，寄思，感怀，鼓励。短短的讲座结束了，但心中泛起的涟漪却难以平静。也许，不，肯定，短短的四年时光我们无从完整领悟清华。也许，它所需的时间，是一辈子。

【演讲精粹】

建筑是执政者的历史舞台，这个不管你怎么说，是客观存在的。咱们说法国巴黎，就会说路易十四怎么怎么样，路易十六怎么怎么样，拿破仑怎么怎么样；说中国西安，就会说刘邦怎么怎么样，李世民怎么怎么样。这说明建筑跟执政者是密不可分的。至于说这些执政者在历史舞台上的表现是优秀的、卓越的，还是平庸的、腐朽的，那是历史的评价，至少我是这样理解的。

清华学生应该：爱国第一，历练品格，学术求精，展望未来。

中医和建筑有相通的地方，最根本就是天人合一的思想。中医是从全局审视人的健康，而不是头痛医头，脚痛医脚。我们中国建筑也是这样，不是缺一个房间，就补一个房间上去，而是根据中国人的生活方式、兴趣爱好，有个统筹的布局。这个道理和中医是一样的。

清华的学生能考入清华，说明基本素质都挺好的，都是不简单的，可是有一个问题就是，师傅只能是领进门，修行在个人。尽管你素质好，聪明，但是你的努力才是根本。人都是逼出来的，是环境逼出来的，不怕被逼，要什么都不怕，勇于进取。

【演讲实录】

主持人：尊敬的各位嘉宾，老师们、同学们，大家晚上好！欢迎大家来到“清华大学时代论坛”。

建筑是一门艺术，追求至善至美，它是整个民族文化的思考与积淀，是人类的财富，是时代的缩影。歌德曾说建筑是凝固的音乐，人们则习惯于把建筑称作世界的编年史。但歌曲和传说都已沉寂，已无任何东西能使人们回想已不存在的故事，除了建筑。因为建筑还在说话，在时间这本书的篇页上记载着人类的历史。

1946年10月，著名建筑大师梁思成先生创办清华大学建筑系。从1946年至今的60余年里，在近5000名毕业生中涌现出一批建筑大师、两院院士、学术名家，清华大学建筑系也造就了一批中国建筑事业各个时期的领军人物和各相关单位的骨干人才。“西山苍苍、东海茫茫、吾校庄严、巍然中央。”一世纪沧桑努力，一百年春华秋实，今天，来自五湖四海的校友们在这里共同欢庆母校的百年华诞，借此之际，我们荣幸邀请到了当代中国建筑界三位大师来到“时代论坛”，为我们解读多元化背景下如何走向和谐建筑，为我们讲述他们与清华的不解之缘。下面让我们以热烈的掌声有请著名的建筑大师张锦秋院士、马国馨院士！

请二位台上就座。李道增院士他还在主楼前面的舞台上，我们再稍等片刻。我们本来还邀请了北京建院的朱小地院长，但是他今天临时有急事不能来，非常抱歉。我们介绍一下这两位嘉宾。

张锦秋教授现任中国建筑西北设计研究院总建筑师，清华大学兼职教授，中国工程院首批院士，曾获得首批“中国工程建设设计大师”称号，国家特批一级注册建筑师，亚太经合组织建筑师，“梁思成建筑奖”获得者，曾获得何梁何利奖基金科技最高奖项——“科学与技术成就奖”，是历史上第一位获得该奖项的女性。代表作有陕西历史博物馆，被确认为世界一流博物馆。欢迎张院士的到来！

马国馨教授，现任北京市建筑设计研究院顾问总建筑师，清华大学客座教授，中国工程院院士，中国工程建筑建设设计大师。组织和负责多项国家重点工程项目，如毛主席纪念堂，国家奥林匹克体育中心，首都机场新航站楼、停车楼等。在建筑历史、建筑理论、建筑规划、景观设计、建筑评论等领域，进行了富有开拓性的工作。欢迎马院士的到来！

下面我们就开始今天的访谈环节，我们把李院士的座位也给他留出来。

马国馨：我先说两句，今天很抱歉，让大家在这边等到差不多七点半才开始，很抱歉耽误了大家的时间，也对不起张院士，让她在这儿等了一段时间，向大家表示抱歉。

主持人：我想今天在座的观众中，有建筑专业的学生，也有很多对建筑感兴趣的学生，我相信在你们心中都有自己对建筑的理解。现代派建筑大师密斯凡德罗曾说过，建筑开始于两块砖连接在一起。那么我想问问两位大师，你们作为专业的建筑大师，在你们心中又是怎样理解建筑的呢？

马国馨：还是请张院士先说吧！因为张院士是我学姐，大家一看张院士，很年轻，看我岁数很大，以为我是不是资格比她老一点，实际上我比张院士还要晚五届。

张锦秋：你听马院士说话，就知道他很善于辞令。刚才主持人提的这个问题，我觉得话题很大，很严肃。建筑是什么？我们作为建筑师来说，最简单的理解就是，建筑是人类居住的基本空间。在古代，我们有住在树上的，有住在窠里面的，有住在穴里面的；后来中国有了四合院，再后来逐渐演变到现在的筒子房、宿舍楼，又有了居住小区，住在里面又分了什么高层住宅，多层住宅，还有什么连排式别墅，等等。从古到今，不管其样式如何变化，最基本的作用就是要满足人们生存的空间、居住的要求，对老百姓来说这是最起码的。另外，我还要斗胆地说一下，建筑是执政者的历史舞台，这个不管你怎么说，是客观存在的。咱们说法国巴黎，就会说路易十四怎么怎么样，路易十六怎么怎么样，拿破仑怎么怎么样；说中国西安，就会说刘邦怎么怎么样，李世民怎么怎么样。这说明建筑跟执政者是密不可分的。至于说这些执政者在历史舞台上的表现是优秀的、卓越的，还是平庸的、腐朽的，那是历史的评价，至少我是这样理解的。

再换一个角度，我们说建筑它在不同历史阶段的社会意义，它是石头的书，这个大家都知道，它记载了人类的历史，不管在什么领域，什么国家，它是历史的记载者。从艺术角度来说，建筑是流动的音乐，这个是对建筑艺术最好的概括。建筑是流动的音乐，这是因为建筑艺术本身的复杂性，崇高性，我就先说这点吧。

马国馨：刚才张院士说了很多有关执政者与建筑的关系的感受，因为张院士是设计黄帝陵的。黄帝是我们中华的始祖，大家说炎黄子孙炎黄子孙，就是黄帝与炎帝。这些问题张院士说得很全面。我想说，建筑对于我们每一个人，就像刚才主持人说的，像两块砖头黏在一起。当时考清华学建筑也不是想要设计房子，想要怎么怎么样，只是觉得建筑这个学科比较杂，它又要学工程，又要学数学，又要学技术，又要学人文，又要学历史，又要学美术，我那个时候对这些乱七八糟的东西都挺喜欢的。另外来到清华，知道清华有一位很有名的梁思成梁先生，当时梁先生有很好的号召力，那时候也不知道他就是系主任，只知道他是梁启超的儿子。

到了建筑系以后，不知道在座的建筑系同学在这个学校里都是怎么样的。我们那个时候，建筑系在学校很另类，我估计就像我们看人文学院、传播学院、美术学院一样，是我理解比较另类的那些。那时候大家就看，其他的系，例如什么工物系整天在做习题，上图书馆占座位，功课忙得不得了，而建筑系整天背着画板在大礼堂画画，太休闲、悠然了，实际上后来才知道，这个建筑系，十分苦，如果有现在在学建筑的，或者准备学建筑的，我劝告他们，建筑系是特别累的专业，是比研究原子弹还要累的这么一个专业。

张锦秋：说得非常对，刚才来的路上就跟主持人说，她说她现在不在建筑系，但是很想转到建筑系，我说你想学建筑很好，但是要做好终身加班加点的思想准备，从当学生开始。搞专业课程设计，那没有晚上不加班的，一直到你进入设计单位、科研单位，特别在设计院工作的话，当一个正牌的建筑师，那就是无穷无尽的加班。当然你觉得加班很愉快，心态好是另外一回事，很辛苦这是真的。这是我补充马院士的话。

马国馨：我再补充张院士的话。虽然建筑非常累，大家在学生时就很累，工作时也很累，很多在工作岗位上的同志都要透支体力，但是，也有一个特别好的特点，就是建筑它本身有非常大的吸引力和魅力。所以很多学建筑的，虽然也累，而且嘴里老是各种各样的不满意，但是他们不愿意放弃。当然也有放弃的，前些日子我碰见罗中旭，他说那时候设计过几个房子，但是最后还是唱歌去了。今天我们在练歌的时候，就练“西山苍苍，东海茫茫”，我使劲喊，他说你干吗那么使劲，我说我想让艺术中心的人听听我这个嗓子还行不行。现在看来我这个嗓子还可以！那个同学说，您干嘛要问您唱得行不行。我说我要是行，我也像罗中旭一样改行，那个来钱来得快!

主持人：我觉得大家在开场等待时的焦躁情绪一定被现在的欢乐气氛淹没了，非常感谢两位院士带来的对建筑的不同的理解。我觉得可能每个人心中都有属于自己的对建筑的理解，可能你对建筑的理解不同于两位院士，但是他们的讲解一定会让你从不同的层面再一次审视建筑的意义。刚才张院士谈到历史，我们接下来就谈一谈为何建筑是不同于别的事物的存在。首先因为它富有自己的文化意义，我觉得建筑是存在于它的多元化背景下的，怎么样能找到文化中的平衡点，尤其在我们中国的文化和历史背景之下，又怎样能找到传统建筑和现代建筑的和谐之道呢?

张锦秋：这道题应该提给在首都的马院士，因为他在首都工作，首先就应该解决和回答这个问题。

马国馨：刚才讲建筑的文化意义，大家知道人类的物质文明很大一部分体现在建筑上，大家现在无论到中国哪个地方去游玩，或者到世界各国去，例如到意大利、法国、西班牙、美洲去，首先给大家印象最深的是什么，当然是自然山川，河流湖泊，但是更重要就是它们的城市，它们的建筑，它们的风貌。更深入一点，要了解他们的人文、民族、生活习惯、宗教信仰，整个的城市和城市里的建筑都给人留下非常深的印象。所以大家有时候一说起巴黎，就想起凯旋门、埃菲尔铁塔、罗浮宫、玻璃金字塔等，所以我觉得这就是建筑一个非常吸引人的地方。我曾经有一次在国外，工作了整整两天没睡觉，一直加班加点，困得都不行了，但是最后的成果让大家感到兴奋，还是有不小的成就感。

你虽然累，到最后你看到它那个建筑把它建成是很不容易的。因为建筑，本身是要耗费大量的人力、物力，消耗钢筋、水泥以及各种材料。而且另一方面，我们劝告我们学建筑的同学，刚才我讲的凯旋门、罗浮宫，到了希腊的雅典神庙，严格地说这些还是我们张院士讲的，这些建筑给大家留下深刻印象，但都是执政者、掌权者留下的一些建筑。更多的，对于我们建筑师来讲，更重要的任务是什么呢？当然还是为我们老百姓盖房子，因为你作为建筑师，每年盖了大量的建筑，许多建筑包括看到的国家大剧院、鸟巢，这些对老百姓的作用非常有限，虽然它的影响非常大，可是更重要的是大家的衣、食、住、行，大家要住，要上学，要受教育，要看病，要坐火车，这些都是为我们老百姓服务的。当然，这些当中有很多建筑到最后都不会留下来，大家看看，现在历史上留存下的古代的居住建筑、住宅建筑，基本上都是明清以后的，再早一些的很少见到。所以我想，这些建筑现存的数量应该是最大的，但是并非如此。所以对于我们建筑师来讲，我觉得更多的是不是还要考虑到这个方面。建筑很吸引人的地方，一个就是完成它时会有小小的成就感，虽然累。甭管大小，这个房子盖起来，从精神上的东西变成纯物质的东西，建筑师会有一种满足感。另外，建筑非常吸引人的东西，和我们其他系很不一样，比如说我们其他的科学，1+1等于几，或者我们要计算一个什么工程，要经过工程师的推导，而且大家推导结果都是一样的；你要考试，像考基础课的题，大家的答案都是一样的，这道数学题应该得多少分就得多少分。但是建筑就不一样，建筑一个人做一个样，这个就是最吸引人的地方。这个和我们人文的课有点像，像搞电视、平面媒体，搞其他的，同样的题目每个人都有他根据自己的社会经验，根据自己的美学观点，根据自己的了解，根据自己的个性，根据自己的喜好，有不同的答案，这样一来，就使这个学科变得特别的好玩，不是大家非常苦恼地说我觉得其实这个学科不怎么样，但是其他学科咱们也学不会。

张锦秋： 接着马院士的说。建筑由于它是一个综合性的学科，人家艺术系说，你们是搞工程技术的，虽然有点艺术性，但是不注重好不好看，所以你们是匠人；人家科技界的科学家说，哎，你们建筑不就是利用人家研究的成果，出来了什么结构的公式，什么新材料、新技术，你们是应用技术，你们不是发明创造，所以你们的作品主要表现在你们的艺术上，你们属于艺术。所以艺术界认为我们是工匠，而科学家认为我们是搞艺术的。这个就反映了马院士刚才说的，因为我们是个综合的学科，所以我们的工作很有趣。你学习的知识要求面很广，你老是只会摆这个构成，一些形式上的探讨，你工程技术知识一无所有，你根本设计不了房子，什么样的适合运用什么结构，什么样的结构应该用什么材料，怎么解决现在的消防问题，如此等等吧，牵扯的面很广。科学技术的发展，有了新材料、新结构，同时我们说它的艺术性，就跟人文历史有很大的关系，因为这个艺术牵扯到人的审美观点。

一般来说，中国人有中国人的民族习惯、审美情趣、生活方式，那西方人有西方人的这些，由于历史文化背景不同，审美情趣不同，所以有不同的美学标准。现在世界全球一体化了，经济一体化了，商业贸易全球化，建筑、工程技术、结构技术，恐怕也得全球化，是不是？你造体育场，他造飞机场，大家要解决的跨度、高度问题都是一样的。所以这里唯独建筑艺术不能全球化，这是我的看法。就拿中国人来说，你再现代化，你不能把自己的黑头发都变成黄头发，自己的黑眼珠，变成蓝眼珠，因为有中国魂，那么是不是我们一定要把房子设计的都跟故宫一样，跟天坛一样？这样也不行。所以我们不用过去老的传统思路，但是它有一种中国民族特有的这些艺术的精神，一些艺术的规律，一些审美的情趣在里面。虽然如今我们都住在譬如说公寓式的小区里的房子什么的，但是你看如果能有个小阳台，就想在阳台上布置几盆花，这个阳台我要把它搞得很生态，很绿化。这就是说，中国人他有这个庭园的情节，自古就是。

马国馨：我和张院士都很幸运，幸运的是什么呢？我们都经历了清华的五十年校庆，然后我们又赶上了一百年校庆，所以我们有这么一个机会，赶上五十年到一百年。在座的同学们可能会赶上一百年和一百五十年的校庆，二百年不太可能了，这一百年校庆之后，大家像我们这个岁数的时候，就能赶上一百五十年的校庆。

张锦秋：科学发展了，健身有道，这个也是有可能的。

马国馨：我觉得确实我们亲身经历了清华的变化，应该说还是感受良多，起码我在北京这么多年了，从1959年入学开始，到现在也就是差不多五十多年了，眼看着我们的清华一步一步地从原来的模样演变到现在的模样。我们上学的时候，大家知道那时候没有这么多房子，那时候就这边的1、2、3、4号楼，那边的7、8号楼，还有大饭厅。也没有这么漂亮的学生艺术中心，那时候只有一个音乐室，音乐室就在化学馆的西面，一个二层的小楼，那个小楼都是木地板，走在上面就响，大家就怕这个楼塌了。那时候清华学堂也有一个特点，就是地板也是走着响，我觉得很有沧桑感，大家觉得那是一个那么有历史的房子。

我们的建筑院的学生好像对大图书馆没有什么太多的眷顾。建筑系有自己的专业图书馆，这个图书馆比大图书馆还好，有各种各样的杂志，各种各样的书籍，而且完全都是开架的，所以对建筑系学生的吸引力非常大。而且我觉得在清华的好处就是：第一，有很好的校园环境；第二，有名师。名师像梁思成梁先生这样的不用说了，我随便说一个，让大家震惊一下。原来建筑系图书馆有一个管理员，是一个有小胡子的老头，说话是山东口音，就像倪萍那样子。但是如果清华建筑系教授有解决不了的问题，都要请教这个老头。他姓毕，你要是问他哪本建筑杂志第几期在哪儿，他会马上告诉你具体地方，而且他会好几国语言。就一个管理员，有这么高的学问，我很疑惑。我到了毕业之后才知道这个毕老是一名作家，朱自清当文学院院长时，他在清华开过课，是中国作家协会第一批会员。清华藏龙卧虎啊，一个管理员，却非常有学问，而且他在文学方面还造诣匪浅。在清华，老师非常好，有各种各样的，国学四大家，过去讲礼记，除了王国维、梁启超，其实还有李季。可能在座的还上过他们的课。

张锦秋：我再补充一点，像我们50年代在这儿上学的时候，梁先生办学是开放的，给我们讲过课的就有：罗卫东，是现代的理论家；那时候，马院士现在所在的设计院，就请过张德培，张德培是高级建筑师。

马国馨：张德培是清华建筑系第一期学生，黄浦一期。我碰到清华的朱子宣（音），朱教授，一见面我就说，朱老师你是黄浦一期。

张锦秋：当时张德培让我设计电影院，还有杨云，是建设部设计院，就是现在崔凯他们院，那时候的总建筑师，也被请来当建筑设计辅导教师。总之当时在清华，除了能听到清华很多有名教授的课，接受他们的教导以外，还可以不断地了解到全国的各个地方优秀的专家的讲课，甚至是课程辅导，这一点我觉得非常好。

马国馨：前几天，我看有关梁先生的材料，他不但在清华开课，还在北大开过课。有一个很有名的文化学者，大家可能知道，叫张中行，张中行写了很多书，《顺生论》，等等。张中行就说，那时候他在北大上学，听说梁思成在北大讲话，就去听听，蛮好听的，那时候课堂非常热闹，每次梁先生讲得都非常生动、有意思，大家听得津津有味。然后到了最后一堂课，梁先生给大家说了，他说："我这个课到今天就要结束了，因此修我这门课的是要学分的，还是要考一考，我想看看在座的哪一位是修我这门课的同学，请举一举手。"结果一看，全场全是旁听的。

主持人：我们知道张院士也是师从梁思成大师，您有没有什么和梁思成大师的故事，和我们讲一讲？

张锦秋：我原来在本科的时候，跟梁先生几乎没有单独的接触，因为梁先生很忙。我们在北京乃至全国的活动很多，我记得在搞国庆工程的时候，我们这个年纪，有建九、建零、建一三个年级，这三个年级都参与了国庆工程。

马国馨：清华很有名的传统就是真刀真枪地做设计。

张锦秋：当时要办国庆工程，全国的建筑院校、建筑设计院都振奋起来了，当时新中国成立只有九年嘛，为迎接十年的大庆，要举行大型活动，要建十大建筑。还记得那时候我们清华有好几个组，有革命历史博物馆组，有人民大会堂组，有美术馆组，有科技馆组。

我在天安门广场的革命历史博物馆那一组，我们班参加很多，到了那个方案做出来的时候，挂在走廊上，梁先生来指点。当时他指点说，国庆工程还是要有中国的传统体现，有一些同学画的图，屋顶都走样了，不太对。那个时候我才近距离地和梁先生接触，那是本科的时候。后来到了研究生阶段，因为我分在历史博物馆组，在梁先生的门下，这个就不多说了。原来那篇文章，就是在梁公的书桌旁那一篇文章，很多地方转载了，那是得益于梁先生的指导，所以我也不多说了。但是我要说，梁先生对我的影响，不是说梁先生给我教大卫什么的，而是从梁先生身上学到了民族的自尊感、自豪感，首先是这个。另外就是业务上的进取精神，他对年轻人要求还是很严格的，在这方面我确实终身受用，就不细说了。

主持人：我们相信，无论时代如何变迁，梁先生伟大的光辉事迹将永远记载在我们建筑史册上。那么我想，作为清华百年的最后一届学子，我们身上肩负着更多的外界的期许和时代的责任，那么我们想请两位大师，作为我们的长者，在我们人生或者我们事业方面给我们传授一下经验。

马国馨：要做人生导师，咱们套用一个比较通俗的话，哥哥妹妹，您就大胆地往前走吧。

主持人：张院士呢？

张锦秋：马院士总是很诙谐，我望尘莫及。因为今天也是难得有机会跟同学们在一起，我觉得，清华人要有清华的精神。今天回到母校以后，看到清华欣欣向荣，我也是很高兴，但是我觉得最主要的不是清华校园变得更漂亮了，又盖了多少楼，清华的成就应该体现在一代代清华培养出来的新人，我觉得应该是这样的。

记者采访我的时候，我有个书面的表达，总共四句话：第一个是爱国第一。清华的传统有很多，但是从年轻时候进入清华我就觉得，清华的人是以天下为己任，这个天下不是全世界，是国家。天下兴亡，匹夫有责，这个是清华人骨子里面的精神，我觉得是这样的。不管是什么专业，我觉得爱国第一，像梁先生那就不用说了。第二个我觉得应该是历练品格。我们这些人，像我现在已经75岁了，转眼间成老太婆了，原来走到哪人家叫我，原来叫阿姨，后来叫大妈，现在叫奶奶，这就逐渐在升格，真是眨眼之间啊。所以这个人生是很短促的，在这么短的时间里面，我们怎么能够过得好呢？过得精神上很愉快呢？我觉得关键是历练品格，就是说要有自己的人生追求，自己的道德标准等，这就叫自己有一个历练，要用过去的孔老的话叫“修身”。有当今时代的内容，我们不说大公无私，无私的人是很少的，你有私吗？

马国馨：有。

张锦秋：我也有，肯定是有私的。我们先公后私行不行？类似这种问题，不要人云亦云，要有自己的品格的标准，品格的追求，这个也不深说了。第三个是学术求精。我记得是朱镕基说过，清华的人就是追求完美，不管是什么专业，都要精益求精，那么我们建筑专业就更有体会了。做方案不是你把这个有几个立方米的容积算出来，或是把工作顺序给排出来，就完成任务了。方案在这儿，我们要反复推敲，精益求精。建筑师就是在不断的精益求精过程当中成长起来的。但学术上要精，是不是要陶醉在学术里面？好像国外有一些建筑师，专门做很多理想方案，表达他的学术思想，而不是为了建造的，是不是？

马国馨：是。

张锦秋：但是我觉得我们中国的建筑师不要走这个路子，我们学术精益求精，为了什么呢？就是第四句话，展望未来。我们是为了把我们的社会，我们的国家建得更好，求精的目的是为了要实践。你花了好多时间，是要把它建起来，要得到人们的认可，这是我们建筑师应该追求的目标，所以这也就是我的期望，大家应该大胆地往前走。

马国馨：刚才张学长说得很好，我自己也在想，恐怕一句话形容还不行。

我感觉，大家现在清华学五年，如果要连读硕士、博士，那要六年、九年。我们那时候学六年，这六年的时光，我们再回头看，实际上其中相当长的时间是在社会锻炼。在清华里只待了五六年，而社会这所“大学”我起码学了四十多年了。但是反过来我们感觉到与这四十多年的时间相比，清华给我们的是取之不尽、用之不竭的东西。

我在清华学习时，我也不是一个功课特别好的学生，我们班上有全五分的，全校有名的陈晨老师，全五分，我们系的吴京必（音）老师也是全五分。当时我思想不开放，也不爱说话，不像现在这么贫嘴。这可能是因为职业的关系，因为学建筑必须和业主打交道，你不说话谁理你啊？所以得有表达的能力。我那时候不爱表达，在进大学时也不是团员，到了大学五年级才入团。我感觉这个学校里，让你潜移默化受到熏陶，给你一种“润物细无声”的感觉。我的同学就说，有时候给你一种像是被拷到硬盘里然后被激活的感觉。第二个感悟就是张大师说的学习问题。在清华学习不成问题，都是全国各地学习这么好的来到清华，这么好的条件，这么好的老师，这么好的环境，要是学不好也太不应该了。但是更重要的，我认为要有一种责任感，就是我们这些学生要为我们国家服务，要为我们的人民服务。你学建筑，起码要能把和谐建筑、健康建筑、宜居建筑、绿色建筑这些研究跟上这个时代潮流的发展。对于个人来讲，实际上在社会这所“大学”的历练，我觉得更多的恐怕还是在心理上的历练，在为人处世上的锻炼。

记得有一年蒋校长为“为祖国健康工作五十年”这句话发表讲话，也让我来发言，当时我就说，大学六年主要是锻炼身体，要有一个很好的身体，不要像咱们现在这样，看起来像豆芽菜一样。前些日子我在报上看到一则新闻，说报考清华的学生进行体质测验，其中有60%、70%的不合格，清华就说不要你们，怕上清华给你们累着。所以首先你得有好身体，没有好的身体是不行的。所以过去我们在四点钟就都到操场上去锻炼，我也不喜欢篮球这个项目，但是你的身体不好，必须锻炼，而且你的身体好和技巧好那是两码事，锻炼是为了强壮身体。到社会上这四十多年，已经不是身体健康问题了，而是一个心理健康问题。因为你到了那时候，很快遇到的就是要参加工作，要和单位打交道，要和业主打交道，要和各种各样的同事打交道，要和领导打交道，这时候我们的心理素质更重要。

到了我们这个岁数了，说实话，健康工作五十年了，那就是要养生了，要注意少抽烟，不要喝酒，要降低胆固醇，控制血脂，多做一些运动。所以中国古代很多哲人讲过，修身、齐家、治国、平天下，像咱们清华出去的如果没有这个志向，就有点对不起学校。前些日子我看蒋方舟同学不也写过一篇文章，说咱们清华同学很厉害。确实，咱们享受到了比别的同学优越得多的条件，理应做出比其他的学校的同学更大的贡献，这一点应该是我们大家共勉的。

张锦秋：健康确实是非常重要的，到了老年，才说健康已经晚了。所以我觉得蒋校长真的很英明，他提出为祖国至少健康工作五十年，其实像我也不喜欢运动，但是到了时间都得上操场，因为那个时候全国也有这个气氛，要普及劳动为国制。就是分三个标准，有初级标准、中级标准还有高级标准。

马国馨：一级有一个徽章，二级也有一个徽章。

张锦秋：当时我们戴上徽章很自豪，因为都是通过辛勤锻炼得到的。但是它们的客观效果不是勋章问题，是你的健康问题，所以现在我们也可以告慰母校，我们都为祖国健康工作五十年了。

马国馨：我还没到呢，我还差一些呢。

张锦秋：另外我特别提醒女同学，现在的审美观点是骨感美，所以很多女同学都不吃、不喝，勒紧裤带，想当一个美人，我是很反感的。特别是年轻人正在成长时期，应该有充分的营养，不是说要大吃大喝，但也不要为了追求这种骨感美而牺牲健康。真的，现在我觉得回到清华，看到年轻人当然很好，朝气蓬勃，但是好像人都很瘦弱，包括男同志。

马国馨：看起来鼓掌的都是追求骨感美的。

张锦秋：真的，健康第一。等到老了，再去追求健康，就为时已晚。所以在这方面，我希望同学们要上操场去进行体育锻炼。

主持人：在这里我想打断一下，我们中途来了两位老校友，坐在第一排，他们是张锦秋院士的同班同学，让我们欢迎他们。

张锦秋：建零班的姚继春（音）同学。

姚继春：还记得当时马国馨是清华乐队的乐手，我是清华管弦乐队的小提琴手。我觉得作为清华学子，应该全面发展，做到尽善尽美，这是对大家对同学们最大的期望。我现在是在大学教书。

马国馨：这个老学长说的也很重要，现在我们清华条件比我们那个时候好得多。我觉得大家能有一种或多种爱好是非常好的，当然现在有双学士，还可以有选修课，我觉得比过去条件好得多。那时候他是管弦乐队，我是军乐队，实际上那个时候这也是一个双学士，等于我们清华六年当中，是修了一门乐器，所以我希望大家能够全面发展，能够培养多种兴趣，这个对自己的生活，对自己的业务，对各个方面都有益处。

张锦秋：现在肯定也有社团，我们那个时候每个人都有社团，我刚到清华报了一个戏剧社。因为我在上海时，四川人说普通话，比上海人说普通话强，所以我在上海上中学的时候，我们还演个话剧什么的，我认为自己普通话很不错了，结果到了清华我就报戏剧社，考试了，一考人家说不行，你连普通话都不会说，还演什么戏剧呢？我就被刷下来了，没有考上。我说那好，我考美术社。我们建筑系有美术课，我就报考美术系的雕塑，而且我就自己做了一个。

那个时候我就做了一个石膏摩西像，后来我到西安的时候把这个石膏头像带到西安。我觉得我们的爱好应该很广泛，现在大家都上网，可能占掉很多时间，当然在网上可以开阔视野，增加见闻，这个也挺好，但是上网不要代替你所有的爱好。

马国馨：我再补充一个小故事，大家说我幽默，我再说一个让大家高兴的事。我当时在军乐队，军乐队集中住，那时候体育代表队有一百人，文艺社团有一百人，大家集中住在一起。那时候大家有很多任务，宣传各个方面做得也比较好，后来我们民乐队、军乐队、合唱队都在一起。当时胡锦涛同志也是舞蹈队的，所以今天我正好看见说前几天胡总书记来了，有一个无线电系的教授叫金东民（音），和胡总书记热烈拥抱，他说他原来和胡总书记在一个宿舍。其实我那时候住的就是那间屋再隔两间屋的对面。就是特别遗憾，给大家说实话，那时候我在学校里一点儿不像现在这么爱说话，在学校里，就在走廊上进进出出，那时候胡锦涛也不爱说话，也不像现在侃侃而谈，结果我们两个人在走廊里，这么多年一句话都没有说过，所以我现在真的后悔死了。所以我后来写了一个回忆录，就是说我跟胡总书记住在一个走廊里，斜对角，几年没有说过一句话，现在回想起来，我真的是有眼无珠了。

主持人：我们非常感谢两位大师与我们分享他们的清华岁月，也感谢他们的金玉良言。大家看到的后面的微博墙里也是“时代论坛”新推出的一个互动环节。提到互动呢，我们下面进入观众和嘉宾的互动环节，现场的同学和观众有什么问题，可以举手提问，我们和两位大师进行一下交流。

【观众互动】

提问：张院士，我是学中医的，您刚才说到中医和建筑有相通的地方，我想请教您它的具体内涵？

张锦秋：中医和建筑有相通的地方，最根本的就是天人合一的思想。中医是从全局上审视人的健康，而不是头痛医头，脚痛医脚。我们中国建筑也是这样，不是缺一个房间，就补一个房间上去，而是根据中国人的生活方式、兴趣爱好，有个统筹的布局。这个道理和中医是一样的。

提问：您好，张锦秋先生。我是学生物的，但是我又同时学建筑，因为我对建筑很感兴趣。然后我家在西安，我去过黄帝陵，也去过陕西历史博物馆，对您设计的建筑很喜欢。还有新建的天人合一堂，我从网上看了一些报道，有的人这样打比方说大雁塔是一个佛门清修的地方，但是它修在了广场上，变成一个很热闹很欢腾的地方，变成了商业开发的载体。您对于历史跟现代的这种结合，或者说这种商业模式，是怎么看的呢?

张锦秋：你提的问题很好。历史文化的保护，历史古迹的保护跟现代城市的发展，它相互之间的关系，应该做到历史文化遗产的保护和城市发展共生。应该是做到这样的，但是处理不好容易偏废在某一个方面。比如说刚才你举的例子大雁塔，你是指大雁塔北广场，做了很大的号称亚洲第一大的喷泉，这个就是一个政府工程。大雁塔所在的寺叫慈恩寺，慈恩寺还有一个南广场，这个南广场是我设计的，体现了我们的设计思想。后来这个北广场是政府为了满足市民们的休闲的要求，所以从这个解决市民的休闲生活角度来说，这个还是很成功的。但是从城市设计，从建筑艺术的角度来说，在专家当中有不同的意见。

提问：非常感谢张院士和马院士，我也是一个建筑系学生，今天我问一个不太专业的问题。我今天也在系馆看到梁思成先生的展，也看到他很多学生时期的一些作品，后期的一些作品，我想请二位院士回忆一下，您二位上学的时候，印象最深的一次课程。

马国馨：对建筑系的学生来说，几乎是每一个学生都在做设计，这个设计就是想出一个解决办法。我刚才说的这个建筑非常吸引人，它是一个无穷解，就是说同样一个设计，比方说我两天就把这个设计做完，还是这个设计，你可以做两个月、三个月，四个月都可以做，他永远不断地否定自己，不断地更新，不断产生新的创意和构思。对于我来说，印象比较深的就是，有一年做一个别墅，那时候我的辅导老师是汪坦先生，他后来也是我的博士生导师。这个别墅面积也不大，也比较好做，但是到了最后，有一个非常让人不高兴的地方，所以这个图纸越画越糟糕，就画得特别脏乱，结果老师骂了我一顿，你画的是什么东西啊。离交图还有一天，我当天晚上回去重新裱了一张纸，用一夜的工作，因为已经画得非常熟了，把整个的重新画了一遍，第二天老师一看吓一跳，这怎么又换了一张啊。

主持人：既然刚才那位同学向两位提问，张院士印象最深的一次设计是什么呢?

张锦秋：我印象最深的设计，我就说两个我最得意的设计吧。一个是我们刚学完设计初步，那时候画什么宿舍，画大礼堂的门，那是成志华（音）老师辅导我们设计初步，完了以后，转到一个课程设计，设计是什么题目呢？有设计公园大门，有设计亭子，诸如此类的一些小体建筑吧。当时我是刘志平先生辅导的，因为学的是西洋古典，题目自己选，我就想啊，因为我很爱好文学，我那时候很崇拜高尔基，我用了塔斯干柱式设计了一个高尔基纪念亭我第一次觉得建筑师他想表达一种意向，用艺术的方法来表达自己的意向，得到了刘志平刘教授的认可，我很得意。

第二个，我自己也小得意，但是我现在跟同学们见面的时候，我还要说到这个，后来我们做了500平方米住宅，这500平方米就不是一般住宅了，现在看都是别墅，课题里面就叫500平方米的住宅。当时我是，现在还是莱特（音）的粉丝，在系图书馆里有一套莱特（音）自己画的建筑作品方案集，一篇篇活页，整个纸的样子是浅驼色，画的线条全是咖啡色的，我看到那些崇拜极了，所以我从建筑风格，到表现方法，全部学了莱特（音），也得了个5分。所以，在学习阶段，你可以模仿着名家进行设计，但是你一旦走上设计的岗位，当了设计师，就不能照搬了。因为一个建筑项目有它本身的背景，不同的背景有不同的需要。所以我这两个课程设计，我自己印象很深刻。

主持人：谢谢两位院士。

虽然说两位老师来清华，但是我觉得如果说很欢迎两位老师回到家里更为恰当，因为通过刚才两位的一些很朴实的话，大家能够感受到那一种，自己人给自己人谈话拉家常一样的感觉，很平易近人，很感谢两位。张锦秋老师刚才说从姐姐突然眨眼间变成了奶奶辈，但是大家是不是觉得两位还很年轻，很精神抖擞，是不是啊？

众学生：是！

马国馨：谢谢。

提问：老师我有个问题，像我们晚辈对于清华比较古老的建筑没有太多的感觉，或者感情之类。但是今天我碰到一群老校友，他们去新食堂吃饭，我建议他们吃自助餐，我觉得那样更方便、丰富一些，他们说了一些话让我们特别感动，他说我们就在这儿吃饭，因为我们上学的时候就是在这里吃饭，我们只是在这里坐一坐，感受这里的氛围，感受这里和以前的不同。我想请问两位老师，你们重新来到清华，对现在看到的这一切最大的感受是什么，从你们心底里面油然而生的感情又是什么呢？谢谢老师！

马国馨：应该说清华还是非常让人难忘的，刚才讲了这个清华的食堂，我也顺便讲个食堂的小故事。过去我在家里的时候，有很多毛病，很多菜不吃，不吃茄子，不知道为什么，那时候茄子黑黝黝的，看着不给人好色。那时候在清华学堂一人一份，不吃也得吃，吃也得吃，就那么一份，一吃茄子，我说这个菜怎么这么好吃啊，结果茄子变成最爱吃的一道菜，这是清华给我的一个非常重要的印象。

张锦秋：他说到食堂，我跟你们说我还当过食堂管理员。困难时期，那个时候有一次我们支部书记找我谈话，说张锦秋，现在是困难时期，民以食为天，现在这个粮食蛮紧张，办好食堂是很重要的，对广大同学，生活第一嘛，现在食堂需要一些同学管理食堂，组织让你去，你要做好长期在食堂工作的思想准备。因为我那个时候还没有入党，那时候是团员，正在争取入党。我想现在国家面临困难，这个任务是政治任务，我得要服从组织上的分配，有长期的准备。去了以后我的领导是比我低一班的建一的吴官章（音），低班同学领导高班同学，我思想上又不服了，但是我不得不服，他老练得很，布置工作，行政关系，人际关系一切都能摆平，我就当他的助手吧。那个时候的食堂你们可能想不到，吃饱是第一原则，粮食都定量，同学都不够吃。我们食堂要做好的第一任务就是把窝头、馒头做得大一点，大家能饱肚子。所以当时就有什么小球枣、窝头蒸一次再蒸一次，个就大了。我记得那个时候部队过元旦，来慰问我们，部队打黄羊，给清华大学送了大量的黄羊肉，这样我们食堂才开了一次荤菜，给大家改善了一下伙食，所以那个时候熬过来了。咱们清华大学没有过不了的生活关，真是这样的。

马国馨：张院士讲完，我再补充一个小故事。我们院自己有一本生活杂志，专门介绍我们院的生活，最近专门登了一篇文章，我没想到把我写到上面去了。我们院的熊总也是清华的学生，看到很多年轻的清华同志在那儿吃自选，选完以后扔掉非常多。我们杂志写了一篇文章，说你们注意没注意马总吃饭，从头到尾盘子一点儿都不剩。这就是刚才张院士说的，大家经过了困难时期，知道节约的重要，所以不会任意地糟蹋粮食，我也希望我们同学在食堂吃饭的时候，饭菜不要剩下，这是我们新时代很好的表现。

主持人：在下一个提问之前，让我们再一次热烈地欢迎李院士的到来。在这里我想先为大家介绍一下李院士，李道增教授现为清华大学建筑学教授，中国工程院院士，建筑设计方法与理论专家，清华大学建筑学院首任院长，中国建筑学会常务理事、名誉理事，世界华人建筑协会名誉理事，李道增教授对建筑设计有广泛的实践和深入的理论研究，专精于剧场设计，通晓中外剧场历史发展，是中国剧院设计研究开创者，让我们欢迎李院士的到来。

李道增：过奖了。

主持人：我们欢迎李院士的到来。李院士，我们现在到观众提问了。

我们看到这个屏幕上，观众有一个问题，我想替他来实现这个愿望，如果可以，我们让三位老人对三十年前的自己说一句话吧。我们就从我们最健谈的马院士开始吧。

马国馨：我就一点儿不后悔上了清华，如果我有下辈子，我还要上清华。

张锦秋：我的幸福来源于清华园！

李道增：我的思想还没转过来，刚才排队上台大合唱，刚下来。

说老实话，清华给了我一切，下辈子让我选择的话，我还选择清华。我第一次知道清华是高中的时候。我小时候是在上海长大的，我们的一个教物理的老师，高三的，是清华第一届的物理系唯一的毕业生。他跟我们宣传马约翰怎么带同学拍拍胸脯，说年轻人应当怎么样锻炼身体，因为他亲身感受，所以生动得不得了。我们在下面听得出神了，所以我们就下决心要考清华。当时我考清华还不知道清华有建筑系，我们班知道建筑系的就一个人，就是周干峙（音），他也是上海人，他舅舅是搞开发的，所以他知道建筑系。我们其他的人都是从别的系转过来的，我考的是电机系，跟朱镕基一个班。当年清华同学确实是出色的，周光召也是我们班的，科学院院长，他那时候外号叫“周大头”，脑袋大，聪明。因为听说清华第一次物理小考，你们学生好像考上清华是自我感觉良好，要给你们一个下马威看看，知道清华到底是怎么样，我们高班同学告诉我们三分之一不及格，每年小考题目出的难度就是三分之一同学不及格。所以我们吓坏了，找周光召要难题做，因为我们物理系的同学吃偏饭，老师给他们难题做。考试非常严格。我记得袁伟民当教练他总结一条，十个弱刺激不如一个强刺激，他就给你一个强刺激，所以我第一次考试就把题目深刻地记在脑袋里。我80年代的时候还记得三道题目的考试，公布分数的时候，公布学号，每个人都是一个学号，他不公布名字，用红笔写不及格的，你假设考的不及格了，60分以下用红笔写，写学号跟多少分。在同方部走廊里面有一块玻璃绸，把分数贴在那儿公布。学生都起来去看自己多少分，一看看见一大片红，就说明，三分之一不及格，这个题目出得挺难的。后来新中国成立了，批判过去的教育是把学生当成敌人对待，一考以后大家都老实了。我认为当时有三门课最难的，第一难是英语，第二门是钱伟长讲的应用力学，他每个礼拜五早上考一道题，考得出来就考出来，考不出来出来就是0分啊，30分什么的。第三门难就跟建筑学没有关系了，就是王贤冲（音）。我觉得清华很厉害，镇得住学生，考上清华的同学也比较聪明，可能管法也有一点过分，但还是收到了一定的效果。后来搞政治运动，批判过很多，那时候批判，很多学生就认为，那么严格的训练，严到一定的程度，有点不近人情，而且还是浪费青春，一个一个测绘图那么画，可是我觉得经过这种严格训练的人，今后再遇到困难的时候，就都不在话下了。过去科班的训练，旁边老师傅发现你腿不直，就要教训你。经过这种严格的训练，有一种不畏艰难的素质，再难的都不在话下了。他们科学院党委书记、院长，一起去英国考察，考察所有的中国的学生，说中国的学生都经过了魔鬼般的训练。所以我觉得，清华老传统，给我留下一个很深的印象就是，很严。张锦秋是梁思成亲自培养出来的，梁思成给我们看过他的笔记本，他是梁启超的儿子，梁启超对他是很严的，严师出高徒，清华过去的老传统，我至今不悔来到清华。

主持人：我们谢谢李院士给我们分享他的清华生活。还有同学提问。

提问：问一下三位院士，你们在年轻的时候，对于自己人生的理想和你们实际上走过的这段日子，有没有什么一样的，或者不一样的地方。当年自己的意气风发，到现在为止实现了多少，又突破了多少，谢谢！

张锦秋：刚才我已经说过了，我们建筑班都是全部公考考进来的，考进来以后可以说绝大部分同学一门心思地学好作为建筑师所必需的知识技能以及个人修养的各个方面，我们心目中的理想就是要当一个称职的建筑师。包括后来研究生的时候，我就考虑研究法式还是研究园林呢，我当时觉得园林里面的学问为今用，内涵很深厚，可能比法式更贴近现代的生活，所以我确定它作我的研究生选题。我觉得我并不是想当教授，当研究员，我是想当建筑师。至于说后来到了社会上咱们改革开放了，又是评大师，又是评院士的，过去我们在学生时代，脑子里根本没有这些概念。所以至于说后来国家、政府、老百姓、同行给你一个什么帽帽，我觉得那都不是最主要的，也不能为追求这种荣誉和追求这种帽帽而奋斗，我觉得我就是这么走来的。

马国馨：我的体验就是你要把你手头的每一件工作做好，你不要好高骛远。因为我在我们单位清华同学有很多，当中有很多对一般的工作看不上眼，这个不愿意做，那个不愿意做，交给他的工作又做不好。我感觉要是把每一件你要做的事做好了，就可以了。比如你做一个设计，当你做好了一个100平方米的设计的时候，下一次你的领导就会给你一个500平方米的房子让你设计，当你500平方米的房子已经做得非常精彩了，他可能就给你一个5000平方米的房子让你做一个设计，你再做得很好，然后就是1万平方米，然后就是5万平方米的大工程。如果你一开始就要做一个鸟巢，做一个大剧院什么的，然后自己的工作没有做好，那永远做不好。所以我自己的体会是，要踏踏实实做好每一件事，不要好高骛远。

李道增：他们两位都是班上的尖子，特别是这个张锦秋的老伴，也是顶呱呱的。

张锦秋：我老伴是李先生的得意门生，李先生当时水平很高。当时李道增在我们系里的教师里面是顶尖的，他一走到讲台前面就像变了一个人一样，笑逐颜开。

马国馨：从这一点我们可以看出，我们张大师慧眼识珠。

李道增：清华的学生能考入清华，说明基本素质都挺好的，都是不简单的。可是有一个问题就是，师傅只能是领进门，修行在个人。尽管你素质好，聪明，但是你的努力才是根本。人都是逼出来的，是环境逼出来的，不怕被逼，要什么都不怕，勇于进取。为什么我很欣赏张锦秋的先生，他能感觉出来，就是有这种素质，也有天资，也有素质，不可能有什么捷径。即使周光召特别聪明，他这个人也很实在。清华的人我印象中，他是比较实在的，不管交给他什么任务，他都是很认真去完成。而且学习的过程当中，兴趣是最好的老师。我是很看重这句话的，因为一旦对一个问题有了兴趣的话，什么时间都有，吃饭、睡觉都想着这个问题，所以也没有什么窍门，没什么捷径可以走，就是这几句话，我体会比较深。

主持人：我们谢谢三位院士，谢谢三位院士在这么长时间里送给我们的金玉良言。实在是时间有限，我们观众互动的环节到此结束。我们看到刚才微博上一直放在第一条的是，我们现场同学热切地期待我们三位大师能够合唱一下我们的老校歌。既然今天马院士为了我们这场讲座没有参加表演，不如让马院士为我们起个头，领个唱！

张锦秋：让马院士代表我们唱吧。

马国馨：因为那时候学校要我们院士唱老校歌。我问这个老校歌唱几段，他们说三段都要唱，我问唱几部，他们说就唱第一部，我说这不行啊，我就会第四部。

张锦秋：要唱他们两个唱，我还真不会。因为我们学生时代没有唱过这个老校歌，他们两位来参加院士合唱彩排了，我在外地也没有学的机会。

李道增：老校歌我也背不出来，都是文言文，不是白话文。我看这样，我还是给大家唱一唱。但是，我用第四部给大家唱，因为我们音乐会演出我就唱第四部，可能和主旋律不完全一样。

主持人：再一次感谢马院士，谢谢今天的各位同学和观众，我们今天的演讲到此结束！

【点滴感悟】

在清华待了也有些年头了，如今快毕业的我，听完这场和讲座后，发现自己对清华知之甚少。何谓清华精神？现在我觉得，已不简单的是一句“自强不息，厚德载物”，我想，还有很多不同的内容。清华的杰出之处，并不仅仅是清华厚重的文化积淀，得天独厚的资源，更有一代代的清华人走出清华后，为祖国做出的贡献。

（无93　张一山）

听了张院士与马院士的诙谐轻松的对话之后，我更深地体会到建筑是与每个人息息相关的。建筑是为人的生活服务的，而不仅仅是为了审美的需要。追求人居的舒适性、追求建筑与自然的和谐也许才是建筑的真谛所在。

（建03　陈丰千）

东西交融，古今荟萃，百年智慧

——当代东西方文化交融背景下的教育

【嘉宾介绍】

杨振宁，著名美籍华裔科学家、物理学大师、诺贝尔物理学奖获得者。1957年因与李政道一起提出的“弱相互作用中宇称不守恒”观念并被实验证明而共同获得诺贝尔物理学奖。其于1954年提出的规范场理论，于20世纪70年代发展成为统合与了解基本粒子强、弱、电磁三种相互作用力的基础，并曾在统计物理、凝聚态物理、量子场论、数学物理等领域做出卓越贡献。

杨振宁先生先后任教于普林斯顿大学、纽约州立大学石溪分校、香港中文大学，并于1997年出任清华大学高等研究中心荣誉主任，1999年出任清华大学教授。其先后获得中国科学院、美国国家科学院、英国皇家学会、俄罗斯科学院等多个国家科学院的院士荣衔及多家大学的荣誉博士学位。

何兆武，著名思想家、文学家、哲学家、翻译家。1921年9月生于北京，原籍湖南岳阳，1939年考入西南联合大学，1943年毕业于西南联大历史系，1943年至1946年在西南联大外文系读研究生。1956年至1986年任中国社科院历史研究所助理研究员、研究员。1986年至今任清华大学思想文化研究所教授，兼任美国哥伦比亚大学访问教授和德国马堡大学客座教授。长期从事历史理论、历史哲学及思想史的研究和西方经典著作的翻译工作。

何兆武先生著作等身，译有卢梭《社会契约论》、帕斯卡尔《思想录》、康德《历史理性批判文集》、罗素《西方哲学史》等；著有《历史理性批判散论》《历史与历史学》《文化漫谈》《西南联大的那些事》等；口述《上学记》等。

张岂之，中国思想文化史专家。江苏南通人，生于1927年11月。1988年获国家级有突出贡献专家称号，次年10月荣获陕西省有突出贡献的专家称号。现任西北大学名誉校长、教授、博士生导师，西北大学中国思想文化研究所所长。

张岂之长期从事中国思想文化史研究，是史学界著名的侯外庐学派的领军人物。80年代中期以来主编著作：《中国思想史》《中国思想学说史》《中国历史大辞典·思想史卷》《中国儒学思想史》《中国传统文化》《中国思想文化史》《中国近代伦理思想的变迁》《中国近代史学学术史》《陕西通史·思想史卷》及《中国历史》（六卷本）。自著有《顾炎武》《儒学、理学、实学、新学》《春鸟集》《中华人文精神》，并主编《华夏文化》杂志。

【策划手记】

“自强不息，厚德载物”，清华的校训凝练隽永。在百年校庆周里，在这个春风和畅、草长莺飞的四月里，很荣幸能请到三位大师来到“时代论坛”，来到同学们中间，给我们讲述他们的人生经历和清华故事。饱经沧桑，他们见证了世事更迭；贯通中西，他们对中国和中国教育的发展都有着自己的思考。百年前，中西文化的碰撞刚刚开始，清华大学对学生的教育在多元、包容的氛围下展开。百年后，中西文化交融已是大势所趋，在这一崭新的时代背景下，大学生教育需要一个更加明确的方向。如何让大学生在继承传统文化和吸收外来文化间找到平衡点，又如何在这一平衡点上大力发展现在普遍欠缺的人文教育，这些问题对清华，对高等教育乃至对中国未来的发展都至关重要。

三位来自不同学界的泰斗对中西文化交融背景下大学生的教育有着各自的看法，相信这种多元观点的交流与碰撞能为百年清华未来的教育发展指明方向。

能请到大师，是我们的荣幸；能聆听到他们的教诲，更是清华学子的幸运。清华大学校党委书记史宗恺老师在讲座开始前发言说，他觉得“时代论坛”这一段时间的系列活动都非常好，因为它的确会使我们的同学从浮躁当中沉静下来，带领同学去思考，去思索，让大家有反思，有检讨，更重要的是知道要如何面对未来。的确，在这个生活节奏快、心态略显浮躁的社会里，能有机会参与到三位大师的讲座中来，实属人生之幸事。

【演讲精粹】

第一点是当时很深的忧患意识。什么叫作忧患意识呢？到了我父亲、我祖辈那一代，到了我这一代，我想是中华民族历史上最悲惨的时代。大家晓得在八国联军入侵、甲午战争的前后，中国几乎被列强瓜分了。这一历史事件，对当时所有的中国人，尤其是知识分子，在灵魂深处是不可能被忘记的一件事情。对于今天在座的各位同学，我希望你们了解这一天。了解这一点有两个意思，第一点是你们会知道没有那个忧患意识，你们将是多么的幸福。第二点是一种警示，没有了忧患意识，对于每一个人的意志，每一个人的决心，也许有不好的影响。

我们西南联大的这些老前辈们，是我们校训“自强不息，厚德载物”真正的实践者。我们现在每天要喊这样的校训，但是他们不需要，因为他们每天在茅草屋刻苦地学习，四个人用一张书桌不断地探索知识的奥秘，这就是他们对校训最好的践行。

要成为一流大学，我想不出太多的什么条件，我只讲一个条件，必须要有先进的科学技术，没有先进的科学技术，那你这个大学要成为世界一流，恐怕不可以。在科学技术方面，光有一流的发明创造够不够呢？我觉得不够，整个清华里头的同学们，都还应该有必要的人文的素养。什么是人文学科呢？我给它下了个定义，人的艺术就是人文学科，全世界都是这么认识的，也不是我们中国特殊的含义。人文学科主要是研究人的心灵，人的精神，人的价值，人之所以为人的学问。人文学科，与自然科学在某些方面是相通的，自然科学的成果真正为人造福，为社会造福，为民族造福，就需要有人文学科作为基础。所以我一直认为，人文学科是自然科学与社会科学的基础。

【演讲实录】

主持人：尊敬的杨振宁老师、何兆武老师、张岂之老师，各位同学大家下午好！欢迎来到“清华大学时代论坛”在百年校庆周为您带来的这场横跨古今、中西的重量级大型综合性论坛。我是清华大学电视台的主持人，我叫梁植。我今天首先跟大家分享一个感受，我在清华五年了，在这五年期间，主持过一些活动，我的感觉是主持得多了，自己就可能放松一些，敢说一些。但是今天站在这儿，面对三位大师的时候，觉得自己又回到了幼儿园拼图、拼字的时代，有一个词很确切地形容了我现在的感受，就是胆怯。但是我们的三位大师，其实都非常的慈祥，也都怀着包容去看我们这些小孩子们。其实说到这儿，又有一个更加让我觉得需要和大家一起分享的情感，我们每天在清华园里，无论是骑着车也好，在荷塘边走路、在大礼堂前散步也好，很多时候大家会谈论一些东西。很多男生可能在讨论规范场论，可能很多人在讨论中国历史，讨论中国文化，在这个时候经常有一些苍老而深邃的目光滑过我们。这就是我们的幸运，我们那么的努力，其实就是希望来到这个园子里，能够离大师近一些，能够真心地叫他们一声老师，能够做他们的学生是我们的光荣。所以首先请允许我麻烦全场起立，一起为三位老师鼓掌，谢谢他们今天来这里。

在今天访谈的开始，首先有请清华大学校党委书记史宗恺老师为我们致辞，有请史老师。

史宗恺：各位老师，各位同学大家好！刚才梁植说他主持这个活动，觉得很胆怯，其实我不这么认为，最近研究生会和本科生学生会联合组织了一个活动，这个活动叫作“写给未来的信”，我想你们现在是站在清华一百年的起点上，面向清华新的百年，再过一百年，你们就成为历史。而再过一百年，你们当中会出现一批就像杨先生、何先生、张先生这样的大师，而且我相信，你们还会超越他们，所以你们应该有勇气、有信心和我们这些前辈们对话。我想这一段时间，学校有很多百年校庆的活动，也有很多的同学参加了这些活动，有些活动依我来看的话，可能过一段时间也像浮云一样的消散，但也有些活动会注定在你们一生当中留下记忆。当我们从刚才梁植所说的春天的气息中走进来的时候，我们心会沉下来，因为清华百年校庆给我们这样的机会，让我们沉静下来，回顾历史，体会传统。我刚才看了看“时代论坛”这一段时间的系列活动，我觉得这一系列的活动都非常好，因为它确确实实会使我们的同学从浮躁当中沉静下来，让我们去思考，让我们去思索，让我们有反思，让我们有检讨，更告诉我们还要面对未来。所以我想今天的这个活动，就是能够让我们在座的各位同学沉静下来，去和历史、去和未来对话一个重要的机会。因为三位大师他们既代表历史，也代表未来，所谓代表历史是因为他们的人生就是一部历史，杨先生、何先生经历了西南联大时期，他们从那样一个特殊的时代走过来，所以我想他们的人生就是历史。我也跟很多同学说过，如果我们以前在书上看到像西南联大这样的历史的话，会觉得这个历史离我们还很遥远。但当我们今天面对杨先生、何先生的时候，我们会发现，我们离历史很近。同样我还说，他们也代表未来，因为他们的学识，他们的思想洞察力使我们能够预见未来，而这样的预见未来和体会历史，也会给我们在座的同学以诸多的启发，给你们信心，给你们勇气。因此我说，一百年之后，当你们再成为历史的时候，清华会有新的辉煌，新的荣耀，祝大家百年校庆愉快。

主持人：刚才史老师说一百年以后，咱们都化为浮云，其实我突然想到明年是2012年，所以说我希望我们顺利地度过2012年，真的到了一百年以后才化作浮云，这是在这个校庆对大家个人的祈愿。接下来到了我们访谈的环节，在这里特别需要和大家说明的是，我们今天和三位台上的大师交流的方式是大家把问题写在手中的HANDOUT上，交给我们的工作人员，我们选择大家问的问题与大师交流。我主持这些年，这个东西一直都叫HANDOUT，我觉得中文那么博大精深，一定有个词来翻译这个HANDOUT，所以向大家征集一下，时代每次给大家发的这个HANDOUT，中文翻译为什么比较好？我私作主张，如果采用了你的翻译，能不能多给点票，以后人家不用排票了。好的，我们现在开始这个访谈。

主持人：今天我们会主要聊点什么呢？我们不会一上来跟大家去聊如何做到中西融合、古今贯通、文理渗透，我们先聊一聊大师的青春年代，聊一聊大师在我们这个年龄的时候，他们都做了些什么，有没有逃课，有没有作业跟同学互相参考一下，我们也跟他们聊一聊这样的故事。第一个问题，三位第一次进入清华园是什么时候？何老师，要不然您先跟我们说说。

何兆武：最早进这个园子，是中学的时候。1935年、1936年。

主持人：那个时候您是十四五岁的时候。

何兆武：对。

主持人：那个时候当时进清华园，那个园子有多大？

何兆武：那比现在小得多。

主持人：那个时候二校门是真正的校门吗？

何兆武：也有西校门。

主持人：杨老师，您第一次进清华园是？

杨振宁：我是1929年，第一次到北平，第一次搬进清华园，因为我父亲在那一年接受邀请，成为清华大学数学系的教授。那个时候清华大学很小，1929年的时候，还没有西校门，那时整个清华园的面积我想不到现在的十分之一，围墙里头只有一个门，就是现在的二校门，现在向西边扩充，才建了现在的西校门，东边，像这个地方，不属于清华大学，所以当时很小，全校还不到八百个学生。

主持人：张老师呢？

张岂之：我第一次到清华园是1950年秋天，北京大学本科毕业以后，考上清华硕士研究生，就住在善斋，我们的宿舍，两个人一个房，我们的待遇不是人民币，是二百斤小米。当时计算是用小米。二百斤小米什么概念呢？一个月吃饭不成问题。把小米卖出去以后，它可以买牙粉，不叫牙膏，学生用这个刷牙。

主持人：善斋是不是也在西操的位置？

张岂之：不是。

主持人：这是一个虚指，大家知道就在那一片，其实一会儿我们聊得越多，大家会越习惯三位老人这个讲述历史的方式。刚才我观察到一个小细节，刚来的时候，杨老师和张老师聊天，张老师问杨老师有没有去过西安，杨老师说，抗战以前我没有去过，抗战以后我去了。抗战对于杨老师是一个很普通的时间事件，那个之前我也做过很多事，那个之前我没有去过。所以大家慢慢就会发现，就像刚才史老师讲的一样，我们今天面对的是三本厚厚的写满了中国历史、中国学术史的历史书。我们今天不是希望能够读懂它，我们希望从这三本书泛黄的扉页中，读出一种我们人生可以选择的智慧和光芒，我觉得今天就达到了我们的目的了。三位老师，我们大家今天给您准备了好多的问题。这个前一段时间有一首歌特别有名叫《老男孩》，三位听过吗？

何兆武：没有。

主持人：张老师听过吧？

张岂之：我听过。

（全场笑声、掌声）

张岂之：我现在要代表一位真正的大师，他不能来了，但是他想参加我们百年校庆。因此我要代他说几句话，可以吗？

主持人：当然，您请。

张岂之：我要代表的这位先生，就是季羡林先生。

张岂之：季先生是1930年在济南高中毕业，考上了清华大学的外文系，他在外文系的专业是德语。1934年毕业，在济南做了一年的中学教师，考上了官费留洋到德国去，由于第二次世界大战，在德国一待就是十年。1946年回国，季先生在90年代写了一篇文章，谈清华园里面的景色，不长，我稍微念一下，把这个心愿也念一下。他说，“在清华园里，春则繁花烂漫，夏则春荫河深，秋则枫叶似火，冬则白雪苍松，其他如西山紫气荷塘月色也令人记忆难忘，这是很美的。”但最后季先生有这样的希望，他的原话是，“我希望在清华母亲百岁华诞之日，我自己能参加庆祝。”可是2009年7月11日季先生离我们远去了，距清华百年校庆只有一年半多一些的时间，他把出版的在清华生活两年的日记，自己签名送给我了，我昨天晚上翻了一下。今天恰好有这个机会，季老虽然已驾鹤西去，但他这个愿望，我想代表他在清华学子面前讲一讲，作为我们对季羡林先生的怀念，谢谢大家！

主持人：我们在这里特别感谢张老师。确实是这样，清华百年，有太多的令我们感动，令我们为之潸然泪下的故事，这些故事都和为祖国，为民族，甚至为全人类做出了巨大贡献的这些学术大师们相关。我想每年到了校庆的时候，我们确实不可能光把眼睛盯在我们怎么样庆祝，我们现在已经取得的成绩上，我们也要想一想，我们是如何取得这些成绩的，有哪些人为我们取得这些成绩付出了自己一生的努力，一生的汗水，所以我想我们再一次把掌声送给以季先生为代表的一大批从清华园走出去的学术大师和领军人物，当然也包括我们今天台上的三位，谢谢你们，谢谢！

主持人：接下来我们想跟何老师和杨老师聊聊西南联大。说起西南联大，大家的感觉好像既神圣又神秘。说它神圣是因为大家知道，当时是有无数个传说中的大师们都在当时西南联大，有的是在求学，有很多担任教师；说它神秘，是因为其实我们现在很难去了解西南联大当时的各种真人真事。所以今天我们通过何老师和杨老师这两位亲历者，给我们讲一讲当时在西南联大的一些故事。好吧，这次杨老师先讲讲。

杨振宁：抗战是1937年的时候。第二年春天，清华、北大跟南开搬到昆明成立了西南联合大学，我就是在那一年的秋天进了西南联大，念了四年，1942年毕业，后来我又念了两年的研究院，1944年得了硕士学位。回想起来西南联大除了大家都知道的，物质环境非常之差，出了很多人才以外，我想也许有两点可以跟大家谈一谈。第一点是当时很深的忧患意识。什么叫作忧患意识呢？到了我父亲、我祖辈那一代，到了我这一代，我想是中华民族历史上最悲惨的时代。大家晓得在八国联军入侵、甲午战争的前后，中国几乎被列强瓜分了。这一历史事件，对当时所有的中国人，尤其是知识分子，在灵魂深处是不可能被忘记的一件事情。对于今天在座的各位同学，我希望你们了解这一天。了解这一点有两个意思，一方面你们会知道没有那个忧患意识，你们将是多么的幸福。第二点是一种警示，没有了忧患意识，对于每一个人的意志，每一个人的决心，也许有不好的影响。另外一点，与忧患意识也有密切的关系，常常有人问说为什么西南联大一共只有1500个学生，同时只有1500个学生的样子，这样维持了八年，总共学生数很少，可是后来能有这么辉煌的成绩，是什么缘故。我想其中一个很重要的缘故，受了当时忧患意识的影响，每一个同学，每一个老师都感觉到，在那么困苦的情形之下，在中国整个前途非常不清楚的情形之下，还能够在那儿上课，能够在那儿念书，这个是一个很少有的机会，所以同学也好，老师也好，对于这个机会非常珍惜。我觉得这个与后来西南联大的同学有那么多好的成就，有很密切的关系。我希望在座的每一位同学，把西南联大当时同学、老师的精神，与你们今天的情形对比，多多了解一下，这个我想对于你们每个人未来的发展将是有重要意义的事情。

主持人：今天我这儿有一个比较重要的任务，咱们清华大家都知道，有一个传统叫“几字班”，哪年入学是几字班，杨老师当时有这个说法吗？比如说年是1938年入学，年是八字班，比如说1939年入学就是九字班，当时有这个说法吗？

杨振宁：不是这样的说法，我们是1942班。

主持人：按照毕业的年份来说叫1942班。

杨振宁：那个时候每一个同学有一个学号，我的学号是联580，我解释一下。因为刚一到昆明的时候，三个大学变成一个西南联合大学，我是一年级进去的，我是进到西南联合大学，可是那时候清华大学有二年级、三年级的学生进到西南联大去了，所以一个清华的学生他的学号是清52，我是联大招进去的学生所以是联580，我拿到的毕业证书是西南联大的毕业证书。本来清华的学生在西南联大念了三年，得了学士学位，他拿到毕业证书是清华大学发的。

主持人：这样，咱们试着做一个时空的这种对接，现场有没有基科八字班，因为当时杨老师是物理系，我们看看有没有，我们看看有没有一个70年的跨越，有没有基科八字班的。还真没有，看来基科的同学都刻苦地复习，都在学习呢，挺好。不过这是不同的学习，今天的学习也非常的重要。何老师，您给我们讲讲当时在西南联大时候的生活。关于那个时候我有一个问题，当时您看三个学校的学生马上去昆明，这个大学也有学校校舍，还要有同学们活动的地方，当时那个地方条件怎么样？

何兆武：当时条件很差，那时候有一个名词，现在大概大家陌生了，叫“流亡”。

杨振宁：我补充一下，西南联大到昆明没有校区，所以先借一个地方，所以我在大学一年级，就是1938年到1939年那一年，西南联大还没有自己的校舍，理学院借了叫作昆华农业中学的校址，这个昆华农业中学十年以前还存在，现在搬到别的地方去了，在昆明的西北郊，盖得相当漂亮的房子。所以我大一，都是在昆华农教里面。中间还有一任文学院在昆明根本都不能安置，所以搬到蒙自。他们在蒙自，那个时候陈振志（音）先生搬到蒙自，因为他喜欢写诗，他有好几个旧诗流传下来。这些旧诗大家去看，比如说他中间有一个旧诗讲，我现在忘了他是怎么样的几句话了，不过他的意思就是说是，南渡就是渡过长江到南方来，很显然他认为，北归跟当初南宋后来回到河南去这个意思一样。就在那一年，赶快在昆明的西北郊盖了一些茅草的房子，这个变成后来我们的宿舍，我想何老师恐怕也是曾经住过这个茅草的教师。

何兆武：我住过，住了几年。

主持人：当时像梁思成先生他们也是一样的，也是住茅草的房子吗？他和林徽因老师。

杨振宁：当时的教授、老师就是在校外自己租房子，同学住在这些茅草顶的房子，我还记得很清楚，一间房子里头住四十个人，是二十个双层床，住四十个人，所以走进去是一个长长的走道，地下是泥土，右边有十个双层床，左边有十个双层床，每两个双层床之间有一个很窄，大概有这么宽的一个书桌，所以这四个人用这一个书桌，这就是当时我们的居住情况。我们吃饭在善堂里头，膳堂里面没有椅子、板凳，大家都站着吃，站着吃有一个好处，因为当时的饭不够，所以厨子搬了一大桶的饭以后，大家赶快抢，站着吃抢比较方便一点。

主持人：何老师，当时您在历史系，是不是也上了很多当时在学校的这些大师们的课程，您能不能给我们讲两个当时您上的这个，您印象很深的老师的课，在历史系的时候。

何兆武：那个时候学习是非常自由的，有些课我选了，可是不去上，有些课，不上的，没有选的，不是必修课，我也没有选，可是我可以继续上，其实可以凭你的兴趣，自己去选择，也没有人管。比如说像张奚若先生，他是教政治思想史，我上过他两年课，第一年叫政治思想史，第二年叫近代政治思想史，我也没有选他的课，可是我听了觉得有兴趣，我就直接上了。

主持人：还没有什么比较有印象，像您刚才一讲张奚若先生，底下同学也心潮澎湃，还有没有特别的向往的？

何兆武：还上过一个历史系老师的课，他是白俄人，原来是在圣彼得堡大学，革命以后，到过几个地方，最后是1930年还是1931年到清华，到清华来了以后，他就讲公开史，讲西方公开史。我去上他的课，倒不是我想研究公开史，是因为他不会讲中文，他就用英文讲课，我就学习他的专业英文。后来解放嘛，是1949年，1950年他就离开了，他后来去澳大利亚了，死在澳大利亚，在西南联大五十周年的时候，他的父亲来过，还有他的小女儿。我补充一下，那时候生活非常艰苦，其实我们住那个宿舍的屋子，一间住四十个人，棚不是砖砌的，顶也没有瓦，是茅草的，窗户没有玻璃，也没有窗子，就是开一个灯，上面绑几根树枝，这就算窗子。

主持人：所以说我们的西南联大这些老前辈们，就是我们校训“自强不息，厚德载物”真正的实践者。我们现在每天要喊这样的校训，但是他们不需要，因为他们每天在这样的茅草屋刻苦的学习，四个人用一张书桌不断地探索知识的奥秘，这就是他们对校训最好的践行。其实这儿也说到学英文，现在同学学英语主要是看美剧，基本上看个电影很轻松的，当时几位老师，你们开始接触、学习第一外语，第二外语的时候，当时是怎么学的呢？杨老师，要不然您说说。

杨振宁：当时所有的一年级学生都要念英文，所以有很多的班，每一班的教学方法和成绩完全要看那个老师。我的大一英文老师叫作叶公超，叶公超是一个才子，是一个比较放荡不羁的这么一个人吧。我对他大一英文的印象非常坏，最主要是因为他根本对学生不产生兴趣，他因为对语音学很有研究，所以我记得最深的一件事情就是他一上课了，就指着一个学生，说你念一段英文，学生念一段，他说你是江西人，他会注意这个事情。他给我的分数非常高，不过我对他的印象非常坏。我想我可以跟大家再讲一件事情，大家会发生兴趣。西南联大有一个围墙，我记得很清楚，在校内看那个围墙，从大门出去，在大门左边的围墙贴了很多大家手写的文章，那个时候没有大字报，都是用手写的，左边的围墙上都是少先队的人所写的，少先队是什么，是少年民族解放先锋队，这是共产党的一个，感觉是地下组织。没有人讲他是这个队的队员，不过大家都知道谁是这个队的队员。大门的右边的墙是三青团队员的阵地，三青团是国民党地下的组织，不过在西南联大我前后待了四年加两年就是六年，看得很清楚，这个三青团不行，这个少先队是非常成功。讲到这一点，我给大家讲一个我个人的故事，这个故事知道的人不多。我在那个以前，我在清华园念的是诚志小学，校址在二校门西边大概一百米的样子，房子还在那儿，现在叫31中，我在那里念了四年，一直念到高一念完。其中有一个不同班的同学跟我关系不错，是高一班的同学叫作朱迈先，他是朱自清的大儿子，朱先生是清华教授，是我父亲的朋友，我也认识。我们家住在西院，朱先生他们家住在北院，可是朱迈先比我来清华园晚一些，他也没有在诚志学校。他个儿很大，肩膀很宽，跟朱先生是完全相反的。朱先生是个瘦小的人。朱迈先在承德中学三年级的时候我相信他已经是少先队的队员，他很会写文章，很会讲话，所以他把我们同学组织起来，有五六个人组织这个读书会，我也是这个读书会的会员之一。他介绍了很多像是艾思奇，像是政治经济学这些书来看。我记得艾思奇讲的是一些唯物论的科学观点，这个我还可以看。政治经济学我看的是不大懂的，不过我们几个同学都很有兴趣。通过朱迈先我对于当时世界的大师多了一些了解。1937年来了，我们家搬回河北后来到了昆明，我跟朱迈先失去联系，他回到扬州，因为他是扬州人，他在那儿跟一位他的叔叔辈的，叫江尚先（音）的，他是江泽民的叔叔，江家跟朱家是世交，所以他们关系很熟，所以朱迈先回去以后跟江尚先（音）取得联系，江尚先（音）组织一个宣传队，要团结祖国所有的人，这个宣传队一路从苏北到安徽到大别山去做宣传工作。很多年之后我才知道，原来在1937年年底1938年年初，中学还没毕业的朱迈先就参加了江尚先（音）先生的队伍，去宣传，然后他就去了广西，参加了解放军，可是非常不幸，在抗战胜利以后，在国共打仗的时候，他被共产党的一个部队错误地认为他叛变了，所以他被共产党枪毙。这个事情前几年我听江泽民总书记跟我说，他因为认识朱家，他认识朱自清先生，他也认识朱迈先。他说他不相信朱迈先会叛变，所以他派人去研究，最后好像在90年代，把朱迈先名誉平反。江总书记说，朱迈先的太太还有他的儿子，现在还健在，在广西。

主持人：杨老师的故事仿佛是给我们讲了谍战的电视剧一样，现在有大量的这样的电视剧在电视上，看来很多也不是空穴来风，为了共产党的建立，很多先辈真的用自己的生命换来今天的局面。张老师，您当时读书的时候，当时也是学英文，我想1950年到清华，那个时候会不会学俄文，这是我自己瞎猜。

张岂之：没有，我一直没有学会俄文，因为我不善于发卷音，俄文里的字母要发卷音，所以我学不好也就不学了。

主持人：1950年您过来，那个时候学校里有没有现在还存在的食堂，比如说七食堂当时有吗？

张岂之：没有。

主持人：我在2008年参与了顾校长参加的那一期“时代论坛”。顾校长说他当时读书的时候七食堂是有的，当时王光美女士还曾经给他们每个入学的学生舀了一勺菜，您当时在哪儿吃饭？

张岂之：在善斋附近的食堂，我是在北京大学读书，那时北京大学不在现在的地方，在沙滩。我一直有个想法，北京大学应该在沙滩，我应该在燕京大学。因为1918年红楼就建起了，陈独秀、李大钊等名人都在那儿红楼里面待过，包括毛泽东主席1918年在红楼里头一个图书馆里头，待了几个月，他的职位是管理员。我们进了北大以后就看到，李大钊做图书馆的馆长兼教授，他的工资是八百大洋，毛主席一直没改名，一直叫毛泽东，当时工资是八块大洋，恐怕比我们现在贫富差距还大。后来我就想，历史发展得很快，毛泽东回湖南去办湘江、平嫩，后来搞农民革命，然后三十多年他又回到北京，实际的距离北大红楼到天安门城楼上走半个小时就到了，但是历史就让毛泽东走了三十多年，这是很有兴趣的事情。

主持人：大家也发现，我们听三位大师讲故事，和听我说话就不一样，三位大师一讲故事都是感觉像写下来的，刚才老师说的，本来应该走二十多步，走了三十年，像读了诗了一样，我们三位大师还用这么美的语言讲了很多我们平常听不到的故事。今天确实大家人品不错。还有一个问题问何老师，何老师您这个在学校的时候，在联大的时候，包括后来回到清华园，运动的多吗？比如说当时你们会做什么样的运动？

何兆武：你是说体育运动吗？

（全场笑声）

主持人：体育运动，咱不说运动，就说体育，从事什么体育。

何兆武：体育是必修。

主持人：当时怎么样来，您见过马约翰先生是吧？

何兆武：马先生，是。新生第一堂都是他教。

主持人：当时男同学不能跟马老师学了。

杨振宁：马约翰先生不仅对清华的体育课有巨大的贡献，实际上他对于整个中华民族，对于体育这个课，对于运动观念起了决定性的影响。我想大家恐怕知道旧体育馆旁边就有一个马先生的塑像在里面，那个塑像很像，不过我个人觉得他周边的环境不太好，我觉得他们应该在旁边种一些树。马先生我很熟识，他比我父亲长几岁，他当时住的地方就是现在的照澜院，他有八个孩子，其中好几个都是诚志学校毕业的，我跟他们很熟。马先生引进了西方体育课这个观念，所以在清华园一开始，他就要所有的学生必须体育课及格，要不然不能毕业，这个不是讲着玩，是真的。比如说我在西南联大的时候有一个同班的同学，叫廖山涛，他是数学系非常杰出的学生，可是因为他不喜欢上体育课，所以他的体育是零分，所以他始终没有拿到学士的学位。他后来是院士，在美国在芝加哥大学，结果他在芝加哥大学他不肯考第二国外语，所以也不能拿到芝加哥大学的学位。但这并不能阻止他后来写了非常重要的文章，回国以后就变成一个院士，我想对于廖山涛的态度，我建议大家不要效仿，这个故事表示的就是，清华跟西南联大对于学生的体育的要求是很严格的，不是开玩笑的。

主持人：这是咱们的一个传统。两位老师还记不记得，当时及格的标准是什么，当时是比如说跑1500米、3000米这种吗？

（全场笑声）

何兆武：要跑。

主持人：当时有跑、跳一系列的测验，然后综合每个都要通过，是这样的制度，还是说每个学期都要及格。

杨振宁：我在西南联大念书的时候，不是说你必须跑100米要20秒、30秒，它主要其实要你多做一些运动，你去参加这个课，每个礼拜上两堂课，规规矩矩地可以拿到及格的学分，而且我知道在抗战以前，在清华，你们大家晓得清华的旧的体育馆游泳池是北京市第一个游泳池，一直在30年代。二三十年代，所有清华的学生如果要想拿到毕业证书，必须能够从游泳池的一头游到另外一头，游不了的话，拿不到这个毕业证书，这就是马约翰先生的政策。

主持人：张老师您1950年、1951年读研究生有没有下午三点半、四点以后，要求大家必须到操场上统一锻炼这种。

张岂之：没有。

主持人：当时没有。

张岂之：在北大读本科的时候，特别是大一，我就没有体育课的概念，我对大一最鲜明的印象，就是大一语文给我们主讲的老师是鼎鼎大名的俞平伯先生，他的诗词的修养很好，这对我们的启发还是比较大的。我来清华读研究生，那时候1950年到1952年，当时清华大学的教授们，好像已经没有多少时间去考虑怎么教学生了，他们面对一个难题，什么难题呢？他们要进行思想改造，学习、开会、自我批评，周围老师相互批评，所以我在清华读哲学，想见冯友兰先生都没有机会畅谈，他说我们要写自我思想批判，后来就推广到全国，所以这是个特殊的时期。当然后人如果要评价，就让历史去评价吧。

主持人：刚才我不是很理解大家的笑声，因为那一段历史我们不去评价，但是我们说想到我们自己身边的这些老师，这些大师，要抛下自己心爱的学术，把主要的时间放在做一些可能与他们的终生梦想并不是那么相关的事情上，我个人是觉得，其实是挺心痛的，是一件挺遗憾的事情，所以不是特别理解大家刚才的这个。不过我们确实已经经过了这么长的时间，所以说可能大家觉得这一段历史已经与我们相距太远。其实每每看到那一段的时候，想到也许他们如果有更多的时间，我们的祖国，我们的民族可能会收获更多的科技也好，文化也好，收获更多的成就，我是这么理解的。刚才，咱们相当于先是拉拉家常，聊聊生活上的事，咱们现在越来越走向我们今天这个主题，关于这个中西、古今、文理，这个主题非常大。我们今天是希望借三位大师他们的思考，去引领我们思考我们如何面对这样的话题。我们先问问何老师，何老师翻译了很多的大部头的著作，而且何老师的译本，始终是中国最具权威性的译本，比如说大家非常熟悉的罗素的《西方哲学史》，我相信可能在座的每一位同学的案头上都有这本书。大家可能不一定读懂了，或者说不一定透彻地看过，但是这本书对于一个学习知识的人来讲，我认为我们应该无论如何要找机会去认真阅读的。所以今天正好何老师就在我们身边，我们问问何老师，当我们面临这样大部头的著作的时候，在我们其实还没有积累那么多相关的知识或者我们的思考还远远不够深入，我们选择怎么样的态度去读，或者我们怎么样设计自己的学习过程，比如说您翻译的罗素的这本《西方哲学史》，您举个例子给我们说说您的想法。

何兆武：我想一开头嘛，总是要看一两本比较标准的教科书吧，它应该算是一个最流行的教科书了。

主持人：可能大家会觉得，现在我们从小接受的教育，可能主要的时间，在我们来清华之前可能是为了考上清华，我们现在的这个高考中的内容可能也不涉及很多比如说咱们罗素先生这本书里面的内容。这样的话如果说我们现在开始读《西方哲学史》，可能发现自己在很多前提问题上不太明白，这个时候要怎么办呢？比如说很多您的预设，可能在这本《西方哲学史》里面有很多预设，如果我们缺少这些最基本的知识，对最基本的这些周边的相关内容不了解，我们要怎么样开始呢？

何兆武：从头开始。

主持人：您有没有推荐给大家的书？今天肯定来了一些对哲学很感兴趣的同学，他们有没有别的选择，比如其他类型的书，或者说学习哲学。我自己虽然说没有任何可以和大家分享的资历可言，但是我想可能也要学习各个方面的知识，不能光光盯着哲学学哲学，也要具备历史、地理、政治学包括经济学、数学一系列的知识，大家现在是不是要广撒网，多多接触，回过头再一遍一遍看《西方哲学史》，是这样吗？何老师，我理解的基本正确吗？您再补充一点。

何兆武：不能靠一本书就掌握全面的知识，也是一步一步来。

张岂之：何先生翻译了无数的《西方哲学史》，还有一个故事，我不能代替他讲这个故事，由他自己讲，你把你的稿子弄丢了，你要还人家，重新翻。（何老会心一笑）

注：何老师朋友托他交付翻译的稿件在何老师乘公交时丢失，结果何老自己翻译得到好评。

何兆武：你上过袁家华先生的两年英文，我记得那个时候大家谁都没有回答，只有你站起来回答。（张老也笑了。）

杨振宁：我们知道其实有很多讨论了，到底做学生的时候，可以从过去的学者那儿学到什么态度，事实上我们想一下就知道。20年代、30年代，清华北大是当时中国很少有的大学，到了后来的西南联大。为什么有那么多后来有成就的人，我觉得其中一个非常重要的元素就是因为那个年代有那个年代的问题，那个时候正是中国刚刚从旧的中国文化传统里头解放出来，要吸取西方新的政治、经济、学术的想法，在这里头就开了很多的新的门类，能够走到这些新的门类里面，变成领道人，这些人就有了很大的成就。比如说曹禺，引进了一些西方的观念，所以写出来了他一生最重要的戏剧；梁实秋翻译莎士比亚，这是中国的第一人，第一个人走这个领域里头就容易成功。我自己讲起来，我刚来到美国去，物理学有很多专业，恰巧有个新的专业叫作粒子物理，粒子物理在我去美国念研究生的时候，是一个刚刚开始的研究。我跟我同学搞到这个领域里头，可以说遍地黄金，随便做一个题目，后来发现这个原来非常重要。为什么呢？就是因为，跟开金矿一样，突然来了一个新的金矿你去挖，当然容易有成就。另外讲为什么清华跟联大在新中国成立了以后，能够有这么大的贡献，就是因为新中国成立以后百废待兴，每一个行业、工业、政府机构都需要有领道人，所以清华、北大当时的大学生走到这个不同的行业里头，就变成了这个行业里头的带头人。所以我要讲作为各位年轻人要注意的事情，你对于当时以后五年、十年要发展的新的领域，你要有一些有兴趣的话，你走到那个里头，不敢讲你一定成功，可能你成功的机会当然比较大，你如果走到那个领域已经变得很不容易搞进去，当然不容易成功。这个在我这行，物理，不同的专业里头看得很清楚，很多年轻人因为没有经验，又没有得到有经验的人的指导，常常一头栽到十年以前很红的领域，很红的专业，他不知道那个专业现在已经渐渐变得不容易再有新的发展，这就非常吃亏。因为你走到一个领域，越走越窄，这里头是事倍功半，你走到一个刚刚开始的领域，你是容易做到有成就，这一点我劝每一个年轻人都对于自己的学习的态度，学习的方向，多做一些注意。

（全场掌声）

主持人：现在要特别的把掌声送给杨振宁老师，因为杨老师这两天大家也知道百年校庆，所以相关的工作非常繁忙，但是他今天坚持说下午一定抽出时间和大家一起交流，我们请杨振宁教授先退场。我们专门给杨教授准备好了鲜花，和同学们为他画的一幅Q版的画像。给大家展示一下画像，您看画的怎么样，这个感觉?

杨振宁：不太像。

（全场笑声）

主持人：所以说是Q版的，就是一个神似。谢谢杨教授，再一次感谢您今天来到这里。

（全场掌声）

主持人：我也刚回过味来，应该是神似，不过刚才那张画的特别年轻。所以说是大家对我们三位大师的一种祝福，希望他们永远都能保持年轻。刚才杨教授在的时候，我还没有来得及说，其实大家已经发现了，三位教授，首先把东操的一句话践行了，就是为祖国健康工作五十年。这几位已经轻松六七十年了，我们相信还会继续健康为祖国奋斗。今天有一个问题，终于逮到张老师在现场，一定要问张老师，水木清华，到底是什么意思，它到底蕴含着怎么样的内涵。为什么这一百年来，清华人都在反复地用这四个字激励自己，代表着我们的精神，请您给我们讲一下。

张岂之：清华从清华学堂到1925年改名为清华大学，一直到现在，整整一百年了。我们这一百年首先想到，开始建立清华学堂的时候，这个名字取得非常的好。我查了一下，水木清华在我们中国文献里头最早见于什么时候，最早见于魏晋的晋，晋朝，魏大家也知道，曹操统一了北方，建立了魏国，同时还有吴国和蜀，然后司马懿统治了中国，开始了晋。当时有一个名人叫谢疏源，他写了一篇游记，这个游记的名字就叫《游西祠》。它里面第一次提出一个名词叫作水木清华，因而“水木清华”这四个字最早见于晋朝人的一篇文章。什么叫清呢？清就是水的意思。什么叫华呢？要解释一下，现在我们简化的中华的华已经看不出那个形象了，原来繁体字的华，它样子就像一棵树，树上贴满了，都开花了，那个树上满是桃花，一片粉红色，梨树开花一片白色，所以古人把华称之为繁华盛开的树，是个形象的字。所以清华学堂刚刚成立的时候，谁取名，我没有来得及去查文献。但这个名字起得好，非常好，既有历史意义，又显示了中国文字的优美，将清华引申看来可以看出，不仅指水和木的形象，而且指这里培养出的人才就像盛开鲜花的花树一样，十分形象，而且意境也很高。所以我觉得清华学堂取名可谓上乘，高啊，当然上海的交大都有出处，都来源于中国古典的东西，由此可见，我们中国的古典的东西对我们中国人来讲，和对世界来讲必须要有这个基础，不管你是搞什么专业。再一个我想补充一句，我们的校训是怎么来的，在这儿很多同学可能都不知道，1914年清华学堂成立，请梁启超先生给清华学堂的学生讲演。1914年他讲演了《易大传》，它是什么书呢？战国时期的书，解释西周时期的经典，周易，看看八卦，以后是六十四卦，是什么内容，《易大传》就这么解说，什么是乾卦，乾卦指的是天，天的什么呢？天行健，天的运行，健是健康的健，但是不做健康讲，天地运行是不停的，天地运行，健是健康的健，不停的，《易大传》作者很聪明，乾卦是天行健，人应该如何做呢？君子应根据这一点自强不息。自然界每天都是在运行不息，君子读书人就应该自强不息，刻苦努力。应该这样说，它解释坤卦，坤卦的中心是什么？地势坤，坤就是写大地的，大地是什么特点？万物所有的放射都在大地之上，大地有个特点，包容万物，有这个特点，非常形象。因此《易大传》作者认为，读书人君子与之相应，像大地一样厚德载物，我的道德，我的学问，我的才能非常深厚，深厚得像大地一样，把万物都放在上面，就同海纳百川一样，多好啊。所以梁启超先生1914年给清华学堂学生送的这两句话，“自强不息，厚德载物”再加上“水木清华”，我觉得清华百年来师生所追求的人文精神和科学精神就表现在这十二个字里头。所以百年校庆之际，我们最好都能记住这十二个字。虽然“水木清华”不是清华的校训，而是清华校名的来源，但我仍然要把它和校训联系在一起来介绍，来注脚，来体验其中的文化的韵味。我再重复一遍，让我们在座的朋友们和我们在一起来“水木清华，自强不息，厚德载物”。十二个字多深厚，历代优秀的传统文化到哪儿找这十二个字，没有地方找。所以哈佛大学校训也好，美国什么其他大学的校训也好，我不敢做中国文化本位那一种，没有哪一种最好，但是我们中国人觉得，就从所有我们中国的大学校训来看，现在经过一些专家的交流意见，以清华大学的校训为最好，这两边，中间加上一个“水木清华”何等的美啊。

（全场掌声）

主持人：这个张老师讲得是最好，看来是找对门了，这个结论我们特别高兴。何老师这儿有一个问题问您，您不仅在清华一直在教书，您还是哥伦比亚大学的访问教授，也是德国马堡大学的客座教授，今天在座的大一的同学有很多，他们现在跟我们那个时候还不一样，他们现在有一个选择是去国外读本科，现在可能不少的高中同学都有这样的选择。现在他们其实都已经做出了他们的选择，他们来到了清华。您能跟我们说一说您的感觉，咱们中国的学生，比如说清华的大学生，和美国哥伦比亚大学的大学生，还有德国马堡大学的学生，分别有什么样的问题，要不然您先给我们讲讲这个，我这儿还有一个相关的问题。

何兆武：我受大学教育的时候是新中国成立前，进西南联大了，西南联大学校的模式就是美国学校的模式，所以我们的校内教育跟新中国成立后有很多的不同。

主持人：感觉咱们现在和您去国外交流的时候有什么不一样？

何兆武：很难说，他们还是我们新中国成立前的状态。

（全场笑声）

主持人：就是说国外还是咱们新中国成立前的状态。

何兆武：比如说我们在西南联大的时候，除了中国文史，其余的理科和工科不说了，政治学、经济学、法学都是西方教育，所以它的内容跟美国一样。

主持人：现在还有一个相关问题，我们要建设世界一流大学，我们如果以建设世界一流大学为目标去走，会不会我们自己个性的东西越来越少，趋同性越来越强。我们要朝着世界这几个学校的发展模式走，这样我们会不会丢掉我们自己固有的东西。

何兆武：两个都是同样重要的，一方面要保持自己原来的文化基础。

主持人：这是一个很难做的，需要一个很好的天秤座的人协调好。我想因为我们的张老师是很多年西北大学的校长，现在也是西北大学名誉校长，那我们请张老师跟我们说一说您对咱们清华建设世界一流大学在百年校庆的时候能不能也提一些关于您的想法。

张岂之：你提的这个问题太大了，超过我的回答能力了。刚才我们座谈一开始，一位先生提到一百年以后怎么样，我看一百年太久了，太长了，最好提二十年以后，或者三十年以后，它是可以证明的，为什么二十年、三十年呢，有几个条件，一个条件是二十年、三十年我们中国肯定已经实现了民族的伟大复兴，再过二十年、三十年再不实现的话，那到什么时候才能实现呢？再过二十年、三十年，清华大学肯定早已成为世界一流大学了，而要成为一流大学，我想不出太多的什么条件，我只讲一个条件，必须要有先进的科学技术，没有先进的科学技术，那你这个大学要成为世界一流，恐怕不可以。在科学技术方面要有自己发明创造，清华人的发明创造。光有这个够不够呢？我觉得不够，整个清华里头的同学们，都要有必要的人文的素养，要有人文学科的素养，什么是人文学科呢？我给它下了个定义，人的艺术就是人文学科，全世界都是这么认识的，也不是我们中国特殊的含义。人文学科主要是研究人的心灵，人的精神，人的价值，人之所以为人，道理的学问。人文学科，与自然科学在某些方面是相通的，自然科学的成果真正为人造福，为社会造福，为民族造福啊，就需要有人文学科作为基础。所以我一直认为，人文学科是自然科学与社会科学的基础。在清华一百年的历史里面，谁给我们打下这个基础啊，我们的一位校长，梅先生在30年代给我们打下一个基础，把清华办成一个技术型的大学还是培养一个成为通才的高等学府，先生征求了很多30年代清华教授的意见。他汇总了一下，他说清华大学不是培养专才的技术学校，而是培养通才的高等学府，这个很明确的。而标准就在于，把人文教育专业教育相融合，这是清华大学过去宝贵的一条基础的经验。我相信清华大学要在不久的未来，成为世界一流大学，这个传统在21世纪，未来学院里头将会有更大的提升，所以我希望在座的清华大学的同学，不管你是学哪个自然科学，你不选课也可以，你还是要读一些文史或艺术方面的一些书籍，而且在艺术方面，还要有一些实践。世界上的大科学家用他们的历史告诉我们一个真理，什么真理呢？最先进的科学技术和人文学科是相通的。刚才杨先生走了，他写了《美与物理学》这个长篇论文讲的是自己的体会，可惜他在这儿不能把这个道理给大家再讲，大家可以回去看这一篇论文《美与物理学》。李政道也有相同的看法，《科学与人文艺术》，我认为这是清华大学要实现自己的理想，成为世界一流大学所要解决的问题。

主持人：很多点我们还是传承了的，其实三位大师今天给我们讲了很多西南联大和清华不同的地方。其实我们还是认为，应该是传承的精神是多的，不同的可能都是物质上，很多条件可能不一样了。虽然说精神我们传承下来了，但是我们能不能像西南联大的这些师兄、师长们做得这么好，就要靠我们大家自己的努力。接下来我们请工作人员送上给二老的画像和鲜花，我们一起用掌声感谢他们来到今天我们的现场。

【点滴感悟】

很高兴今天能有这个机会参与到这个讲座中来。可以说，收获颇丰。从他们的身上，我们可以看到他们对清华对国家的那一分责任，可以看到许多现在已经不那么被人重视的优秀的传统品质。随着年龄和阅历的增加，他们的睿智和对世事的洞察力和独特的见解让我佩服。印象最深的就是关于校训校名的解读。我会努力成为一个真正的清华人，“自强不息，厚德载物”。也祝愿清华的明天，清华的代代学子也可以“水木清华”。

（经01　龚政）

当这三位老人坐在我们面前时，我们看到的不仅仅是他们身后的辉煌与荣耀，更是在那些烽火连天的岁月里中国人不屈的傲骨和脊梁。清华百年，英才辈出，与一代代清华人对“自强不息，厚德载物”精神的传承是分不开的。让我感触最深的还是大师们有关于“一流大学”的解读，高等学府在重视学生科学技能培养的同时，也应当重视对学生人文素质的培养。

（化02　席亚彬）

话中文，解诗心

——西化背景下的跨艺术视野

【嘉宾介绍】

余光中，著名诗人、散文家、译者与评论家。1928年生于江苏南京。曾谓大陆是母亲，台湾是妻子，香港是情人，欧洲是外遇。曾在美国教书四年，历任师大、政大、香港中文大学中文系或外文系教授，荣休后仍任教台湾中山大学外文所，现任台湾中山大学文学院院长。诗名与文名并高，兼擅翻译与评论，三十多年来风格屡变，出版专书逾五十种，名声享誉华语文坛。有诗集《白玉苦瓜》等二十种，散文集《记忆像铁轨一样长》十余种，评论集《龚自珍与雪莱》、翻译《英美现代诗选》等十种，并为《牛津高阶英汉双解词典》（OALD）、《朗文当代英汉双解辞典》作序。

【策划手记】

适逢“时代论坛”200场主题讲座系列。余光中，作为华语文坛与人类历史空间对话的诗人、散文家、译者与评论家无疑极合适作为本次系列讲座的开场嘉宾。

曾经，一首《乡愁》牵动海峡两岸中华儿女的情思。历经几十年岁月变迁，乡愁之于“乡愁诗人”的余老，内涵是否已有变化？年逾八旬的老人，才思不竭，笔耕不辍，“艺术上的多妻主义者”，灵感的源泉又来自何方？

何其幸运，四月京城，春风和煦，余光中先生及范我存女士第一次踏上清华的讲坛。结合自身作品，余先生讲述艺术创作的三个条件：知识、经验和想象，讲述持有一份怎样的同情可以使创作者个人的美学经验在舞蹈、雕塑、绘画、音乐、建筑等各艺术门类中悠游转化，讲述自己永不枯竭的艺术才思与笔走龙蛇的作品从何而来、如何诞生。

透过古今中外、天南海北、不同领域的材料案例，余先生与学生分享自己从大半辈子的感悟并抽象出的有章可循的艺术创作进路。而时隔四十余年再谈乡愁，余先生理解的，超越地理范畴而关乎历史、文化、情感乃至整个中国的乡愁意象，无疑是对中华文化定位与发展的极佳视角与深刻诠释。

【演讲精粹】

我们看这个世界，我们看这个大自然，是用我们自己的眼睛看吗？还是借了艺术家的眼睛？假设我们没有艺术，我们几乎很难看到这个世界，由自我来解释这个世界，可能相当困难。

我觉得艺术创作包括写作有三个条件。第一是知识。你必须要懂这样的东西，知识要丰富，那是一定的。第二是你的切身经验。你有这样的生活，你有这样子的近距离的观察，设身处地、将心比心，可是如果你缺少了最后这项的话，你还是不能成为一个艺术家，不能成为一位作家。最后一项就是要有想象力。知识和经验到某一个程度就为止了，从这个地方再向前面走就要靠你的想象力了。想象力可以弥补知识与经验之不足，可以跨越，可以跳跃过去。

我们写作的时候，有很多地方不能用直接经验，因为我们无法去经历，只能用间接的经验。

粉丝不嫌弃之多，知音不嫌其少，知音是一个遇知未来的掌声。

我相信一个人要离开自己的故乡才会更欣赏自己的故乡，所以我相信中国人一定要出国一次再回头看一看，才知道你的家乡是怎么样的可贵。

【演讲实录】

主持人：尊敬的余光中先生，老师们、同学们大家下午好，欢迎大家来到今天的“时代论坛”，我是经济管理学院的学生，我是梁植。

今天是一次轮回的讲座，2011年的4月21日的下午两点钟，相同的时间，也在这间教室，我站在这儿说开场白的时候，我们将听到的是杨振宁先生、张岂之先生和何兆武先生在百年校庆时为我们带来的对话。在那场对话中，三位老师实际上是把一个很大的主题回归到了一个点上，那就是中国传统的值得我们去无数次品味、回味的中文文化。所以我们今天非常欣喜地看到“时代论坛”的同学们，他们完成了对每一位主讲嘉宾的承诺，那就是把我们的论坛更多地向我们中国最核心、最精华的文化靠拢。在一年之后的今天，我们请到了余光中先生来到清华园。这是先生第一次来到清华园讲学，所以在这里请允许我冒昧地邀请全体同学起立，让我们用我们的掌声和尊敬告诉余光中先生，清华学生对您的热爱和尊重，欢迎您！

今天的这场论坛也是“时代论坛”从2003年起步到今天的200场纪念论坛当中的一场，所以我们今天一起见证了两个历史的时刻！接下来就请允许我把时间交给余光中先生，请他为我们带来“话中文、解诗心”，让我们一起走进他的诗文世界！

余光中：谢谢刚才的介绍。清华大学各位老师、同学们，今天是我第一次踏进清华园，来到清华大学跟同学们见面，我相信几年前我在北大演讲的时候就已经有好多清华的同学去听讲座，当时我也答应要来清华，今天终于有这个机会，走进水木清华。校园那么大，而且正好是春天，我看到很多树木，看到很多花，特别夺目的是紫荆花，那是校园春天的使者。我觉得非常高兴，其实久仰清华大学在文化上、学术上的贡献，我最向往的就是这样一个有真正大师的大学。我也久仰早年清华大学的讲师——当时的讲师就相当于现在的讲座教授——比如王国维、梁启超和陈寅恪。在台湾的时候，我的老师梁实秋先生也是清华大学毕业的。还有一位我也是一向仰慕的，那就是钱钟书先生。当然清华人物是数不尽，我只是举了几个比较熟悉的例子。这次来清华让我觉得很特别，因为我在台湾的时候，是清华大学的学生会跟我联络的。以前我到大学讲座都是校方出面，可是这次是经由学生会的几个负责人，比如说建筑学院、法学院的同学，是他们约我来的，我觉得非常的亲切。

今天我要跟大家讲这样一个题目。我在台湾的时候，清华的同学跟我联络，我说我有两个题目让你们选择，一个就是讲中文与英文的比较，名字叫作“当中文遇见英文发生了什么事情”。另外一个就是讲艺术之间的互相转化的问题，那个题目叫作“灵感从何而来？”论什么呢？论美感经验或者艺术经验之转化，例如诗可以转化为歌，戏剧可以转化为谚语，雕刻可以变成绘画，诸如此类几大艺术之间交互和影响，联络的同学在电话里就说，这两个题目我们都想听，不过这个不太可能，每一个题目真正要发挥起来时间也不够，所以今天我用最短的时间讲一下中英文的比较，然后很快的转到第二个题目来，就是“灵感从何而来——美感经验之转化”。

两种语言第一次见面的时候该怎么办？一定有翻译的问题，因为有可能有人不懂人文，翻译的话一定经过一个很粗糙的见面礼，那是什么样呢？把声音搬过来。所以清华也好、北大也好，领导“五四运动”，清华新闻学的运动，从那开始一定是会引进一些西化、西方的观点，也就是德先生、赛先生。德就是译音的，梁启超那个时候也不晓得该怎么说，所以就把他翻译成德默克拉西（democracy），所以说德先生，然后赛先生。当然在中间就丢了另外一个先生，就是孔先生，我们的文化当时就是靠边了。其实我们现在还没有完全脱离音译的时代。现在北京出门叫计程车叫“打的”，这个“的”就指计程车，香港叫的“的士”，然后到了北京就是“打的”。像这些字眼现在还保留着一些在我们使用的语言里面。到了后来慢慢地观念互通了，然后一些用语才能够比较有共识。就像我们当年，比如说佛教传到中国来，先是三僧然后是唐僧。所以当时玄奘到西天去取经途中经过了很多国家，他后来口述，集成了一部《大唐西域记》，那里面就讲到庙前面有药叉，现在我们已经不用这个说法了，后来慢慢地变成夜叉，母夜叉，都是梵文音译过来的，菩萨也是音译过来的。

我们现在第一外语就是英文了，英文已经变成了实际上的世界语了，所以我们面临的全球化的一个媒介就是英文。其实英文相比中文是一种很年轻的语言，大概只有一千年的历史，中文的历史当然是英文的好几倍。到什么时候才有英文呢？我们把英文分成好几个阶段，老英文，所谓Maod，这是一个很广义的概念。文艺复兴以来，就是1500年以后到现在也不过500多年，中世纪的英文应该是从1000年到1500年，而在这个之前就算是老英文。

我们从英文里面看到所谓的英国的文化，其实是一种外来文化促成的。当时还没有基督教，后来才受到基督教的影响，所以在英国最老的文化，除了他们本地的之外，是外来的罗马帝国文化，然后才是基督教文化，最后才是现代的科学和文明。因此我们可以翻开英文大字典，有十几万字，这些字大半部是英文，其余都是外来语，有一些是希腊文，有一些是拉丁文来的，有一些是拉丁文通过法文而进入英文的。比如我们现在大学分科，我们说心理系，心理学叫什么？希腊神话中有一位美女，跟小爱神丘比特相好，是灵魂的化身，有一天她点起灯来看他的情人是什么样子，结果丘比特一醒过来就逃走了，所以心理学是希腊文来的，也就是灵魂的研究。然后我们说拉丁文是西欧，包括英国的学童从小就要读的一种古文。拉丁文在中世纪是整个欧洲的文人使用的语言，有些词你现在查英文字典还是拉丁文的拼法，也就是说英文字典里面还有一些残余的拉丁文。讲到这儿我再讲一讲英文里面的很多字跟古希腊或者是罗马的关系。现在还是四月，不久就五月了，四月英文叫什么呢？“April”是怎么来的呢？是从希腊的神话来的，因为我们都知道爱神维纳斯是罗马来的，可是更早的她的前身是希腊神话、希腊文学里面的希腊人的爱神。所以英文的月份都是从罗马来的。比如说1月份是杰纳斯，罗马的门神诸如此类，可是英文的礼拜几不是从南欧来的，是从北欧来的，星期二是北欧的战神日，这样子来的，并不是每一个国家都是如此，像法文的礼拜几就是从南欧来的，西欧各国之间还是不一样。我讲了半天，英文也好，英国的文化也好，都是从欧洲来源的，不像我们中国的文化开始就是自己制作的，然后隔了很久才有佛教进来，才有其他的因素参与进来。

现在进入我真正要讲的题目。我们要写作的话要有什么条件？因为从19世纪中叶以来，西方、欧洲就一直有一个观念，认为文学艺术要反映现实，所以现实主义好像是一条康庄大道。我们写作、绘画、从事艺术，是不是一切都要从现实而来？是不是一切都要从切身经验而来？这个值得思考。我今天所以讲这个题目，就是因为我们的写作，恐怕有很多主题都不可能写实，更不可能是亲身经验。张爱玲写女性，张爱玲是女人，她用亲身经验来写女性，但白先勇是男人，他也写女性。所以待会儿我要跟大家来思考这个问题。我举了简单的几句话作为大家思考的一个开始，第一句是用法文讲："Chazal: Art is nature speeded up and God slowed down."造化加速，可是在另外一方面神灵放慢，意思就是说所谓艺术是界于天人之间，介于造化跟生命之间的一样东西。因为造化太慢了，所以要把它加快成为艺术，比如我们拍电影，拍一朵花的开放，你不会花开多久拍多久，你要把它很快地放出来，这就叫造化加速。然后神灵放慢，因为神灵非常神秘，而且超乎我们的想象，所以我们对神说请您走慢一点让我们看清楚，这就是艺术。所以他认为艺术是造化与神明之间，以人为介入的一种方式。唐朝诗人李贺的诗没有写入《唐诗三百首》，其实他是很好的诗人，他说过一句话："笔补造化天无功"，笔就是艺术，造化就是自然，无功就是没有用，那么无效。所以李贺作为一个诗人，他说我造化不够美，我可以使它更完美，这就是艺术家的自信，所以笔补造化天无功。Where nature fails，art prevails，造化还不够的地方，由这个艺术来加以满足。19世纪末唯美运动的一位大师王尔德，他说过一句话："It is not art that imitates life, but life that imitates art."他说并非艺术模仿人生，而是人生转过来模仿艺术。这句话怎么说呢？我们想一想，我们看这个世界，我们看这个大自然，是用我们自己的眼睛看吗？还是借了艺术家的眼睛？我们来看，比如我们说一位女子非常伤春悲秋、多愁善感、弱不禁风，我们说林黛玉来了，我们看是从哪来的，是曹雪芹告诉我们的，以曹雪芹的观点看到这是林黛玉，那这个就是人生模仿艺术。我们再看到一个人专门讲精神胜利，其实他是一个弱者，我们说阿Q精神，这不是鲁迅教我们的吗？然后再来看风景，印象派的风景，五颜六色非常灿烂，在阳光底下，我们说好漂亮的一个画面，那不是印象派教我们怎么看这个世界吗？所以假设我们没有艺术，我们几乎很难看到这个世界。由自我来解释这个世界，可能相当困难。其实用典故也是这样，用典故是用历史的背景，用大的背景来看小我的经验。我们说这个人像岳飞、那个人像秦桧如何如何，我们的成语典故大半都是历史跟名著教会我们的，所以我敢讲这句话。

我觉得艺术创作包括写作有三个条件。第一是知识，你必须要懂这样的东西，知识要丰富，那是一定的。第二是你的切身经验，你有这样的生活，你有这样子的近距离的观察，设身处地、将心比心，可是如果你缺少了最后这项的话，你还是不能成为一个艺术家，不能成为一位作家。最后一项就是要有想象力。知识和经验到某一个程度就为止了，从这个地方再向前面走就要靠你的想象力了。想象力可以弥补知识与经验之不足，可以跨越，可以跳跃过去。所以很多修辞上的方式都是要运用想象。比如说明喻，直接的比喻，隐喻、象征等等这些，都是拿来帮我们延伸想象，物归自我，合二为一的一种行为。比喻是天才的一块试金石，这个作家是不是天才就看他如何用比喻，如果一位作家说燕子飞得好快啊几乎像老鹰一样，这就不是好的比喻，不相同的东西你比出一个共同点来这个才算是一种想象力。所以林语堂总讲一句话，他说："诸位放心我不会用成语，因为演讲像女人的迷你裙一样越短越好。"演讲跟女人的迷你裙有什么关系？没有关系，可是他以短取事，两种搭不上关系的东西，只要有一点可以沟通，想象就进去了，所以想象是神来之笔。我举林语堂这个例子，只是一个说明。

所以我们如果写一篇游记，比如说登泰山，登山之前你要搞清楚这个山有多高，山上是明朝还是更早的年代有高僧住在这儿如何如何，这些你都应该知道，如果你要写游记的话。然后很重要的就是你那天真的约了朋友去登山了，走出汗来了，跌了一跤如何如何，这是切身体验。可是你回到家里写登山记还是不够，你掌握一些典故，知道一些原则，而且有切身爬山的经验，还是不够，你还要有真正的想象力，才能够写这篇游记，否则就有不足。我们看一个例子，柳宗元的《永州八记》是中国游记的开端，他说："其石之突怒偃蹇，负土而出，争为奇状者，殆不可数。其嵚然相累而下者，若牛马之饮于溪；其冲然角列而上者，若熊罴之登于山。"开始比喻了，说这山上的石头，一个一个好像牛马下山吸水，好像熊罴爬山一样，一有比喻就是想象的介入。否则你没有这些想象，没有这些比喻的话，你的这游记就等于记者报道而已。再看宋朝一位作家王质也写游记。王质：“天无一点云，星斗张明，错落水中，如珠走镜，不可收拾。”因为水面有风，所以鱼在水面动来动去，好像在镜面上滚来滚去，不可收拾，这就是比喻和想象。

我举我自己的一首诗，这首诗也不长，叫《山中传奇》。我在香港中文大学教书的时候，我的教授宿舍外面，有一个很好的平台对着西边，远处是一排松树，更远处是一座山。我说昼日松树林的背后，那一断霞是它的签名。昼日签这个名，就变成了晚霞，可是昼日就说了，因为从艳红的断霞，变成了灰烬一般的紫色，有效期间是黄昏。我们的银行支票签名，有效期间有规定，大概是一年。落日说我签的只能兑现半个钟头、一个钟头，有效期便是黄昏。这就是把人间的事情拿来形容大自然的变化。用人事来解释自然，这就是一种想象了。

苏东坡有一首诗，他写一个高僧惠崇的画，画面是春江晚景，他说：“竹外桃花三两枝，春江水暖鸭先知。蒌蒿满地芦芽短，正是河豚欲上时。”有人就说，春江水暖鹅也有先知。其实诗的标题很清楚了，惠崇画的画，他把画转变为诗，也就是我刚才讲的美感经验之转化，他的高僧朋友画了一幅画，他根据画面来写诗。这个过程有点复杂，第一他当然看过春江，他一定也看过有水鸭、水禽在水面上如何如何，可是他的经验必须是来自绘画的经验，这个对苏东坡讲来是间接经验。因此我们写作的时候，有很多地方不能用直接经验，因为我们无法去经历，只能用间接的经验。这就是我要对各位谈的话题。

后面我就要为大家放一些投影。有一些是名画，从文艺复兴一直到凡·高，一直到陕西出土的秦俑，那是雕塑。有很多画面都有我的诗题画，所以我要朗诵自己的诗。

这幅画不用我说，大家都看过复制品，达·芬奇的《最后的晚餐》，太有名了，达·芬奇另外一幅有名的画就是《蒙娜丽莎》，这幅画到现在也不过五百年的样子。达芬奇不可能去参加最后的晚餐对不对？这绝对不是写实的，一定要有想象，这个想象不能胡思乱想，要根据有效的资料来推论。推论对不对呢？有很多人认为不是这样子的，所以待会儿我会让大家看到不同的画家画的《最后的晚餐》。咱们回到这幅画，中间十二个门徒，分成四个小组，三个一组，三个一组，在逾越节的时候耶稣跟他的门徒一起晚餐，他说你们之中有一个人会将我出卖。在这个章节里面，他的门徒一听大吃一惊，所以大家就讨论怎么可能呢？是你吗？是我吗？但是那个《新约》里面没有更多的资料。根据罗马帝国当时的习惯大家没有椅子可坐，当然是坐地板上，而且不可能有这么一长桌子，所以这个场合有人觉得不可靠，至少和其他的画家画的不一样。我们现在看一下，这个就是包慈的《最后的晚餐》，你们看耶稣面对着我们坐在中间，两边有两个门徒，两侧有三个门徒，背对耶稣背对我们的还有十二个，根本不是一字排开，像记者招待会不是？这个想象就完全不一样。再看下去，罗贝蒂他画的《最后的晚餐》是三面有人一面没有，后面的背景也不太一样。再看第四个尚帕涅画的《最后的晚餐》，这些都是不能用写实的。

我再举一个例子，就是浪漫主义跟古典主义对于同一个题目的解释。拉斐尔跟达·芬奇同个时代都是16世纪初的画家，它的题目叫《盛乔治屠龙》。坐在马上的就是圣乔治，青盔青甲，龙在西方的基督教的观念之中是一种邪恶的象征。龙在左下角，圣乔治是基督教，是有武功的，而这个时候马好像并不很认真帮乔治斗争，这个非常不尽责任，那么圣乔治屠龙，因为要救一位圣母，一位女子受到龙的性骚扰，所以这位少女在一旁祈祷，也不像很着急的样子，可是圣乔治好像也不是很出力的样子。后面的背景你看树、石头等等都很平静，是一个郊游的好日子。我们看浪漫主义者的解释。浪漫主义者就不同了，这个马不是白马而是红鬃烈马，是关公骑的马，毛尖快要刺到雕龙的头了，雕龙前景更大，而圣乔治以一条红巾缠在脖子上。纯粹地讲，被骚扰的这位少女是被囚禁在绝壁上面，手伸起来很绝望的样子，而这是战斗在两个山壁之间，比较宁静。所以我们说古典主义比较有凝聚力，而浪漫主义比较有激情的那种冲动，就看这两幅画就可以看出很大的不同，所以我在大学里面教浪漫时代的诗歌，我先让学生们看这两幅画更为具象。接下来我们就看一些绘画。

凡·高《星光夜》。我大学毕业后两年就参与了《梵谷传》的翻译，在海外学习。我发现凡·高到了最后的两年，他不但从荷兰到比利时一路南下，大概欧洲的许多画家一生的形成，包括留美，因为画家都是追逐阳光的色彩，所以要从北欧到南欧去。画家都是最后到了法国地中海沿岸，一看这个世界是不一样的，白天的阳光非常饱满，颜色好像要暴动一样的，到了晚上他舍不得不画，就兴致勃勃地带着点墨西哥式的大草帽出门背着画板，架着画板，那么这个时候看不见怎么画呢？在草帽上插了很多蜡烛，他看到的夜空就是这样的。当然有的医生出来说凡·高有晕血症，他说看的东西就模糊，比如说星星像盛开的向日葵一样，你看这个场面是非常有宗教的味道的，下面的小镇全部睡着了，天上的星斗全部醒过来了，天上人间只有一棵绿色的柏树将它们联系在一起。这个好像一场梦境一样。后来美国一个摇滚乐队一个歌手写了一首歌叫《精神》，大家可能都会唱。我翻译《梵谷传》写了四首歌，依次来解决所有的话：

当所有的眼睛，在天上，都张开
而所有的眼睛，在地上，都闭起
只剩下一双，你的，在守夜
守着地上的梦，天上的光
见证满天灿亮的奇迹
一盘盘，一圈圈
都转成热烈的漩涡，被天河
滚滚的回波吐出又吞进
肃静的神谕终夜不停
邃蓝的高穹下一顶草帽
白烛插在帽沿的四周
一座崇拜的小祭坛，举向
赫赫当头的全部天启
百年前的今晚，你的目光
曾经升入这一片星光
永不熄灭的煌煌天市
一场永不落幕的盛典
敞向台下一代又一代
来去太匆匆的观众
不，那夜只有你一人

山底的小镇在星光下
全睡着了，只有教堂举起了塔尖
坡上的柏树挥舞着绿焰
陪你的烛光一同祈祷
正如百年后我们的目光
也升入这一簇星光，文生
跟随你一同默祷

凡·高还画了很多别的东西。《向日葵》这张的颜色不怎么鲜艳。他一共画了十二张向日葵，有很多复制品。说为什么这个向日葵不像我们那张，因为画了好多次，因为凡·高穷了，没有钱了，他的哥哥一个月给他150法郎接济他。他要吃饭、租房子，根本没有多少钱买颜料，因为他的颜料用得很费，好像在挤牙膏一样挤上去，所以他画了一共十二幅，想送一幅给他的画家朋友。那么凡·高为什么画向日葵呢？因为后来人的头发都是黄的或者是红的，所以那个向日葵的头，红黄红黄的，他一路从荷兰一直追求阳光，追求热烈的色彩就像向日葵追随太阳一样，在傍晚里面向日葵跟太阳是同一个。所以我又在写它。这里面有几个典故，我们中文典故就是“夸父追日”，西方有一个典故也就是巧匠，就像中国的鲁班。这个鲁班在希腊神话里面叫待克·汉姆，国王把他们穷父子囚禁在岛上，要他们建一座宫殿，盖好父子两个就出不去了。爸爸本来就是巧匠，所以就做了两副翅，父亲一副，儿子一副，用蜡粘在翅前方上，父子两人白天就这样飞下去，可是儿子是一位理想主义者，看到太阳心花怒放，就朝着太阳飞上去，当然越来越热，蜡化了，儿子就一头栽到海里面，这也是一个理想主义者悲剧的下场，所以我的诗里面都有讲到。

向日葵——梵谷百年祭之三

金发橘面，仰向七月硫黄的天空
菊花族的家谱里，唯你

酷似你阳刚的父亲
大气炎炎下有谁竟敢
正面逼视赤露的太阳？
那赫赫的光采令人盲目
从一团大火球轰顶射来
愈转愈快
你奋张狮鬣的姿态
俨然烙自日轮的母胎
出自泥土，却向往着天空
只因那是辉煌的所在
光，就从那上面泻来，为你
为世界带来满光谱的亮色
你是再挣也不脱的夸父
欲飞而不起的伊卡瑞斯
每天一次的轮回
从曙到暮
扭不屈之颈，昂不垂之头
去追一个高悬的号召
烈士的旗号，殉道者的徽章
从晨曦金黄到晚霞澄赤
那人在他的调色板上
调出了你的面容，也是
他自己的画像，只因他
从北国之阴到南方之晴
为了追光，光，壮丽的光
转面，扭颈
一头赤发的悲哀与懊恼
被同样的烈焰烤焦

凡·高《荷兰吊桥》是法国南部的一座吊桥，那个时候日本的画在巴黎已经展出，所以法国印象派后期画家都受到日本画派的影响，所以这是用最原始的颜色不在调色板调和，而是让眼睛去调和，所以每种色彩都是本来的颜色。这张吊桥的颜色都是相对变化的，河水是非常深的蓝色。那我看到这一幕很感动，因为凡·高一生走过一次吊桥到河的另外一面去，他的生命为此改变。所以我说《荷兰吊桥》——凡·高百年祭。

一座铿锵的吊桥，缆索辘辘
连接小运河的两岸，当初
你就是从此地过河
走向一盏昏黄的油灯
去找围坐着一张小桌子
吃马铃薯的那一家农人吗？
你真的这么走过桥去
走向不能爱你的女人
走向深于地狱的矿坑
走向娜莎的惊呼，高更的冷笑
手里亮着带血的剃刀
走向疯人院深邃的长廊
向回不了头的另一世界
走向闷热的拉马丁广场
走向寂寞的露天酒座
和更加寂寞的星光，月光
七月来时，走向田野的金黄
向骚动的鸦羣，汹涌的麦浪
为何你举起的一把
不是画笔，是手枪？
那一响并没有惊醒世界
要等一百年才传来回声

于是五百万人都挤过桥去
去挤满旅馆，餐馆，美术馆
去蠕蠕的队伍里探头争看
看当初除了你弟弟
没有人肯跟你
过桥去看一眼的
向日葵
鸢尾花
星光夜
那整个耀眼的新世界

我是指1990年他去世整整一百年。在阿姆斯特丹有一个百年大宅，我带着我的妻子和女儿到荷兰去参观百年大宅。他在生前是卖掉一幅画，只有一位评论家写了一篇短文肯定他，所以粉丝不嫌其多，知音不嫌其少。什么叫作知音？知音就是向未来去预支掌声，下一个时代才有人鼓掌，他先为你鼓一下掌，所以知音是一个预知未来的掌声。所以我就常说凡・高的画受世间冷落或者一百年，很多商品都用凡・高的画面，荷兰银行要发一张卡就是用凡・高的向日葵作画面，记者招待会让我们帮他们去讲话，最有钱的银行要向荷兰最穷的画家借向日葵，这是多么讽刺的一件事情。所以我就说凡・高的画生前没有人看得起，死后没有人买得起。

我在中国台湾南部的一个海港高雄，我写了宣扬环保意识的诗，这是其中的一首。这么多好像宝石、好像玉一样的东西，其实是一粒贝壳沙，如果怀念原沙的话，就看沙的修养，看不出原来美丽的形状。曾经一个摄影家拍了很多这样的镜头，请我来配诗，来宣传环保意识，我为这个写了好多诗。

贝　壳　砂

白净的沙滩是水陆的交易会
你来看，海神的摊位
多精巧的珊瑚与贝壳

不计岁月的琢磨，被风，被浪
被细致的沙粒慢揉又细搓
洗出人宠人爱的光泽
是从那位水精的宝盒
滚翻出来的这许多的珍品
就这么大方，海啊，都送给了我们
而人呢，拿什么跟她交换？
除了一地的假期垃圾
破香烟盒子和空啤酒罐

同样一位摄影家拍的大白斑蝴蝶，一位是英国19世纪的诗人威廉·布莱克的“一花一世界，一沙一天国”。

大白斑蝶

一朵花真的是一个天国吗？
要探多少个天国才满足呢？
多自由啊，唯美的使徒
这么翩翩地素妆而舞
这世界，你辛苦地爬来
就应该潇洒地飞去
趁春天还年轻，飞吧
飞回哲学家正甜的午梦
一路要提防，切莫闯进
昆虫学家采标本的袋网
让一根无情的针
穿肠成唯美的栩栩如生

秦俑《兵马坑》。这个秦俑出土之后惊动了全世界，当然也有到海外去展出，我也看过好多次，我们想一想当年埋葬秦始皇，他带了很多兵马俑陪葬，好多好多，据说有六千具之多。我看到在临潼出土的兵马俑，秦始皇把这些兵马俑带到了地下去，跟他去了阴间。过了两千年，兵马俑出来了。秦始皇没有想到，他带他们进入历史之后，其实是通过历史进入了未来，过了两千年又出来，不约而同，现在又出来。秦始皇想不到，他派徐福领了三千童男童女到仙山好像是寻找未来，结果没有未来，结果未来是秦俑战士。所以这首诗比较长一点，记住每一个人的表情都不一样，是用手来做的，不是用模具来做的。手里面的兵器都不见了，一个个空手在那里，到哪里去找秦始皇，到哪里去找六国。我这样说：

秦俑——临潼出土战士陶俑

铠甲未解，双手犹紧紧地握住
我看不见的弓箭或长矛
如果钲鼓突然间敲起
你会立刻转身吗，立刻
向两千年前的沙场奔去
去加入一行行一列列的战友？
如果你突然睁眼，威棱闪动
胡髭翘着骁捍与不驯
吃惊的观众该如何走避？
幸好，你仍是紧闭着双眼，似乎
已惯于长年阴间的幽暗
乍一下子怎能就曝光
如果你突然开口，浓厚的秦腔
又兼古调，谁能够听得清楚？
隔了悠悠这时光的河岸
不知有汉，更无论后来
你说你的咸阳吗，我呢说我的西安
事变，谁能说得清长安的棋局？
而无论你的箭怎样强劲

再也射不进桃花源了
问今是何世吗，我不能瞒你
始皇的帝国，车同轨，书同文
威武的黑旗从长城飘扬到交趾
只传到二世，便留下了你，战士
留下满坑满谷的陶俑
严整的纪律，浩荡六千兵骑
岂曰无衣
与子战友
王于兴师
修我戈矛
慷慨的歌声里，追随者祖龙
统统都入了地下，不料才三年
外面不再是姓嬴的天下
不再姓嬴，从此我们却姓秦
秦哪秦哪，番邦叫我们
秦哪秦哪，黄河清过了几次？
秦哪秦哪，哈雷回头了几回？
黑阒阒禁闭了两千年后
约好了，你们在各地出土
在博物馆中重整队伍
眉目栩栩，肃静无哗的神情
为一个失踪的帝国作证
而喧嚷的观众啊，我们
一转眼也都会转入地下
要等到哪年哪月啊才出土？
啊不能，我们是血肉之身
转眼就朽去，像你们陪葬的贵人
只留下不朽的你们，六千兵马

潼关已陷，唉，咸阳不守
阿房宫的火灾谁来抢救？只留下
再也回不去了的你们，成了
隔代的人质，永远的俘虏
三缄其口岂止十二尊金人？
始作俑者谁说无后呢，你们正是
最尊贵的后人，不跟始皇帝遁入过去
却跟徐福的六千男女
奉派向未来探讨长生

《翠玉白菜》这是一件玉器，是在台北“故宫博物院”里面，赏玩的一件真品，雕出来一棵白菜。

前身是缅甸或云南的顽石
被怎样敏感的巧腕
用怎样深刻的雕刀
一刀刀，挑筋剔骨
从辉石玉矿的牢里
解救了出来，被瑾妃的纤指
爱抚得更加细腻，被观众
艳羡的眼神，灯下聚焦
一代又一代，愈宠愈亮
通体流畅，含蓄着内敛的光
亦翠亦白，你已不再
仅仅是一块玉，一棵菜
只因当日，那巧匠接你出来
却自己将精魂耿耿
投生在玉胚的深处
不让时光紧迫地追捕

凡艺术莫非是弄假成真，
弄假成真，比真的更真
否则那栩栩的螽斯，为何
至今还执迷不醒，还抱着
犹翠的新鲜，不肯下来
或许，他就是玉匠转胎

下面这两幅画是江碧波观赏之后再来画的，几幅画你看这些飞天彩带漂染，画家要我帮他配诗来出书，所以我就帮他写了《龛楣飞天》：

大千世界传三千
彩带缥缈九重天
飞天仙侣多几何
来去倏忽无着落
排云御气越太虚
刹那碧落变霞火
人间望断日头沉
疑是仙踪从此没
但得巨手掀长幕
当见极光转天轴
三界来回一念间
络绎群仙倏无数

《问玉镯》。这是我妻子手上戴的。是白玉，白玉当然相传是出于和田，我想一块玉雕琢成器，戴在多少高士雅人的手上，把生平讲出来，是一个非常精彩历史的见证，所以我这样写：

问玉镯——我存所佩

1

鸿蒙太初，你坚贞的身世
一路要追溯到昆仑
造山运动的磊磊
地质的元气，岩石的精魂
摇摇传自记忆的混沌
千年前是哪一位巧匠
不计夙夜挑剔又琢磨
将你雕成如此地倜傥
外圆而内扁，脱胎于和阗
世称羊脂白玉，丽质天生
玉肌隐约透出了沁痕
欲露不露永不泄天机
恍惚如窥月中的倒影
佩在一位玉人的腕上

2

几世修来的相得益彰
手何幸而有护卫，百邪不侵
镯何幸而有依托，可以分暖
人和玉浑然合成了一体
温润的美德互通互济
千年有多少高士，佳人
一手接一手传来这缘份
问你是否还一一记得
你却什么都不说，只顾
依偎在现世主人的
臂腕，为她静静地守身

下面是几幅现代的画，画家是刘国松，他经常来大陆展览，前两个月还在北京展览过，还得到一个大奖。在台湾他跟我都是发动“文艺现代化”的老朋友，所以他的画我常常用诗来配，就等于他出题目我来做答案，我到的时候出题目让他来画，不过我的诗不是写得太好，否则显得他的画不够太好。这幅画其实灵感是来自台湾岩石的纹理。

吹皱的山光

石而无纹
怎么记风霜的日记？
山而不皱
怎么刻绝壁的额头？
而水是最随缘的了
性之所至
发明了独有的皴法
日磨月磋
细腻中别有韵味
一页页神秘的地质史
最美的天书何须文字？
莫问大禹有没有来过
早已被岁月点穴
天机如此深沉
怎肯就道破

刘国松《环中》是从1969年太空人登陆月球，刘国松就改变了他的画风，用椭圆等等来记录他所谓的太空时代。这幅画也是有一个象征，上面的大圈圈中间是太阳，下面是看见短短的一节湖，下面风云变色那就是地球。他画的这个题目，画家不能画出来就完了，我怎么来讲这幅画呢？

天行乎几何之大道
神是最朴素的几何学家
神说，最圆满是球体
无碍无阻，运转最流利
阴阳双球在造化掌中
抛来又接去，从不失手
而我们这水陆的大球
运转着浑茫的元气
风云变化交接的四季
那气象，永远轮回向东方
看天网恢恢，东经和北纬
将地平，水平，隐隐都拗成
多魁梧的弧线，呼应日轮和月轮
最高妙的几何学家，是神
把至小的眼球赐给凡人
让我们用灵动的瞳人
去追摄阴阳宏大的球体
天乎行几何之原理

刘国松《月球漫步》这个画面是太空，这个下面有很多粗黑的，而那上面隐隐蓝色是我们的地球，所以李白的诗要倒过来讲：

月球漫步

全世界惊羡的眼神
焦聚都在你一身
看神话和梦的领土
第一个不凡的凡人
怎么入境
不知嫦娥或黛安娜

为何没出来迎接
来陪你一同步月
在宁静海畔
或陨石坑边
谪仙的名句
应该倒过来吟了
举头望故乡
（多陌生而又壮丽啊）
低头踏明月
你跨出一小步
是人逼进一大步呢
还是神让了一步？
壮哉阿姆斯特朗
你独步千古

所以在19世纪科学家把天上的彩虹用物理学分析得明明白白，诗人我的想象幻灭了，我说把那么美的一道彩虹分析成一五一十的数据。其实不然，科学越发达我们的眼界就更广阔，科学并没有跟我们的艺术相悖，科学反而会启发我们对于大千世界的投入跟欣赏。所以我今天讲了半天就是回到我的题目，灵感从何而来。当然写实主义还是讲康庄大道，不过世界上有很多经验是我们没有办法亲身去体会的，宗教的、传说的、古典的，这些东西要靠很强烈的想象去揣摩。我刚才讲了很多例子，也就是平常看电视、看报纸也会看到写作的题目，看绘画、看雕塑、看建筑都可以提供我们的灵感，我们的灵感应该是源源不尽的。所谓江郎才尽什么意思呢？就是走奇写光的，没有题目怎么写呢，更新的风格，也就是说一个人对于人生不再敏感，对母语不再敏感了，于是僵化了，于是江郎才尽。我相信在座各位都有强烈的活泼的想象力，好好运用大家的想象力，科学、哲学到了顶点也是要靠想象力的，谢谢大家。

【观众互动】

主持人：您一直在这儿来回走着给我们吟诗，给我们来讲您怎么样去对美理解，我们都听得特别有滋有味，我们主要觉得这种课每周都能上就好了，这是一个大家真实的愿望。先提醒一下咱们在座的同学们，因为我们今天人太多了，所以说如果采取站着提问的方式，我们会需要很长时间而且会听不太清楚，大家进门的时候手中都有一张纸，如果大家想提问，而且你离工作人员比较近，就把问题写在纸上交给工作人员，工作人员会尽快把纸交给我，我会按照他们排给我的顺序向余先生提问，在这个过程中也希望大家保持会场的秩序。

您讲过一句话，大陆是母亲、台湾是妻子、香港是情人，欧洲是外遇，最初认识您很多是中小学课本的《乡愁》，您对您走过很多的地方给过这样一个评价，回过头来您怎么看待故乡，您觉得现在有了在世界各地的经历之后，哪儿是故乡？什么样的情怀给您以故乡的感觉？

余光中：我说大陆是母亲，一方面是象征，一方面也是写诗。因为我生在南京，我的祖籍是泉州，泉州的永城县是闽南，我的母亲家乡跟我妻子的家乡都是江苏武进常州，所以我是南京人，也是福建人也是江苏人。然后我在重庆上中学，所以四川也是我的故乡。那么多故乡加起来就是中国是我的故乡。所以我说中国是母亲。其实我写《乡愁》并非同乡会的“乡愁”，并非某县、某村而是从小我的地理上的归属感，一直延展成为历史上的、文化上的整个中国的“乡愁”那儿才到了我的《乡愁》，所以那首诗开始是母亲，后来讲妻子，后来讲到精神上的母亲就是大陆，所以现在邮票上啊、船票上然后是海峡是我的故乡。当然现在我们一方面要讲全球化，可是全球化并不是清一色化，每个民族还是保持自己的传统，要有自己的特色，这样才是多元之中的一个统一，而并不是单调的一个统一。所以一方面联合国要尊重各国的特色，一方面要促进世界的和平，我相信一个人要离开自己的故乡才会更欣赏自己的故乡，所以我相信中国人一定要出国一次再回头看一看，才知道你的家乡是怎么样的可贵。可是另外一方面也不能太商务主义，我们也很欣赏外来的好处，佛教在台湾非常发达，很有影响力，可是佛教也是从我们这儿开始。整个清华大学、北京大学领导“五四运动”“新文化运动”也促进了中国的现代化。可是仅仅西方的影响力还是不够，所以当年的德先生、赛先生还缺了一角，应该还有孔先生。孔先生就是我们的人文，我们的哲学，我们的信仰。

主持人：您跟我们分享了您自己把《乡愁》解析开来的想法，我们也有一个问题，就是很多的媒体也好，评论者也好给你冠有“乡愁诗人”的名字，这个名字对您来讲是一个束缚。您的作品我们欣赏过很多，包括很多的散文。最近人人网上分享特别多的是《四个假想集》的作品，大家都在看，非常的精彩，非常的有意思，您会不会觉得，因为《乡愁》这部作品实际上让很多人对您的理解片面了、不够全面了？

余光中：《乡愁》家喻户晓，不但很多人会背，包括西北歌王王洛宾，很多人都会，还有人把它谱成曲子。可是很多人看我的诗这是第一篇，也是最后这一篇。因为《乡愁》变成我的一张名片，名片太大了，把我的脸都遮住了。人物，写外国人物是当地的，很多很多，我写过很多人物，我刚才讲了我写过环保，我写过自述，表达自己内心想法的诗，我也写过道家达观的诗，所以我的诗在一千首以上，不要仅仅满足于《乡愁》。

主持人：余先生您看，同学们的问题都上来了，第一个问题是他说您现在年过八旬，您是1928年的，我记得。今年就是84岁，您现在依旧是为了诗文之外的事在奔走，看得出来您对中文的前景很堪忧，您觉得中文现在最大的挑战是什么？是不是英语的流行还是我们的文化在走向趋同的道路。这是一个问题。很多的同学，问了好几个，正好这个问题是大家都很关心的，您现在怎么样看待我们现在文学教育、比如说大陆的，或者是台湾的，您觉得我们现在的年轻人，受制于网络，中文的发展是否会越来越受到限制。

余光中：我们用中文用了好几千年，从我们祖先一代代传到我们的手里。我们从“五四”以来面临全世界的压力，我们吸收了很多西化的观念。以前上两代读俄文，现在要读英文，然后你要从事贸易等等要说日文，甚至要懂西班牙文等等，所以我们大学里面学外语，这些当然都是应该，但是你读外文你的母语就不要荒废掉。可是一个人非常认真地读，同时他的母语会受到外文的影响，这是一定的。有很多例子可以讲，所以我是觉得一面要读外文，要读得好，要讲，要写，一方面也不要把中文给忘掉。我举一个最简单的例子，为什么唐诗好呢？好在哪儿呢？就是我们中文语法的关系。如果你的英文读多了，英文读透了，你就会看破英文的手脚，英文有许多不合理的地方。因为他要讲究很多数量、性别、事态等等，比如说王维的诗：独在异乡为异客，每逢佳节倍思亲。遥知兄弟登高处，遍插茱萸少一人。好处我们不觉得，可是你用英文翻过来，你用英文的观念来说就不一样了。为什么？代名词就免不掉，连接词也免不掉，就变成什么呢？我独自在异国做异客，我每逢佳节倍思我的亲人，我遥知我的兄弟登高的地方，他们遍插茱萸唯独少了我一人。这么多代名词进去诗就完蛋了，在英文里面那么多连接词、代名词。所以我在犯愁，我在美国教书，美国学生就奇怪了，你们每一句话都是无头句，果然是这样。我们的语法就是很不一样，所以我后来每一句加两个字把主词都还给他们，他们就放心了，原来是这样子。语法很不一样。我们碰见朋友说，饭吃了吗？没有说饭被你吃过了吗？戏看过了吗？可是英文的观点看就不行了。我们说学生必须爱国，英文不可以这样讲，老师会给你打不及格。我做了多年的翻译，所谓翻译就是在两种语言当中进进出出，更了解这两种语言，等于在研究比较语言学一样。所以我们现在用重温旧要，避免过分的西化。比如说他是他父亲唯一的儿子，什么意思呢？他是独子就完了。我觉得大陆的中文有一种动词，没有形象的，也没有活力的动词用得太多就是进行，比如说我们交谈得非常亲切，我们交谈得很愉快，往往我们进行了亲切而愉快的交谈。交谈本来是有血有肉的动词，却变成一个抽象的名词，好比在老鼠身上进行实验，这是比较西化的。

主持人：我们平常也都接触这样的语句，大家也是经常进行了愉快的交谈，或者接见了谁，但是咱们不能从语言学术的高度来学，所以也是同大师学，也是学我们看问题的角度。余先生刚才也有人问到，说刚才看到你的诗文应该都是用繁体字写的，你在用您的方式在诵读。现在大陆的同学们在用简体字来学习，也在用简体字来表达，那您觉得汉字由繁到简本有的韵味是不是已经没有了呢？

余光中：你说繁体和简体，我贪快的时候也会用简体字，一般由繁入简比较容易，由简入繁比较难。比如我的余是简化的，我的妻子姓范，写成範的范，范复杂化了，还有一个人是我的亲戚，写信给我。不同的地方简化有不同的符号。所以现在用电脑打出来的别字也是特别的多，拼音法一样。台湾的报纸都用我的手稿登出来，我的手稿里面也有差不多至少有两档是简体，这个问题可能两岸的学者开一次会慢慢地讨论来解决。

主持人：同学们说20岁的您在课堂上说要当作家，现在您享誉了华语的文坛，您觉得天赋和努力对一个诗人的成功各占多少比例？这真是清华的同学问的，占多少比例？他说灵感和艺术之间怎么样来掌握？我想可能他的意思是说他觉得看到您诗人的才华他想问问天赋和努力是怎么样分配，怎么样起作用？

余光中：不要太迷信灵感，也不要太迷信天才。很多人的想法还是天才是百分之99%的汗下，正好碰上1%的神来。也就是说你还是要锻炼。天生丽质难自弃，不过也要自我蜕变才行。比如说凡·高吧，凡·高开始画画的时候还是很笨的样子，老师都说算了你别画了，他画了差不多有七年，只有一幅是特别好，就是翅膀淋水，后来他这个节奏持续到了法国南部，然后再回到巴黎，就是最后两三年喷发。同时还有一点，他的父亲是一个牧师，宗教对于他从小家庭里面就不缺，然后他的一些长辈在巴黎跟伦敦各地开画店卖画，所以在画店里面看到很多好画，从小就接触到艺术跟宗教，再加上他的错觉激发了他的天才。天生奇才莫扎特这样，像舒伯特这样也不多，贝多芬就要努力，杜甫也是这样。我宁可相信就是说你有一个金矿你得去挖，你不挖怎么知道有金矿呢？至少挖到一半的时候才发现。

主持人：所以余先生还是鼓励大家应该重视挖的过程，即使我们有这个金矿，首先要去找铁锹使劲往下挖，这个汗水的投入也许是认识自己是天才的努力。我们今天的时间很宝贵，我们再来问一个问题，一个同学问，您觉得现在的社会是不是和世俗渐近而与诗意渐远。就是说，我不知道您现在关心年轻人用的这些网络吗，我自己武断地把微博上推行的文化称之为“段子文化”。这个同学就担心说现在的社会是不是和世俗渐近，而与诗意渐远，希望您谈谈现在台湾这些思维怎么样，您经常来大陆的话，您觉得现在大陆的年轻人怎么样？然后现代人如何做到诗意地栖居？写得挺诗意的。

余光中：其实“五四运动”的时候提倡“赛先生”，结果当然很辉煌了，可是真正发达的是科技，还不是科学的精神，科学打破砂锅问到底，凡事绝不怕事，这种精神并不能用科技来代替。你这个车骑得快要管理得好，才能够真正造福人类诸如此类。所以科技的发达并不完全等于科学的发达。还有一点，现在的年轻人都要上网，一天花很多时间在网上，网上是一个虚拟的世界，久而久之虚拟的世界就取代了实际的世界，就变成一种必要的占用了。像我小的时候，我们在抗战的时候还没有电视，连广播都往往不容易听到，我们闲下来干吗呢？就读小说，就看《三国演义》《红楼梦》《水浒传》《西游记》，等等，看到后来终于看通了，就是语言介于白话，进可以推文言，退可以入白话，所以蛮有益处。由于生活不好，我们经常要跟大自然打交道，所以大自然对我们启发很大。比如我从小在四川看到大自然四季的变化，日月之神奇，到了都市很快忘记了大自然，因为都市不能完全满足我们，而且现在因为地球暖化也好，或者物种越来越少，许多珍贵的动物、植物都在以加速度的步骤慢慢消失于地面。这些东西逼得我们从都市里面看出去，看到整个地球，因此环保的意识、水土保养是非常迫切的。最高的道德未必是爱国主义，而是全人类的生死不定。所以我希望我们的青年朋友还是要注意，等到地球都出问题了，我们说国之不存，家之焉附，现在回忆这个故事求之不得，国之焉附，这个就是联合国做不到让所有知识人都要努力以赴的问题。

主持人：今天的时间很有限，而余先生今天给我们付出了两个多小时的时间，而且大部分的时间都在站着，所以我们今天和余先生来到清华第一次的亲密接触到这儿就告一段落，感谢大家今天的参与。

【点滴感悟】

我是何其幸运，听余老讲乡愁，讲中国最美、最母性的国度；听他讲灵感，让缪斯从神坛拾阶而下，让人知道原来灵感可以来源于自身最最质朴的生活经验。必须一提的是，近两小时的讲座，余老一直是站着的，从内到外的红色展示着他怎样的用心与匠心。而台下，同样一身银发红衣的，是曾经先生笔下“瘦瘦的水仙”和如今最美的奶奶范我存女士。余先生讲座中提到的玉镯，就戴在我存奶奶的手腕上。当她站起来向观众展示的时候，全场雷动的掌声里，弥散的爱情含蓄而热烈。让人不禁渴望年老。

（法14　姜周澜）

一直很喜欢余先生的《乡愁》，每次读起来都会被先生那深沉的情感所触动。如今，居然能有机会坐在台下听先生亲自讲《乡愁》，讲艺术与创造，当真是幸运至极。这样一堂讲座，让我对艺术、对创造、对灵感有了更深刻了解，我仿佛看见了另一扇艺术的大门向我敞开。在对先生满怀敬佩的同时，也深深地感谢先生！

（水工11　熊艺淞）

文字里的中国人

【嘉宾介绍】

莫言，原名管谟业，中国当代著名作家。1955年出生于山东高密。曾做过解放军战士，接受过解放军艺术学院文学系的熏陶。又曾在报社工作，撰写过连续剧剧本。也被聘为山东大学、汕头大学、中国海洋大学、潍坊学院等高校的兼职教授。从充满“怀乡”“怨乡”情感的“寻根文学”，到带有魔幻现实主义的宗教情怀，他的作品既有对故土现实的关注，又有世界眼光的超越。2012年10月11日，莫言更因其“用虚幻现实主义将民间故事、历史和现代融为一体”获得2012年诺贝尔文学奖。代表作有长篇小说《红高粱》《檀香刑》《生死疲劳》《蛙》等。

李洱，作家，毕业于华东师范大学，现为著名杂志《莽原》副主编。其代表作有《导师死了》《现场》《午后的诗学》等。其小说集《破镜而出》曾被译成多种文字。长篇小说《花腔》入围第六届茅盾文学奖。

陆建德，作家，1982年获复旦大学外文系学士学位；1990年获英国剑桥大学英文系博士学位。陆建德先生现任中国社会科学院外国文学研究所所长，兼文学系主任，《外国文学评论》主编，《文学评论》主编，《中国文学年鉴》主编。

【策划手记】

文学，从来都不仅仅是作家的事，它映射一个时代，它浸润每个人心。这是一场中西合璧的盛宴，古典与现代，东方与西方，思想在这里碰撞，语言在这里激荡。我们感受到的不是目眦俱裂的控诉，也不是寂然无声的无奈。恰恰是这种淡然的话语和冷静的思考，使我们沉浸在文学的世界里。

文学是人类价值建构和精神生长的过程，是人类生存意义的自我确证，这一点在当今尤其凸显。我们生活在这样一个波澜壮阔的时代，我们理所应当渴望伟大的作品来匹配当下的生活。而伟大的作品又总能契合时代的精神特质，同时有着超越时间与空间的对人性的关怀。在这个意义上，伟大的作品与伟大的时代应是相得益彰的。

能够创作出伟大作品的作家同样是珍视并发掘人性本真的人，有时候他们的单纯让我们觉得如此可爱。面对享誉全球的荷兰建筑师库哈斯，莫言先生坦言不喜欢其设计的央视新大楼；对于美好未来的构想，他也只是用乡村更美好、穷人更轻松、百姓更自在的简单话语来描述。

当我们听多了慷慨激昂、天花乱坠的华丽辞藻，简单质朴就是一种让人感动的美好。

【演讲精粹】

我想这也是中国当代文学在改革开放之前所受到的一个最大的禁锢，就是不能把人当人来写。尤其是正面人物，只能写他的好的一面。反过来，就是反面人物也不能当人来写，只能写他极坏的一面。所以留下比较好的反而是中间人物，不是好人，也不是坏人。我想在座肯定有很多学过文学史的。关于中间任务论，在20世纪六十年代也引起了文坛的激烈的争论，也引发了很大的冲击。（莫言）

在我看来，莫老师给我们国内和国外的人一个重要的警告：就是在享受时尚经济的青年，你们千万不要患上对过去的一种健忘病或者健忘症。（李莎）

一直在批评中国计划生育残忍性的外国人可以看到真正的中国人的心理，可以看到中国人在最初面对这个问题时背后真正的苦难，看到中国人因此而为自己、为世界做的其实是一种相对合理而必要的选择。（李莎）

我觉得写作确实是一种对话，而为此把自己最困惑的一面拿出来，为此把自己对生活的不解，虚弱的一面呈现出来，然后达到一种安慰，这就是写作的

要义。（李洱）

看一部好的电影和读一本好的书都是有这种感觉。因为我们始终都是参与者，把自己的成见打破了，进入了一个新的境界。（陆建德）

【演讲实录】

主持人：各位好！首先感谢所有准时前来的朋友，还有我们的嘉宾。谢谢大家！这里是本年度中国影响论坛，今天是文学专场，我是中国国际广播电台的邱晓雨。今天看到各位朋友前来，尤其是周末，我特别高兴。这是一个比较开放的话语平台。在这里有我们的知名作家和学者。不论是学者还是媒体，不论是作家还是学生，也不论是环球资讯的听众，还是喜欢读书的读者，对于大家来说，这里都是一个很平等的沟通对话的平台。欢迎大家畅所欲言。

今天我们的主题叫作“文字里的中国人——现状与建设”。我估计很多人觉得这个话题比较大，确实这是个比较大的范畴。大家可以想一想，如果我们坐在这儿，周围不是我们的朋友、同学，而是世界不同种族的朋友，我们会希望他们用什么样的目光看待我们？我们希望世界怎么来认识中国人的形象？我们怎么向大家传递我们的形象？

其实我相信读过书的人都知道，“书里有很多小说，它们是一个民族的秘史”。我觉得这句话是说每个民族都有自己的文字。但是外国人根本就没有办法直接理解、沟通，所以需要一些解码的人，就是翻译的人。今天我们特别高兴邀请到了这些解码人。中国国际广播电台其实一直都特别希望能够让中国报道世界，让世界更了解中国。所以这次的论坛我们也特别希望我们的作家，我们的学者，我们的翻译家，还有同学们，读者们一起来思考这个问题。

主持人：各位嘉宾来到清华与同学互动，有什么感觉？

陆建德：我觉得，清华学生到这里来共同参加活动，不能不说非常好。但是有一点需要注意，比如像我们在说“自强不息”“奋勇向前”这种话的时候，因为我们都知道是什么意思，所以我们往前冲的时候如果能想一想、停一停，这个时候就会出现非常优秀的同学。

李莎：有一句话，我觉得特别让我感动。因为我一直在想这个问题，就是人类都有很共通的东西。通过文学的欣赏，我们能够找到我们的共同点。所以非常感谢我们的作家们，给我们创造一个机会，重新认识自己，也认识别人。

主持人：我们今天会有进一步的认识。

莫言：我刚才听一个女同学说孔乙己，可见文学的形象已经变成了商业的品牌，因为我刚在“孔乙己”吃过饭。文学的细节也变成了商业的元素，第一道上的菜就是茴香豆。所以刚才这位女同学谈孔乙己，我就感到特别高兴。我们也希望我们的作品里面，将来有类似孔乙己这样的典型人物形象，有类似于茴香豆这样的细节，能够被我们的后代们在嘴里面传来传去。

主持人：谢谢莫言老师，我们觉得孔乙己，已经不止是文字里的人物，他与我们的生活直接相关了。

李洱：我想以前没有茴香豆，茴香豆应该是鲁迅创造的。在鲁迅作品之前好像没有出现过一种小吃，叫茴香豆的。所以作家确实是能创造现实的。

主持人：鲁迅先生说，这盘里本来没有茴香豆，吃的人多了，就有了。

今天我们有很多朋友都有疑问，我们一会儿会进行提问。而且老师也带来了自己的思考。先介绍一下莫言老师，有哪位同学愿意介绍莫言老师的?

观众1：介绍谈不上。对我们中文系的学生来说，莫言老师您的作品是我们在专业课上重点研读的作品，其中有很多先锋派的技巧。我个人对您的印象——我其实很长时间没有见过您的照片——全是靠文字的理解。我对您的作品最直观的感受，就是阅读《红高粱》的时候产生的：我发现，我爷爷和我奶奶的事情我爸爸不知道，而我却知道。这种第一人称的叙述出来以后，我有一种强烈的语言的震撼。所以在这里我还是能清晰地记得我当时阅读的感受。

第二印象，是前不久在北京大学《孤独》的首发仪式上与您的交流。我印象最深刻的是，您讲到马尔克斯对您的影响的时候，讲到自己在创作中的感觉，让我有一种华山论剑的感觉。所以在文学中高手的比拼中也应该有一种快感吧。

观众2：我感觉我因为读莫言老师的作品，已经变成了半个高密人。我读莫言老师的作品，觉得他的文风特别的朴实和粗犷，读来让人感觉到一种特别原始的生命力的美。而且我觉得莫言老师的想象力堪称天马行空。有时候读起来会让人觉得特别神秘，有时候读起来又让人觉得特别震撼。我觉得莫言老师是一个特别有个性的人，他把真善美，假恶丑，爱与恨，生与死演绎得特别强烈，读起来特别痛快。我非常喜欢莫言老师。谢谢。

主持人：这两段介绍都是浓墨重彩。我今天会让台上的每一位跟大家交流，大家也可以像刚才那样去跟他们直接沟通：你们读他们的感觉，并且对他们研究的领域有什么见解。下面请莫言老师聊一聊。

莫言：刚才两位发言的同学真是清华的金童玉女。他们口才都那么好，而且讲述中感情的表达是这样的充沛。我们高密一中每年都向北大、清华输送十个学生，这在中国的县级高中里是了不起的。当然他们也要付出沉重的代价，基本上同学们没有什么时间休息，那是非常野蛮的学习方法，最后完成了每年向北大、清华输送十个学生的成果。

清华以理科见长，但是通过这两位同学的发言，也可见清华对文科发展的重视。

这次的题目非常宽泛，“文字里的中国人”。文字既包括中国文字，也包括外国文字，既包括中国的文学作品，也包括外国的文学作品。古往今来，我想古今中外的文学作品里到底出现了多少中国人的形象，真是一个难以统计的数字。但是就像刚才视频里同学们讲的一样，尽管已经有无数的人物形象出现在文学作品里面，但是大家记住的还是那些特别典型的人物形象。讲到中国文学里的中国人，我们首先想到的就是鲁迅作品里的孔乙己、祥林嫂、阿Q。当然鲁迅在中国有着特殊的地位，他的作品几十年来一直被编入我们小学、中学、大学的语文教材。即便是一个不热爱文学的人，他也要上课，上课的话必须学鲁迅的文章，自然就记住了他作品里的形象。当然这几个人物形象塑造得也非常成功。

由此可见一个作家写小说，确实应该把塑造典型人物当作自己最重要的任务。或者反过来说，一部小说写得是否成功，我们应该看他在这部作品里是否写出了让人难以忘记的、过目难忘的、在过去作品从来没有出现过的人物形象。

外国类的中国形象也有，我们的阅读范围所及，可能是很难举出一些。待会儿请陆建德老师来说，他是研究英美文学的。

我们中国文学里面除了鲁迅作品以外，还出现了哪些可以成为典型的人物形象？刚才有同学提出小二黑，大家知道这是赵树理的作品，我觉得小二黑还不是特别典型，特别典型的是他的妈妈三仙姑，算命先生。当然小琴也很典型。我想当代文学和现代文学确实也出了一些人物。而且像赵树理写作的年代，是受了很大限制的年代，那批作家都有非常深厚的生活积累，也有很高的文化素养，也掌握了非常娴熟的文学技巧，但是他们的写作由于受到了时代的限制，应该没有完全发挥出来他们应该发挥的水平。但即便这样，还是出现了很多优秀的作家，在我这个年龄的读者的记忆里还是留下了一些人物。但是这些人物能否进入世界文学典型人物之林，这确实要画一个大大的问号。大家记住的人物形象，比如《红岩》里的甫志高，《红日》里的张灵甫，往往不是正面的人物形象。正面的人物形象都带有高大全的色彩，而恰好很多反面的人物形象写得很成功，包括有很多中间人物都被刻画得有血有肉、活灵活现。我想这也是中国当代文学在改革开放之前所受到的一个最大的禁锢，就是不能把人当人来写。尤其是正面人物，只能写他的好的一面。反过来，就是反面人物也不能当人来写，只能写他极坏的一面。所以留下比较好的反而是中间人物，不是好人，也不是坏人。我想在座肯定有很多学过文学史的。关于"中间任务论"，在20世纪六十年代也引起了文坛的激烈的争论，也引发了很大的冲击。

主持人：我其实还拿到很多问题，是事先在读者、听众、同学那儿收集到的，但是不着急，我们还是先让嘉宾说一说想法。其实刚才莫言老师说中国文学作品里的经典文学形象能不能走向世界还得打一个问号。这有一个环节很重要，就是一本书写得再好，中国读者对这个人物印象再深，比如说韦小宝——刚才说的时候很多人笑——但是外国如果没有人喜欢，谁会去翻译？这是一个话题。所以这个问题请李莎来谈。我手里拿的《生死疲劳》就是李莎翻译的，还有正在翻译的《蛙》，所以二位在国际的作品就得靠李莎了，她翻译成什么样，您二位就是什么样。

莫言：对，这个讲得非常好。

李莎：首先要感谢中国国际广播电台和清华大学文学社的同学们邀请我，让我到这边来参加这么重要的一个活动。今天有机会与清华大学的师生见面交流，我很荣幸。我叫李莎，我是意大利人。我从1995年以来一直在意大利大使馆文化处工作。2002年我就开始在业余时间翻译中国文学作品，主要翻译的作品，就是刚才主持人所说的，有《生死疲劳》《为人民服务》。其他的我就翻译了一些片段，因为意大利文化处组织了一个中医比较研讨会，在这期间我们出版了一个小杂志，每次我都要翻译一位作家的一个小片段，所以我也翻译过李洱老师《花腔》的第一章，还有《告别天堂》，等等，反正一些小片段基本上都接触过，其他的风格我都看过。

今天借这个机会，我想跟大家分享一些关于塑造国家文化品牌，还有文化定型的利用的想法。一个国家和一个民族的文学品牌的塑造，主要取决于他们在国外的形象和在别人脑海里的一些文化定型。我们都知道他人眼睛里的你，基本上是定型的你。虽然这个定型也许并不是一个国家或者一个民族的客观现实面貌，但是我们都不能否认，在这个定型当中他们是普遍存在的，而且是一种描述性的、代表他人眼里的关于你的符号。当然了，这种符号，比如说我，你们看我是意大利人，普遍来说人们看见我，就想这个人爱吃比萨，她爱穿时尚，她也爱看足球，就是这种定型。当然了其他人很少有跟我本人接触的机会。而有少数人在与我接触后也产生了一些关于我的正确和可靠的印象。所以大部分人还是依靠定型的形象分析我、了解我。所以文化定型对于一个国家和一个民族的国外的文化品牌塑造来说，是很重要的一个内容。他们的形象影响所有的东西，包括一种大众的消费购物的选择、项目投资的选择，而且他们的形象也影响所有的人对他们的看法、对他们的欣赏，还有对他们的爱憎立场。

在翻译外国作品的过程中，很容易涉及文化定型的各种表现。作为一个翻译者，我怎么使他们发挥重要作用，是一个问题。所以今天我想跟大家提的一个问题，就是国家怎么利用它这个文化定型，来塑造自己的文学品牌，并强化国家的命运；怎么创造这种品牌，创造一种文化产品的原创地的效应。

我们认为一个人对其他文化进行定型，是一种比较愚昧的、比较笼统的扣帽子的方法。但是事实上我们可以学习怎么利用它们，怎么让它们作为创造自己的品牌的一个手段。比如说电影节，好莱坞里对华人形象的一种偏见，从20世纪二三十年代就能够看出来。平常所谓的“黄祸电影”，就把黄种人都塑造成鬼鬼祟祟、贼眉贼眼的形象。从这个形象可以看出来，那个时候的美国人、西方人对中国的印象，和由这种印象产生的一种恐惧感。通过政治、经济和其他方面的发展，我们从对黄祸、对中国的恐惧，变成一种狂热。现在中国的形象，在电影里有一种很喜人的、让很多西方人喜欢的一种倾向。举一个例子，比如刘玉玲，在她出演的《杀死比尔》里，她也是典型的、有利的，她也是中华女性的一种形象的创作者。在这个方面我想给你们说一个小故事。我每年年末去印度练瑜伽，在一个比较偏僻的地方跟印度人接触。今年我跟一些印度小孩儿交流的时候，我就说我们是从中国来的，他们一听我先生是中国人——这些孩子对历史一无所知——就说到中国的武术。他们马上开始跟我们说，他们是多么想到中国来学武术，这就是武术绝技强化的印象。你想，在印度一个特别偏僻的地方，他们都知道中国功夫。从这个小例子，我就要说一些关于其他方面的，经济、贸易方面的事情。你们都知道好多西方企业家就是因为羡慕亚洲的形象，他们现在拼命地在研读《孙子兵法》《三十六计》这样的书籍。

在这个方面可以看得出来，电影、小说、音乐以及其他类似文化产品，都在建构一个国家的文化品牌，它们在这个方面有非常重要的作用。虽然这个作用经常被一些研究者忽略。文学是一种很强大的地区品牌塑造媒体，而且从我所谓的翻译经历来看，我最喜欢的就是莫言老师的作品。我也开始思考一个公共知识分子在这个方面、他应该怎么塑造自己国家形象的一些问题。我们的第一本翻译作品就是2001年出版的莫言老师的杰作《檀香刑》，这个就是原汁原味的中国制造，这里面充满了中国传统生活的一些印象和声音，书中熙熙攘攘地讲一个热闹庙会。它是一幅富丽堂皇的中国壁画。这里充满了中国式的家庭矛盾，他的逻辑，他的尝试，对操持本族语言的读者来说肯定就是鲜明易懂的；可是对于外国语言的翻译者来说——莫言老师也说过——他的作品几乎就无法翻译了。他的真实凝固了许多人类共有的、与社会，与家庭、友谊、恋爱相关的一些概念。《檀香刑》是一本以1900年为背景的小说，通过中国历史与文化的深刻反思，表明中国的传统现状与思想是可以克服西方无处不在的影响的。这是一种反对普遍主义、反对追求一体化的声明。像莫老师这样已经到达了事业顶峰的作家，选择了寻根，这就更加确定了大家公认的想法：中华民族的文明是无与伦比的。未来的自信会帮助中国人，让他们更愿意坦白和公正地面对过去。可以说作为一名公共知识分子，莫老师提前意识到这么一点。他的作品为国内和国外的读者展现了一种对待历史的新形象。中国作家和其他国家的作家、知识分子一样，对自己的读者，而且通过我们翻译者，也为其他国家的读者，扮演一种比较重要的社会角色。

接下来我想谈谈我的另一本翻译，就是《生死疲劳》。作家通过中国动物的眼睛，给我们讲了五十年的历史。小说主要说的是土地问题，在很多中国人已经离开土地，土地对中国人的影响已经减弱了很多的背景下，在我看来，莫老师给我们国内和国外的人一个重要的警告：就是在享受时尚经济的青年，你们千万不要患上对过去的一种健忘病或者健忘症，而且我相信他也在对只有经济与繁荣才能治疗一切的想法提出质疑。

我最近才翻译完的是《变》，这是一本很可爱的，有时候很搞笑的书，在记录中国的70年代人成长的日记。我希望你们能想到，我们70年代长大的西方人，特别是意大利人，那个时候，我们是在学校里静坐抗议，我们墙上挂的是毛主席海报，我们那个时候很严肃地认为，我们就是在搞正宗的毛泽东主义。我们现在看到《变》还会这么想吗？当然好多思想都是颠倒的，是我们当初乱想出来的，我们要感谢莫老师给我们重新创造了一个当时的中国青年的形象。

我现在正在翻译《蛙》，这是一本讲述中国计划生育的发展史的小说，我相信你们都看过了。作家在这个方面以第一个人称讲述我姑姑的故事，这位姑姑是一位妇产科大夫。通过她的经验，我们在小说中能看到三十年的计划生育工作中发生的一些故事。从作品中我看到了莫老师的一种批判，他讲述了一种民族面临的困难选择。我看过一些资料，在这个方面莫老师本人也说过，这部作品写到了忏悔—— 一个国家、一个民族的忏悔。我相信莫老师所塑造的中国人的形象会又一次给我们国外读者留下很深刻的印象。一直在批评中国计划生育残忍性的外国人可以看到真正的中国人的心理，可以看到中国人在最初面对这个问题时背后真正的苦难，看到中国人因此而为自己、为世界做的其实是一种相对合理而必要的选择。

总而言之，莫言和他的作品对过去的关注与阐释，可以视为他接受现代化的态度上的一个疑问，是他对现代生活所患的健忘症、对消费社会所带来的愚昧无知、自私的行为所做出的一种警告。在这个方面你们应该想起来，经济繁荣不一定意味着精神繁荣——这恐怕是两个不同的概念。国家的文化品牌，由各种各样因素组成的、通过文学所能达到的文化定型来塑造。而莫老师表达了一种对它的否定，而且把它的概念定义成极为重要的文化品牌工具。应该说莫言的作品对人们关注中国的文化定型的态度提出了很多挑战，让人们重新思考、重新塑造脑海里中国的形象。这就是文学作品在文化定型中的作用。

最后，再一次感谢中国人、中国作家、莫言老师与其他国家，帮助我们重新认识自己，而且帮助我们了解别人。谢谢大家。

主持人：谢谢李莎。李莎你准备了多少页？

李莎：六页。

主持人：我觉得很内疚，我们一看到意大利就想到爱看足球，爱吃比萨，你看她对我们中国人形象的研究，包括中国人在世界中怎么树立对自己品牌的关注，都是非常认真、透彻的。我们谢谢李莎好吗？非常感谢。今天发言本着一中一外的原则，陆老师是中国人，但是主要研究外国文学，所以我们先请李洱老师。我们现在活跃一下气氛，刚才莫言老师是即兴发言，李莎老师是有备而来，李洱老师发言以互动的形式好吗？

我这儿收集了很多问题，你有机会问第一个问题。

观众3：李老师说："写作就是杀死自己，让别人来守灵。"怎么来理解这句话？

李洱：把自己最困惑的一面写出来，最迷茫的那一面写出来。我觉得作家写作就是寻求对话的，把自己的弱点暴露无遗。读者看作品的时候，总希望从作家那里得到某种情感的教育。但是实际上读者读作品的时候，也能够给这个作家一些安慰。因为当作者创作一部作品时他是非常空虚的，写完之后更加空虚，他希望从读者那里得到一种反馈。而任何反馈对他来讲都是一种安慰。所以我觉得作家实际上是一个非常虚弱的人，现在的作家跟托尔斯泰那时候的作家，跟巴尔扎克那个时候的作家不一样了，那个时候的作家认为自己的手里有真理。但是当代作家手里没有真理，所以我常常感觉到，我说用"守灵"确实有点夸张，我觉得写作确实是一种对话，而为此把自己最困惑的一面拿出来，为此把自己对生活的不解，虚弱的一面呈现出来，然后达到一种安慰，这就是写作的要义。所以才说作家把自己杀死，让别人守灵。我觉得守灵的过程就是在比较沉默的状态下的一种对话关系。

主持人：我觉得守灵还不够，还应该盗墓，看这里还有什么空间可以挖掘，我们还要考察，看不同时代作家留下的印记，这样才够。还有没有愿意对话的？

观众4：李洱老师您好。我以前看过您写的《喑哑的声音》和《平安夜》，这好像都是根据外国文学作品改编的，像《平安夜》是不是改编自《金玉良言》？像您写的很多作品都会改编自其他人的作品，我想知道为什么？

李洱：谢谢。你说的这两个作品，就是《金玉良言》这部小说和《带小口的女人》，我都看过，但是我不认为我是改编于他们。我写的《喑哑的声音》是一个真实的故事，是一个电台主持人的故事，我确实参加了一个女主持人的节目，在对话完之后，我觉得这是一个很好的小说，我回来就写了，而且是一气呵成的。

《平安夜》的故事也是那天，我不知道平安夜，我被人请去参加平安夜活动，我在那个活动报亭门口跟那个人说话，我觉得是一部小说。但是你刚才讲到《带小口的女人》和《金玉良言》，我认为都是经典小说，你仔细看它们其实还是不一样的，里面涉及所谓第一世界，第三世界，东西方的，以及包括性的一些东西，以及包括在巴基斯坦的一些，就是作者善于处理的主题，他的主题更大，我的主题稍小一些。如果我模仿他的小说的话，我会写得比他还好。

主持人：李老师先写《喑哑的声音》，后认识我的，所以我在采访的时候也问到这个问题，为什么会写电台里的主持人。

李洱：我是前两天跟一位英国汉学家聊天的时候，他突然跟我讲一个故事，讲到一半的时候我说这是非常好的小说，但是我不知道你下面怎么讲。虽然他是翻译家，但是他本人不知道这是一本非常精彩的小说。

当我回来之后，把这个翻译家的谈话整理出梗概的时候，我发现这个跟某个故事非常像。我们现在说生活模仿艺术，实际上这没有模仿关系，只是有一个前后关系，我们看成是一种因果关系，其实不是一种因果关系。

他讲的故事跟我以前看过的故事非常像，但是主题也有不同。主题的不同在于我们生活的不同的时代，就是故事中某一个元素的悄然的变化，比如说位移或者变动，整个故事的主题、情绪、色彩都会发生很大变化。但是从整体上来看，它确实跟另外的故事非常非常像。它也从某种意义上说明一个问题，就是作家的创新，我们十七届六中全会提到文化的创造力。这种创新形象非常非常困难。就是你在不知道的情况下前人已经做出了非常精彩的工作，你所能做的好像就是在前人的基础上做一点改编，而且这种改编你自认为是很大的创造，实际上前人已经做过。我觉得这也是作家的一种悲哀。

主持人：所以作家只好杀死自己，因为这是一件很辛苦的事，至少能杀死好多脑细胞。我可以举一些例子，在影视作品当中，大家看《英雄》，如果你没有看《罗生门》，你可能会觉得《英雄》就是《英雄》，你看完之后会觉得很像，它们有一定关系吗？不一定。还有《秦腔》像《失去外套的人》，你会发现里面有一些线索性的东西是很像的。我们突然想创造自己内心的感觉，突然你感到有人跟你很像，我们是避免重复，还是照着自己的东西去做？我想作家还是去做，因为自己想表达。

有一位读者问到，《喑哑的声音》等都提出知识分子的形象，说“知识分子”这个词在今天是不是已经过时了？因为现在不光提得少，而且现在很多大学毕业的人考虑的不是为社会做贡献，是社会能让自己得到什么？所以一会儿大家都可以回答这个问题。

接下来我们隆重请出陆老师。您曾经讲到过外国文学里中国人的形象。外部世界怎么勾画我们中国人？是不是像李莎刚才说的鬼鬼祟祟的，让他们觉得很恐怖的那样的形象？还有什么样子的，有没有让我们高兴的？

陆建德：我想刚才李莎女士的发言很好，里面说到一个词，叫“定型”。这其实就是一个比较刻板的形象。一方面定型可能是对我们走出去是有帮助的；另一方面我们也需要打破定型。举个例子，比如说有一个意大利人，有时候他不一定特别喜欢吃比萨饼。他知道中国人喜欢把意大利人都想象成喜欢吃比萨饼。他看到中国人喜欢吃比萨饼，他就吃比萨饼。我们就会觉得这人太累了。偶尔会有一些想象的，其实这个想象也跟我们自己的想象是有关联的。刚才两位作家讲得非常好。

我觉得中国改革开放以来的作家，或者是中国新文学运动以来的作家，其实跟外国的文学关联特别紧密。所以今天到清华来很高兴。因为清华原来的外文系出过一些非常优秀的作家，像我在社科院文学所或者外文所的同事，比如像杨绛先生，她的先生是钱钟书，他们都是外文系学生，但是他们对中国新文学的产生非常大的。

我觉得外国文学给中国新文学很多很多的推进。有一点好的是什么呢？从新文学运动以来，中国最优秀的一些人物开始进入了文学创作的领域，尤其是小说的创作。因为传统中国文人一般是写诗或者写文章的，小说创作往往有集体创作的痕迹。也有一些是读书人单独创作的，比如说《三国》或者《水浒》，但是这个读书人并不一定是当时优秀的人物。现在有一个变化，就是现在非常有才能的文人，他们开始转向小说。因为小说是对我们的想象，还有我们自己的人性，最好的一个探索工具。如果这个工具本身是很不行的，最终关于中国人的想象肯定也是不好的。

我们这个工具现在变得大大丰富了，我现在甚至觉得，我们看2011年的小说，然后我们再比较一下，比如二三十年代的小说。我觉得我们现在的小说所呈现的人性的多样性的途径要比那个时候丰富，也可以说中国当代小说创作的成就，可能根本不低于二三十年代。不过我们总是会觉得祖上是最好的。实际上我们现在看一下，不一定。

我举个例子，我就觉得那个时候也有一些作家他们自己觉得对外国文学很了解，他们也做过一些小量的翻译。实际上他们对外国文学的思考，我觉得不一定像现代、当代中国作家这样。我知道有好几位中国当代作家，他们读外国文学史是很深的。读外国文学史有什么好呢？就是可以培养创造性的思维。他在看人家怎么讲故事，通过人家探索的手段来丰富关于中国人的创造。我觉得这方面做的工作是非常多的。

关于中国人最终会怎么样的问题，我觉得外国人怎么看并不是很重要，要看我们现在自己怎么创作自己。因为在八九十年代中国作家很少走向世界。当时你生活在中国，认为中国是没有文学的国度，如果你一定要生活在纽约、伦敦、巴黎，你可能有一些优势，然后会考虑是不是把你的作品介绍到外国出版社。现在不是这样了，现在国外对中国作家非常感兴趣。因为他们突然发现了与他们预想的完全不一样，又如此丰富的一个世界。因为中国作家不管写到像性的话题，甚至是政治的话题，这种方面的大胆程度远远超出了外国汉学家的想象。所以在这点上对他们来说，我觉得也是一个惊喜。

但是我想中国人的形象是在不断变化的，我们千万不要觉得我们用文字下来了就是固定的。文字写下来的东西需要我们不断去进行重新的阐释，重新的发现。有很多非常好的文学作品，它总是在突破，在重新发现的过程里面，它通过跟后人的谈话，跟后面一代一代读者的谈话，来使得这个作品慢慢变得更加丰厚。

刚才李莎女士讲到莫言在《生死疲劳》里用了动物的眼光。这个非常好。我们不是从自己固有的眼光，而是换一个动物的视角来看这个世界是怎么样的，我自己可能是怎么样的。这样的话我们会看到呈现出来的东西是多维度的。对于中国传统文学，我有一点不成熟的想法，比如我们看《楚辞》这样的作品，我们觉得诗人很自信，他觉得自己是最美好的，世界是黑暗的，自己与世界是处于对立状态的，他从来没有自我怀疑。但是现代中国文学里有一点，我觉得是激发了我们巨大的活力，就是我们大的声音开始变得不确定了，我们开始有自我怀疑了，有自我审视了，我们开始引进不同视角，我们从不同的方面来讲同一个故事，然后留下了巨大的空间，这个巨大的空间要我们自己，要读者去发挥自己的想象，去参与，而且这个参与是一个价值的建构。就是我们认为这个事情背后好不好，我们应该怎么样把这一片一片的碎片串起来，串起来之后我们会得到什么样的教益。

前两天我碰到一个很小的事情。自己在遛狗的时候，做出一个样子，好像要打这个狗，旁边一个小区清洁工说不要打狗。我一听非常震惊，这是我们社会里非常新的东西，原来我对这个声音不熟悉，但是现在这个声音切切实实在我耳边响起，我突然觉得我的行为不大好。

所以讲开去，我在1969年的时候记得我家邻居养了一条狗，街道派出所说不能养了，都要自己处理掉。我的邻居就把那条狗打死了，然后就烧了一碗肉分给了邻居们。我现在想起一件事情就觉得特别不安，就是当时有个小朋友眼睛哭得红红的，他非常非常难过，他非常痛苦，因为是他父亲把这只狗杀了，而且烹饪了。我如果现在写的话，我就会换个视角看待我自己，我会认为当时太暴力了。但是这样的成长太慢了。

像鲁迅的《伤逝》，涓生养了一条狗，生活条件不好，他就把这个狗扔到野外去了，后来这个狗又回来了。鲁迅先生是不是对这个问题很敏感呢？如果不敏感的话，这背后又说明了什么？我们是不是来重新审视涓生的行为呢？这样的话我们再来写小说的话，也会写出跟鲁迅先生的对话。其实我觉得中国当代作家面临着一个巨大的挑战，就是我们的社会变得很快，这种变化关系也是非常微妙的，做文学批评的人就是要把这些捡出来看。需要跟像鲁迅先生这样伟大的文学家展开对话，对话的同时也应该有批评。谢谢。

主持人：陆老师，我要是早听您说，把这个话摘过来，用作主持的串词就非常好。以前记得鲁迅先生说过，救救孩子。我现在记住清洁工说不要打狗，这里都有悲悯和关怀。

观众：主持人刚才引述说：小说是一个民族的秘史。我记得有一句话说过，我们为什么还写不出更好的作品，是因为我们感受不到痛苦。就像俄罗斯民族把一个民族的苦难列为丰碑纪念起来，让世界人民去凭吊。我想请教这样一个问题，我们今天这些孩子都是“80后”“90后”，在这个时代转型期过程中，有人说这是一个产生伟大作品的时代。我们感受到的层出不穷的刺激人的新闻事件都超过了好莱坞编剧的虚构。我们的文学作品是否面对时代？充满现实质感的作品怎么去呈现它？在叙事比不上电影的宏大，长篇程度比不过电视剧，甚至在虚构程度比不上文学作品的时候，文学作品的边界在哪里？作为严肃意义上的作家，你们认为是否有一种自觉的意识，认识到中国传统文学这种文以载道的现实主义传统的召唤和复归？

李洱：我觉得这位朋友应该当足球比赛的现场的主持人。

主持人：对。

李洱：在你的气势如虹的问题面前，我觉得自己的回答有一种发自内心的孱弱。你提的问题也是作家的困惑，也是批评家的困惑。现实如此精彩，人们经常说现实大于虚构，现实大于文学。在这种情况下作家的写作还有没有意义？作家能否写出跟现实生活一样精彩的小说？其实这个问题可以说最近十几年来，90年代中期以后不断地困扰了当代作家和当代批评家。也可以说只有在90年代以后，中国作家才会遇到如此现实的问题，以前没遇到过。但是我们可以从历史中寻找答案，或许我们找不到答案，但也是一种尝试。我经常说一句话，我说曹雪芹如果生活在这个时代，可能会比我伟大，但是不会比莫言更伟大。这话可能有点大。这个时代产生不了《红楼梦》。为什么呢？我们想一下，在曹雪芹写《红楼梦》的那个时代，整个中国文化发展到滥熟地步。我们的价值观念是如此的稳定，非常非常稳定。我们的儒、道、释，它们所形成的基本的结构，文化的结构是一致的，非常非常稳定。稳定到什么地步？稳定到整个社会的价值观念，就像贾府门前的石狮子一样，非常非常稳定。那个社会在发生变化，但是远远没有我们今天的社会的发展的变化如此剧烈，就是说在清朝的那个时候，或者说在曹雪芹生活的时代，曹雪芹以前生活的时代，所有人对这个世界，他对这栋房子，他对一个广场，所有的世界在他脑子里面形成了一种形式，赋予它某种形式感，这种形式感几乎天然地进入了曹雪芹他们这些人脑子里边，他把它写下来。

我们可以再想一下，一个小男孩儿进入青春期以后跟一帮丫头打交道的情节，相对起来是好写的。我们也再想一下，相对起来比较好写的一部小说，曹雪芹却没有写完，为什么？在我看来是遇到了大问题，我们通常说因为曹雪芹吃不饱饭，所以他病死了。我认为这个解释是非常牵强的，因为曹雪芹不知道贾宝玉长大之后怎么办？像他爹贾政那样一样当官吗，他不愿意。如果像他爹一样当官，这部书毫无意义。让他当和尚吗？曹雪芹不愿意。那么对以前的中国男人来讲，他要么当官，他要么当和尚，那么这两条路都当不成，他怎么办，曹雪芹无法回答，无法给自己如此心爱的主人公解决问题。当然还有一条路，让贾宝玉走向西门庆的道路，当然他有这个条件，曹雪芹也不愿意。那么曹雪芹就遇到了一个问题，这个大问题就是他不知道如何解决贾宝玉长大之后怎么办的问题。也就是说他无法写出一个人，一个具有非常丰富的文化素养的这样的一个人，他长大之后如何和世界面对的问题。那么这个问题留给谁？在我看来曹雪芹把这个问题留给了当代作家。就是说，当中国作家吸取西方文化，吸取中国古典文学，各种各样资源进行综合之后，他必须让他的主人公面对这个如此复杂的世界，这个世界所有的作家，无论是西方作家还是中国作家，从来没有给中国当代作家提供一个摹本。所以中国当代作家在面对这个如此复杂变化的世界的时候，我认为他犹如孤儿。这个写作因此变得困难重重。困难之大远远超过曹雪芹，超过卡夫卡。我们要知道卡夫卡，当他写这个《城堡》的时候，他写不完是他不知道主人公进入城堡之后怎么办？当公务员吗？不知道。曹雪芹是不知道贾宝玉长大之后怎么办。我认为这两个问题是卡夫卡留给西方作家的问题，主人公进城堡之后怎么办？中国作家是贾宝玉长大后怎么办？现在这两个问题像两座大山一样压到了中国作家身上，中国作家对这个问题只能陷入漫长的、痛苦的思索。目前没有答案。

主持人：时间是个问题，你就想A当官，B和尚，C西门庆。

观众：我问一下李莎，您说通过莫言老师的作品，中国人可以看到过去，外国人可以看到未来。这句话我不太理解，我认为是不是这样，中国人通过这个作品了解了真实的中国的过去，外国人了解了过去的中国？

李莎：我认为中国人看到过去是看自己的过去，但是外国人看到未来是看大家的未来。因为莫言老师给我们提的疑问，他给我们提的警告，是大家要面临的问题。就是说，过度的现代化，过度的只有对经济的信任，过度的对世界发展的快速的信任，是我们全球所要面临的问题。我们不要以为就是因为有钱，我们的脑子、我们的精神突然就繁荣起来了。这两个概念是不一致的。所以我认为外国人看到未来，就是看到大家的未来，包括中国人和我们自己外国人的未来。这个警告是大家所应该思考的一个问题。

观众：我问一个简单的问题，台上几位作家和翻译家，你们的书我也看过，我也读过鲁迅的文章，也读过金庸，包括琼瑶这些书，我刚才看了简介，就是莫言老师的一些作品都是写乡土的。我是想问一下，您有没有转向城市文化的描述？或者从事这方面的写作，对年轻人起到一个引导的作用？

再问陆先生，你刚才提到狗，然后我就想到熊猫，它们之间的差别，是不是也可以很好地去写？

莫言：我更愿意回答狗跟熊猫的差别，而不愿意回答城市和农村的区别。

主持人：这是不是就是城市跟农村的差别呢？

莫言：挺像的。前不久我跟陆建德老师参加了中国高层文化论坛，我最后一个发言，我说荷兰大建筑家设计了这么多有名的建筑物，但是我觉得你在中国设计的中央电视台的大裤衩就很奇怪，我想问一下你设计这个大裤衩的理念是什么？你这个建筑造型，你到底想没想过会让中国人产生什么样的联想？好像他也是顾左右而言他。我当时直接表示对这个建筑物不喜欢。这个设计师说，我相信你总有一天会坐到这个大楼里做节目，那时候你会感觉到它里面还是充满热情的，有很多公众的活动空间。实际上这也是一个城市的话题。城市是很多人向往的地方。我还接着发言，说在过去看来有很多悖论的地方，就是乡下人纷纷想进城里去，从县城，到大城市。而城里的人，尤其是城里的有钱人，和那些虽然没有钱，但是很赶时髦的年轻人，反而都想到乡下去，到那里买地，建别墅，建四合院，即便建不了四合院，也要在周末去下乡采摘，去享受一下原始的自然生活。这是一个悖论了。

在城市建设当中也充满了更多的悖论，一方面充满了很多仿古的建筑，一方面也充满了很多崇洋的建筑。同时在建筑过程中有出现了许许多多观众瞩目的现象。最后我总结了一点，我说说多了也没有，将来中国一旦实现了这么现代化，我们会上的问题就可以解决。我希望出现一种什么现象？第一，就是让乡下人生活得比城里人更美好。第二，我希望穷人，或者说没有钱的人比有钱的人，比富人生活得更轻松。第三，我说我希望让老百姓生活得比当官的更自在。我们可以利用税收，法律，各种各样经济杠杆和政策的法律来实现这三条。这三条如果实现了，什么城市拆迁问题，包括我们文学中很多面临的困境都可以得到解决。

至于我为什么长期写农村题材？因为我生活在农村很多很多年，对农村很了解。正像整个社会都在发生变化一样，正像我们城市与乡村的差别逐步缩小一样，文学里农村文学和城市文学的界限也逐渐不清。因为文学不是写城市的，也不是写乡村的，也不是写苦难的，它根本的讲是写人的。写到人我觉得就实现了最高的理想。

陆建德：其实不是就着狗和熊猫来说，最终还是要回到人身上。我刚才说到1969年，那时候对狗是不在意的。那个时候我是生活在浙江杭州，来了大批的安徽流民，那里有灾荒来要饭的，但是没有媒体关心他们，城里人对他们也是不关心的。我觉得现在一个巨大的变化是什么？1969年到1978年，1978年是伤痕文学，在伤痕文学里可以看到自我怜悯的感觉。就是觉得他生活在农村是不对的，而绝大多数农民生活在农村是命运规定的，所以他们主要想自己离开农村。但是这个情况很快就发生变化了。因为现在我们看到很多作家，其实他有着农村生活的深厚背景，他就看到原来那种简单的城里人，居高临下地去写乡下的态度不可取，所以有了变化。这个变化还是跟狗有一定联系的。狗跟熊猫我们不去管它，我们现在人工养熊猫是不是钱花得值，这个不论它。但是有一点是应该肯定的，就是动物在我们面前是弱者。所以曾经有一个英国作家写《动物的活体解剖》。他说我们如果对弱者是这样的话，那么有一个种族他认为比我们高级，他也可以把我们来进行活体解剖。他最终实际上牵扯到你怎么看弱者。我们如果把弱者这个观念融进去的话，我们这个社会还是有很大不一样的。当媒体开始关注很多弱者，作家开始通过作品让大家认识到，原来这种城乡的对比，我们可以考虑自己做得好不好。所以一下会发现我们可以讨论的问题特别多，而且要进入的深度也相当可观。讲到狗最终还是要讲到社会，一个社会怎么样才是公平，怎么样来理解，刚才几位都说到了，就是超越一个地方，超越一个时间比较带有普遍性的人性，这种人性永远靠作家和大家共同来抒写，共同来评说。

主持人：说到这儿我也要插一句，因为像莫言、李洱，还有很多作家走进我们中国国际广播电台的节目，我有感觉，就是今天的年轻人，我们一般的年轻人大家关注的是务实的东西，房子涨价了，女朋友难找了。但是看书的话，会发现中国的现实不是我们眼前的那一小块，大家在看过这些作品以后，你会理解那个时代有什么样的苦难，你会看到今天生活在城市和农村都有一些处境很艰难的人，你会变得更有责任感，你会觉得今天所获得的条件已经是很多人不具备的。当然不是说知足，而是说懂得去运用今天自己的条件，然后做更多的事情，而且你也会知道有很多人，也许对你来说他们是弱者，你有责任让他们变得更好。

这个小姑娘是今天最小的观众，只有十二岁。你先自我介绍一下，然后说说要问什么问题。

观众：我是实验中学初一年级的学生。其实文字的力量很强大，如果刚才主持人姐姐不说我十二岁，可能你以为我七岁，我们班同学都说我像七岁的，可能个头儿比较矮。我的问题有两个：当我们在看一本书的时候，离我们最近的到底是谁？是那本书的主角，是这本书的作者还是我们自己呢？

莫言：当我们读一本书的时候谁离我们最近？我觉得还是我们自己离我们最近。因为我觉得我们看起来是在读书，读故事，读小说这些人物，当然也在读读者，当然最终还是在读自己。因为一本书之所以是一本好书，一本书之所以能够打动我们，就在于书里面的描写勾起了我们的记忆。我们从书中所描写的人物身上，从人物的命运和心理活动中感受到了我们自己，回忆了我们自己过去的岁月，回忆起了我们当下正在遇到的困境。因此我觉得读书是读自己。

所以读书也是离自己最近的一项文化活动。

主持人：你满意这个回答吗？

观众：谢谢莫言伯伯。

李莎：我有两个办法，比如你看的书，有的时候你在书上找到自己。或者有的时候你在书上找到一个离你很远，但是启发你的好奇心的观念。这样的话你在读完这本书之后，你自己会产生一个新的想法，你的脑子就变成三层、四层的，通过这个离你最远、最远的人物，你可以重新看到你之外的世界。你在看书时最不喜欢的是那种中不溜的，又不太靠近自己，又离你也不远的，你会发现往往你不喜欢看那种书。有的时候你觉得这个人怎么做这种事，我从来没想到，我也要去试一试，这也是一种方法。如果你觉得让你一点烦心都没有，也不会考虑，反正你觉得就是没感觉，这本书你就不会喜欢了。

陆建德：我觉得这里面，一个是有我，一个是无我。因为我们看一本好的小说的时候，我们无形中一直受到挑战，我们无形中总是觉得我的同情心可能在哪儿。我不是说好人、坏人。因为我们无形中在做这个判断。有些不好的书我们看一下就扔掉了，我们觉得这个主角特别自恋。90年代的时候，我们好像有小量的作品有一点是这样，就是很自恋的叙述，这种我们不一定会很喜欢。但是真的是碰到好的小说，就像莫言和李洱的小说，我们拿起来之后，实际上我们是不断被要求做判断的，如果这种小说简单地作为一个电视作品，很快地读是没有印象的。我发现一本好书读完了以后，自己跟原来有点变化了。看一部好的电影和读一本好的书都是有这种感觉。因为我们始终都是参与者，把自己的成见打破了，进入了一个新的境界。

但是读书也不需要这样的东西，就是你碰到的书里呈现的世界是你不知道的或者特别新奇的，就是尽量把你已经形成的固有的自我去掉，降到最低的程度来看。我假定我完全换一个角度，我完全换一个人，我来看看这个作品里面怎么样。设想，比如我是一个非洲人，然后我怎么样怎么样。这里也会有很多收获。

有我之境和无我之境都是需要的。读所有人不能说都是自己，因为有些书是意志性比较强的东西，是我们比较陌生的东西，这种东西就要有一种谦卑的东西，就是把我自己去掉。

李洱：不能给小朋友太多答案，不要让他选择，刚才他们答得都很好。我是觉得刚才陆老师讲的狗的故事，引起了我的一些想法。我讲一下，刚才你讲到涓生把狗扔掉，扔完之后它又回来了。在河南三门峡去年发生了一起有趣的，不能说“有趣”的，因为这样说太不道德了，发生了一起凶杀案，在富人的别墅区发生了一起凶杀案。最后发现了一个奇怪的现象，就是养藏獒的、养德国黑贝的业主，他们被杀了。而养中国土狗、草狗的没有被杀。最后警方进行了调查，最后抓到一个人，这个人后来承认是他把那些业主杀了。但是在这个时候，在三门峡的另一个小区又发生了一起案件，这个案件跟这起案件的手段都完全一样。这时候警方认识到，不是这个人杀的，最终抓到那些人。凶手做出了解释，为什么养藏獒的、养黑贝的业主被杀了，而养中国土狗的、草狗的业主没杀呢？他讲了一个事情，这个事情让人震惊。他说狗现在已经不把自己当狗了，狗已经具备了一种深刻的自我意识，这是我的话，这不是凶手的话。就是说狗现在认为自己是商品，在中国当狗很小的时候就被买走，它把自己当成尊贵的商品了。在商场买小狗的时候，你要在狗的脖子上敲三下，因为它带了链条。原本这个狗忠诚于邱晓雨，但是当陆老师在这个狗脖子上敲三下之后，这个狗的忠诚瞬间改变，它不再忠诚于邱晓雨了，而忠诚于陆老师了。狗从生下来就知道了自己的商品性。而土狗没有人买，所以它们还没具备商品性。当这些凶手去杀人的时候，他们在狗脖子上敲三下，因为这些狗认为在别墅里酣睡的主人把它们卖给这些凶手了，所以在杀人的时候这些狗不叫了。而这些土狗不一样，当你把它的内脏取出来它还会发出嚎叫。

当我知道这个故事的时候非常非常震惊，当狗变成商品的时候，这个狗非常聪明，它是一代一代，在中国狗的传承过程中，慢慢地形成狗文化了，它不把自己当狗了，我觉得这个过程可以说明中国目前现实的一种非常巨大的变化，这种变化确实超出了人的想象。所以我说当涓生把狗扔掉之后可以放心了，现在这个狗不会回来了。

主持人：听上去很悲凉，就是说商品化的大潮中，狗都知道自己是商品了。其实在这当中人也会被异化为商品。我问一下小朋友，对答案满意吗？

观众：非常感谢给我四倍答案的优惠。

观众：感谢这个机会。我想陆老师说狗的问题，您刚才说人性越来越关注怜悯、同情心在这方面的发展。我老有一个感觉，就是在我们越来越有同情和怜悯的时候我们会越来越敏感，越来越软弱，会有越来越多的妥协，当我们什么都不知道的时候，什么都不想的时候，这个人会很有力量，会做出很多绝不回头的事情。我们说人文方面很大程度上是去理解，去沟通，去妥协，我不知道哪一种更积极一点？老觉得我们有很多怜悯以后，我们会变得非常无力。我不知道这是人性的进步还是衰弱。说到历史上的话，在文学艺术特别发达的时候，这样的民族和国家反而非常容易衰亡，比如说像宋朝被游牧民族入侵。

陆建德：我想真正好的文学，它是能够把自己当作对象，是有变化的。我觉得看是不是强大的，这背后不是一个简单的结论，而是把我们引入一个艰难的问题，但是这个艰难的问题总是在那里，我们大家总是在那里探讨。这就是为什么文学是生生不息的，文学不会给我们一个简单的答案，最后大家都像秦始皇一样了不起。它总是还有背后的一面，就是那一面，比如我们说是温柔的一面也好，是妥协的一面也好，但是那背后有一种怀疑的精神，那种怀疑的精神也往往是人性非常动人的表现，我觉得那个还是应该存在的。

观众：我想问一下关于中国人的阅读习惯的问题。我以前看过一篇文章，大致就是说德国人的车站摆的都是德国人得过诺贝尔文学奖的作品，但是中国车站摆的都是时尚杂志什么的。所以我想问一下各位老师是怎样看待这个现象的？

莫言：像我经常会收到《新旅游》《时装》，是我女儿订的，也看过，我看风景的确漂亮，现在刊物做的彩色插页真是让我大开眼界。你提的这个问题，是不是跟中国人、外国人的乘车环境有关系？中国乘车环境那么挤，别说看经典作品，看时尚杂志都不可能，只能拿一个小手机在那儿看短信，看手机上的小说。这个我觉得不带普遍性。这个提问的人可能是看到极个别的现象。因为我们去国外，坐过他们的电车和地铁，也未必像这位朋友所说的，捧着一本经典在那儿读，没那么回事。我也相信在中国的火车上也会偶尔碰到捧着一本《红楼梦》的人。

主持人：我们对外国人的理解，也是局限于一些已有的形式当中。下面可以提最后一个问题。

观众：首先这是一个商榷，而不单纯是一个问题了。因为刚才有同学问到，他觉得需要有力量的文化，而不是说怜悯的，才使中华民族更强大。陆老师也说出了一个让我很欣赏的文化。宋朝的作品比较多，审美是偏弱态的，这种审美不能带来真正的强大。

非常感谢主持人给我最后的一个机会，我今天有一个任务，虽然跟第一个提问的问题类似，但是我跟他的调性不一样。大家知道莫言老师在领茅盾文学奖时说，匹配这个时代的作品还没有出现。刚才李洱老师已经主动回答了这个问题。因为我有这个任务在，而且我也非常想听到口出此言的莫言老师，是否也有这样的想法。能否给我们一些惊喜和小小的差异？

莫言：你讲的悲悯文化和强大文化，实际上我觉得宋朝有豪放派和婉约派，包括辛弃疾和李清照本来也有两面性。文学艺术和一个民族对外的或者外交的一些政策并没有太直接的关系。关于伟大的时代没有伟大的作品，这也是近些年反复提到的话题。我们这个时代到底是什么样的时代？前不久我参加了纪念狄更斯诞辰二百周年的活动。我记起，狄更斯《双城记》开篇有一段话，这是什么的时代，破坏的时代，也是一个建设的时代，这是一个混乱的时代，也是有志趣的时代。苏联的作家写《鱼王》在结尾的时候也罗列了一些有对立、矛盾的话语，也是描述他所处的那个时代。

不过想一下这两个作家在开篇和结尾的地方，关于他们时代的矛盾的叙述，也完全可以移植到我们用来描述我们今天所处的时代，我们可以看到像杜甫所描述的“朱门酒肉臭，路有冻死骨”的这种现象。我们也看到刚才我讲过的城里人想到乡下去，乡下人想到城里来。我们看到有的人因为住的房子太多而发愁，有的人可能因为买不起一所蜗居而痛苦。我们看到有的人面临着好几个好职业而在痛苦地选择，我到底该去人事部呢，还是到底该到哪个大学里去，那我们也可以看到好多大学生在各个求职场所愁眉苦脸地来回奔波。这种对立的矛盾的现象比比皆是。我想在这么一个社会，我们还要发现这个社会的主流，什么是这个社会的本质？对于作家来讲我想社会上发生许许多多的，林林总总的各种现象，确实令他眼花缭乱。但是记录这些眼花缭乱的现象并不是一个作家的职责。记录这个社会发生的各种怪现状也不是作家的职责。过去有作家写《二十年目睹之怪现状》，按照鲁迅评价这不是一部上乘之作。有些依靠猎奇，或者把展示奇怪的、奇特的奇文轶事作为自己小说主要内容的作家，我想并不是一种高明的写作方式。我想真正的写作还是要排除种种迷云浮雾，看到社会真正的内核。我们要排除眼花缭乱的现象，来看到社会的本质。这个社会的主要矛盾到底是什么。我想时间有限，我也无法展开讲。

对于一个作家来讲，你可以偏执，你可以有明显的立场，但是我想在写作的时候应该克服自己的偏执，应该压制自己过于鲜明的立场，应该站在相对高的地方来看待这个社会，看待这个社会的形形色色。我们当然要同情弱者，我们当然要同情穷人，但是富人是不是人？我们一看贪官来就咬牙切齿。但是我们站在一种文学的角度来看这个问题不是这么简单，贪官是不是人？我们对他们这种愤恨的，要处以极刑之极刑的情绪，是否符合所谓的普适价值？我作为一个愤青，我在网上怎么发泄都可以，都不过分。但是作为一个作家，也把这样一种愤青的情绪移植到作品里去，势必会大大地影响你这个作品的艺术价值。

所以我觉得我们这个时代，到底是不是一个伟大的时代？我想每个人都有自己的判断和答案。但是总而言之确实是一个波澜壮阔的，空前绝后的时代。在这样的时代里面作家可以写出伟大的作品，因为这样的时代为作家提供了巨大的可能性。因为在这样的时代里面人的丰富性得到了最强烈的、最集中的表现。就是说具备了产生伟大作品的物质基础或者资源基础，剩下的我想就是作家的胸襟、气度和才华。我觉得我们现在肯定是应该谴责自己，过去我们经常听到老作家抱怨，他们没有写出伟大的作品，因为时代的外部政策的限制。我觉得我们现在应该从自己身上来找原因，你不能怨这个社会没有给你提供，应该怨自己。或者我们没有才华，或者我们没有理论和思想的道路，或者我们本身的人格有缺陷，所以影响了我们写出伟大的作品。当然我想中国有这么多作家和正在成长的作家，社会上的伟大作品总会出现的。

陆建德：莫言刚才说的是什么？是一种不自欺欺人的非个人性。我认为巴尔扎克小说写法国社会这么好，他不是一直在抱怨，是一直在找一个理想的批判对象，然后叫口号，他有一个巨大的非个人性。这个在当代中国作家身上也看到了好多，正是这个态度让我觉得我们会看到伟大文学的问世。同时我也相信伟大文学不一定要有特别强的视觉性，因为平凡中见真实。好的作家不但在这些方面把他们的眼光显现出来，我觉得也是正在做这样的事情。所以我们不必心急，这个时代一定怎么样，一定要写大题材，不一定要写特别大的题材。

另外，不要再回到90年代，那是自我关注的文学，自我关注的文学就达不到刚才莫言所强调的那个境界。所以我们大家都是在等待着。

主持人：其实非常期待，我知道清华的工科很牛，文科也很牛，我的节目叫《全球名人坊》，希望有朝一日能采访你们当中的某一位。或者这么说，你们也许不是有名的作家，也不是作家，但是我们谈到的这些心得，包括思考的习惯，包括一些在日常生活中我们不太想的境界，我真的希望大家在平时也可以想一想。还可以跟大家沟通一件事，就是所有提问的朋友，今天大家没有问到的，我们在采访之前，不管采访哪位作家，会在微博贴出来一个帖子，如果你们问题发进去，我会争取去采用，你可以标注是在清华听过我们论坛的，或者是凤凰书友会的，或者是来到现场的听众，我会优先照顾。今天特别感谢大家。

我们在结尾的时候，时代论坛会送出八年论坛的精华内容，还有时代华语出版社送的是来自索尔仁尼琴的书，我们环球广播所能做的就是把今天做的谈话做成一期最好的节目送给各位。非常感谢。刚才提问的朋友是可以获得我们图书的奖品，而且也可以关注《环球名人坊》的图书，为我们呐喊加油。谢谢！

【点滴感悟】

文学的殿堂并非高不可攀。生活在这样一个波澜壮阔的时代，我们已经拥有了创作出伟大作品的几乎一切元素。天时、地利，甚至人和都已具备，我们只消等待着能将这三者熔为一炉的伟大作家的出现。既然时代没有辜负我们的文学，我们的文学也定不会辜负这时代。

（生01　孙笑尘）

正如莫言老师所说，文学的根本目的在于写人，读书或许就是在读我们自己，每一次看书中人物一点一滴的情感起伏、人生波折，我们都会从中找寻与自己相似的经历，试图收获感同身受的微妙体会。很多人说文学是没有实用性的，读了再多的故事、见识再多不同的人生似乎不会让我们的生活发生多大的改变，但却在潜移默化中影响着我们看待世界的角度，对待身边事物的态度。

（英11　邹碧瑶）

幸福的路上

【嘉宾介绍】

毕淑敏女士，1952年10月生，山东人。从事医学工作20年后，开始专业写作，因而作品大多与医学有关，是国家一级作家和中国作家协会会员。代表作品有《红处方》《血玲珑》《花冠病毒》等。作品《我的五样》《我很重要》等被选入中小学教材，在塑造青年学生的人生观、世界观方面起到了很大的作用。鉴于其文学与医学的双重人生经历，毕淑敏女士又被称为“文学的白衣天使”。

【策划手记】

毕淑敏女士之前曾做客“时代论坛”，用贴近心灵的语言引领同学们发现幸福，享受幸福。其新作《花冠病毒》的出版问世又一次给在学术与社工、科研与时尚、爱情与失意间奔波的清华同学们带来了丰厚的精神食粮。这是一本以灾难为主题的小说，同学们又能否品出其中幸福的元素，收获那份感动？在得以放手追逐幸福与快乐的大学时光中，毕淑敏老师又会给我们什么样的建议？我们时常会问：什么是幸福，幸福在哪里，生理上、心理上、精神上的幸福又都如何获得？是什么截断了我们通向幸福彼岸的桥梁，又是什么麻痹了我们感知幸福的敏感？

毕淑敏女士的作品醍醐灌顶——“幸福不喜欢喧嚣浮华，常常在暗淡中降临。贫困中相濡以沫的一块糕饼，患难中心心相印的一个眼神”；“幸福是个哑巴”。毕淑敏女士用细致的笔调，精致的刻画，用心的观察让平凡的词组焕发出震撼人心的力量。无论茶余饭后，还是夜深人静，午后慵懒还是正襟危坐，让这看似淡淡的，轻轻的涓涓细流平缓地驶进你的心房，带给你突然的感官冲击和无穷无尽的思考。这些流入心灵的文字在不经意间让你幸福，让你回味，让你坚强！智者警语，为你卸下烦忧，洗涤尘心，重拾遗忘的幸福。我们都在，通往幸福的路上。

【演讲精粹】

最低级的生物和最高级的生物已经屡屡交锋，而且我相信将来必有一战。在这样的博弈当中，人类是否真的能占到上风也尚为未知之数。

青春的你要经历非常多的痛苦。但并不是说青春这个阶段就特别的倒霉，而只是说明当我们的年轻的生命刚走到生命最初的颠簸与坎坷之上时，由于你的神经特别敏感，你有很多梦想和幻想，所以当你在坚硬的峭壁上、石头上，甚至看不见的阻碍上发生碰撞的时候，你年轻的肌体和生命都会感到痛苦。

大家记住，我们人活着最大、最高远的目的就是让自己幸福。至于这个幸福怎么样定义，你可以给出自己的答案。而且我希望你的幸福是脚踏实地的，是可以通过某条途径达到的，同时希望你实现自己的幸福的时候能给这个世界增添一抹亮色。

这个世界没有人能给你许诺，你一出生就没有完整的公平来接纳你。

一定要学会把那些不喜欢的事情也津津有味地做起来，这是一个方法。我们要从自己所做的一些事情中找到乐趣，这是让我们的人生变得更好的方法之一。我特别喜欢一句话“不要把我们的生命当成死亡到来之前的无趣的过程”。

拉练结束那天太奇怪了，我一点睡意都没有，我把身上浑身捏了一遍，关节、腿都在。我才明白，其实只要人的意志不倒，那些你以为忍受不过去的苦难是可以过去的。

【演讲实录】

主持人： 各位朋友们大家晚上好！欢迎大家来到“时代论坛”参与今天的讲座，我们今天非常荣幸地邀请到了毕淑敏老师来到我们的现场。今天毕淑敏老师也是带着自己的新书《花冠病毒》开启了提醒幸福——北京大学生热读《花冠病毒》系列活动的首场活动，这也是“时代论坛”200场系列活动之一。

首先介绍一下毕老师为我们带来的新书《花冠病毒》，这是一本有关人类战胜瘟疫的书。在与病毒战斗的过程中，我们会有彷徨和无奈，但最终战胜病毒靠的却是人类的力量。这部作品是毕老师历时五年全新书写的，也表达了毕老师的心愿，希望我们关注生命、关注幸福。下面有请毕老师跟我们谈谈她对《花冠病毒》和幸福的理解。有请毕老师。

毕淑敏： 亲爱的清华大学的同学们，大家晚上好！能在这个美丽的初夏的傍晚，能看到这么多年轻有为的、充满了笑容的脸庞，我心里充满了，好像现在说温暖不太合适，我说我现在心里充满了清凉。

这是一部描写灾难的小说，刚才大家看到的那个片头让人觉得挺震撼的。我以前在电脑上看过出版社制作的这个片头，这是一部真正的电影，只是没有在我们中国内地公演。它是去年11月份在全世界公演的，写的是“人类与病毒的一战”。我的这部长篇小说基本也是秉承着这样一个主题思想。我觉得在今天的地球上，不仅有我们作为人类这种高级的生物，也有甚至连完整的生命都不能算的、只是一个片断的病毒。但最低级的生物和最高级的生物已经屡屡交锋，而且我相信将来必有一战。在这样的博弈当中，人类是否真的能占到上风也尚为未知之数。

当遇到灾难的时候，我们应该怎么办？这是一个极端的情况，但对我们每个人来说，在你生命当中的每一天都有可能遇到挑战。面对我们无法预料的困境与灾难，年轻的生命们你们将如何应对？我前几天一直在推荐一部著作，我特别想推荐我自己的著作，但这肯定是不行的。我推荐的这本书的名字你们一听就会有点兴趣，它叫《因为痛，所以叫青春》。很多人告诉你说青春多么的美好，青春多么的充满希望，但这部书告诉你，青春的你要经历非常多的痛苦。但并不是说青春这个阶段就特别地倒霉，而只是说明当我们的年轻的生命刚走到生命最初的颠簸与坎坷之时，由于你的神经特别敏感、你有很多梦想和幻想，所以当你在坚硬的峭壁上、石头上，甚至看不见的阻碍上发生碰撞的时候，你年轻的肌体和生命都会感到痛苦，所以我今天演讲的主题是"幸福的路上"。

人活着是为了什么？我想问问你们。谁愿意回答，人活着最终目的是什么？我想有人会回答是上清华大学。如果你真那样想，你就会发现，当你上了梦寐以求的清华大学的时候，当你在亲人殷殷嘱托当中离开家乡，当你们在母校享受至高的羡慕和祝福之后，你们会发现清华人的生活并不总是快乐和玫瑰色的。

人活着的最终目的是什么？

男生：我引用两个人的话，一是史铁生说人为什么不挂掉呢？他认为还能得到什么呢？我觉得人活着是为了实现什么。还有弗洛伊德说，当一个人追问生命的价值的时候他就生病了，因为他得到的满足已经过剩。我觉得人的一生就是要做些有意义的事情，去实现一些东西。

毕淑敏：我觉得你想得很对，而且你知识很广泛，知道史铁生和弗洛伊德，你从这两个人开始总结出生命的意义是什么。能不能用你的语言说说，你想实现什么人生目标、怎样让自己的生命有意义？

男生：找个很好的女朋友。

毕淑敏：给他鼓掌。然后呢？

男生：环游世界，看尽天下美好风光。

毕淑敏：我想问一小问题，你和你女朋友环游世界估计得花多少钱？我环游过世界，我可以告诉你一个最便宜的舱位是多少钱。

男生：我没有想过，我还没有女朋友呢。

毕淑敏：谢谢这位同学的博学，也真心祝福你有一天带领着女朋友到南极、北极逛一逛。

女生：毕老师你好，我前几天参加一个活动，是假设你现在已经72岁了，给自己写一份悼词。我把自己的生命分成三个阶段，前面24年是求学的阶段，中间24年是照顾家庭、照顾孩子和父母的阶段，后面24年是和丈夫到世界各地做志愿活动，可以去一些贫穷的地方，为贫困的人们奉献一些力量。我觉得人活着首先得有一个责任，包括对社会和家庭，繁衍后代也是一种责任，所以生命前半部分应该是一个类似于还债的过程，实现社会、家庭、父母的期盼。最后你用来实现自己的人生价值，不一定你要成功、成名或怎么样，你觉得做这件事情是有意义的，对你而言是有意义的，对别人而言也是有意义的就足够了。

毕淑敏：你昨天参加的活动还是有点残酷。只让你活到72岁我觉得有点少。

女生：是清明节的一个活动。

毕淑敏：我们再找一位同学。

男生：谢谢毕老师，其实答案就在今天的主题中——幸福，我觉得人活着就是为了幸福，就看怎么看这个幸福，怎么实现幸福的最大化。

毕淑敏：谢谢你，我几乎觉得这个同学像我一个托儿。你真说到我心坎儿上了。因为我们人活着的最高的目的就是让自己幸福，这是一个哲学的问题，而且也是很多哲学家都阐述过的问题。但是对于幸福的具体内容可能每个人给出的答案是不一样的，刚才这位同学说得特别好。我有一次在《读者》上看到80岁的经济学家茅以轼老先生说："我活到快80岁了才知道人活着的最高目的就是让自己的幸福最大化。"后来有幸我碰到茅以轼老先生，我问先生为什么这样说。茅老回答说："如果我早知道这样的话，我这一生会过得更加精彩。"我觉得他已经过得非常精彩。我想把茅老师这句话送给清华大学的学生们。大家记住，我们人活着最大、最高远的目的就是让自己幸福。至于这个幸福怎么样定义，你可以给出自己的答案。而且我希望你的幸福是脚踏实地的，是可以通过某条途径达到的，同时希望你实现自己的幸福的时候能给这个世界增添一抹亮色。

为什么在今天，在中国，幸福这个问题变得这么重要呢？我觉得这是我们社会进步的一个表现。之前的五千年甚至更长远的历史当中，在中华民族的这块土地上，基本上没有解决温饱的问题。温饱的问题没解决肯定是一件悲惨的事情，所以改革开放以后，从你们降生的时刻起，在中华大地上，温饱问题基本上已经解决了，我们的政府已经宣布我们整个社会从温饱型完成了向小康型的转变。这当然是好事情，天大的好事情，但随之而来的问题，我觉得你们也会深切地感受到的是，饭没吃饱的时候找到饭吃就是幸福，饭吃饱了你就不能继续靠吃饭来谋求幸福，尤其是女生不能如此。每到夏天的时候女生们就紧急动员起来，因为冬天穿得多一点，多个两三斤都没有问题，但夏天的时候一切都将暴露在光天化日之下，女生们就要开始减肥，男生也想要证明自己更像肌肉男。

我们老祖宗几千年来的幸福逻辑——把快乐和幸福建立在吃饱穿暖上——在你们身上行不通了。不能多吃了，那么新的幸福增长点在哪里？

2010年的春节，我去了喜马拉雅山附近的一个小国不丹。不丹的幸福指数在亚洲国家是名列前茅的。不丹的首都有一个幸福研究所，我想到这个研究所问问不丹人是怎么看待他们的幸福。我是利用春节假期过去的，不丹人也在春节休息，和我们一模一样。不丹有多小，小到什么程度呢？我们到了不丹，旅行车开到首都廷布，便在一个红绿灯处停下了。导游说：“各位可以在此拍照。”我很奇怪，为什么要在一个红绿灯这儿拍照。导游告诉我说，这是不丹唯一的红绿灯。我说各个国家的红绿灯都差不多。那怎么办？拍这个柱子吧。他说不是，这下面有一个岗亭，也是全不丹唯一的一个。我们就以这个岗亭为背景拍了一张照片。这么小的一个国家确实有一个幸福研究所，而且它有一套幸福的答卷，那张卷子上关于你是否幸福设置几百个问题。我下面就问一个问题，看哪个同学能答出来。那个问题就是：你可知道你曾祖父母的名字？”

女生：（说了曾祖父的名字）

毕淑敏：还有曾祖母。

女生：记不得了。

毕淑敏：那有点重男轻女。谁记得祖父母的名字？记得曾祖父母名字的人太少了。按在场有200位同学计算，大概只有1%的人知道我们曾祖父母的名字。给各位同学一个作业，问问父母你们曾祖父母的名字，如果曾祖父母还健在的话，就问问他们。最快的是今天出去就问，最慢的我也希望你们逢年过节回家的时候问一问。因为你的曾祖父母毕竟存在过，而我们常常说，尊重我们的祖先，尊重我们的文化，可是三代之后他们已湮没无闻。这个事情操作起来不是太难，是可以问到的。

第二个问题，你知道在你住所100米之内所有植物的名字吗？我们现在所在的位置那么悠久，那么有历史，旁边就是水木清华，草木葱茏。你们作为这所著名大学的继承人，将在这里度过生命里最宝贵灿烂的年华，陪伴你们的不仅有这些建筑，你们的老师，也有这些植物。所以很希望，你们能够热爱大自然，热爱世界，热爱人间的一切，包括山川草木，知道它们的名字也是非常重要的。

还有一个问题，你见到你的邻居是否会打招呼？你在最近两年之内曾经给过别人什么样的施舍？前年，有一天我突然接到一个电话，是星云大师的助理打来的。他说星云大师看过我的文章，希望我能到佛学院去讲课。我第一个感觉“一定不要去”。为什么？因为我是一个有着四十年党龄的共产党员，我对佛教真是不了解，我觉得我可能真是做不了这个事情，然后我就拒绝了，然后再邀请，再拒绝，再邀请我再拒绝的时候，我先生就出手拦住我了，他说“毕淑敏啊……”挺奇怪的，为什么他这么称呼我，别人家一般都是老伴儿、老太婆，但我们家都是直呼其名。他说：“毕淑敏，一个来自佛界的邀请，你再三再四地拒绝，恐有不祥。”我听了以后就决定“奋勇向前”了。后来我到佛学院按照我对这个世界的理解，和他们有一个交流，我讲完了以后对我的评价也不错，我不知道人家是出于一般礼节性的表扬还是真的觉得我说的有一点点道理。

当时我特别忐忑地讲完了，心里面不断地想出家人以慈悲为怀，我尽力而为。我下来以后问讲得如何，他们给了一个“还不错”的评价。他们说：“老师在台上的时候，我们知道您乃是当今菩萨。”我尽量把它作为对我的鼓励。后来到了年底，他说我们通常只请老师讲一次，我们现在邀请你明年再到我们这里做讲座。这一次我即使想到先生说的“恐有不祥”都坚决拒绝了，因为我2011年打算把所有的时间都用在《花冠病毒》上，真的不能出去讲课了，没有时间了。后来他们直接从邮件里发来了2011年全年的日历，说365天，请老师任选一天，我们等候。我掐指一算，我这样匆匆忙忙写完，最快的速度也要写到10月15号，那时候估计草稿应该可以告一段落，于是我就把时间圈在10月16日。

10月16日我就又去讲了一次，在这里其实自己学到了很多的东西，现在和大家来分享。第一个，我学会了一句话，叫作“一念三千里”。我们通常会说一念之差，而且经常会说某人偷了东西或起了什么歹心才会用这个词。但“一念三千里”是说，还是这个环境，还是这些人，还是这个时间，只要你心中的念头有所改变，你换个角度看世界、看别人、看自己，那就会有不同的结果。所以我今天特别想跟大家分享这句话，叫作“一念三千里”。我第二次去他们又告诉我一句话，就是布施。《般若波罗蜜多心经》里说，布施有三重境界。一是财布施，就是我们施舍给别人金钱、财富；第二个层次是法布施，换成我们白话的语言来讲，我感觉就是要给别人新的思想、新的观念；佛学院的老师告诉我，那个最高层次的布施是无畏布施，就是给别人以勇气，给别人以力量。

现在回到小小邻国不丹，他们的幸福指标中就要求我们要给别人布施。你想想已经有多久没有给过别人施舍，如果你没有就要立即去做。

在不丹还发生了一件小事让我对布施这个概念印象特别深刻。我们是从尼泊尔飞到不丹的，不丹只有两条航线，一条是和尼泊尔的加德满都，另一条是泰国。加上不丹和中国至今没有建交，所以我们是辗转从第三国拿到的签证。我们在加德满都被严肃地告诫说那个地方流传一种疾病，叫加德满都痢疾，得了这个病会上吐下泻，高烧不止，甚至会丢掉性命。我们每天喝的水都是矿泉水，而且我们被告诫说刷牙水必须用矿泉水，因为你用自来水漱口都有可能得加德满都痢疾。

我们有两个小朋友没有严格执行这一条，所以当我们从加德满都飞往不丹的时候他们开始上吐下泻，以至于我们到了不丹以后，其中一个小伙子就把大便解到裤子里。他的同伴找到我，说：“听说你当过医生，他现在是不是已经病到大小便失禁了。”我说：“大小便失禁是大脑中枢神经失控，而他现在是痢疾。”说话间就不断有人生病，我们团一共十个人，有八个人先后病了，只有我这个老太太没有生病。我陪着他们到医院看病、打针、做CT，我们还跟大夫说你能用什么药就用什么药，贵点我们不怕，因为我们是旅行团，如果在外面出了什么问题，大家会非常的焦心。所有这一切操作完了以后我们去缴费。但是在不丹的医院里没有缴费处，所有的医疗都是免费的，我们这些外国的旅行者连一分钱都不用掏。我在想不丹肯定不是世界上富裕的国家，可是他们却可以把对人民的生活幸福的保障做得这样的完善。

回到我们最初的话题。我觉得中国社会已经满足了温饱，我们正在向更高的层面递进。我非常欣赏美国心理学家马斯洛，马斯洛有一个关于人的需求的金字塔理论，我想同学们如此博学一定是知道的。马斯洛认为我们每个人对于自己心理和生理的要求是循序渐进的，它像个金字塔，底座比较大，上面一层层越来越小。第一层是生存需要，这有点像人的生理需要，有点像刚才那位同学所说的，找个老婆、吃饱饭，这没什么好笑的，这是人类繁衍需要嘛。鲁迅说一要生存；二要发展。食色性也，这是基本的需求。但仅仅有这个是不够的，当这些满足之后，你要向上走，第二层是什么？第二层是安全需要。我觉得我们现在到了安全需要的阶段。为什么中国到了这个层次？温饱我们解决了，安全开始受到高度重视。比如我们认为教育不安全，做父母的会说，我这个孩子从上幼儿园开始就缴费，一直到小学、中学的择校，一直到最后我一定要把他（她）送上清华大学，我不知道需要准备多少学费。老百姓对教育安全心里没底。

还有养老安全，我昨天在北师大给中组部的司局级培训，他们问我养老需要多少钱，后来我听一个教授说养老需要1000万元，反正有教授这么说过，我当时听了吓了一头汗。后来我想好了，该环球旅行就环球旅行，我想去哪儿吃饭就去哪儿吃，太小的餐馆我也不敢去，因为怕地沟油。我没有钱养老，但可以有勇气在当下生活得幸福。哪怕有一天我没有办法养老。就像汪峰那一首歌里说“如果有一天，我老无所依，请把我埋在这春天里”，我就慷慨就义，勇敢赴死。

第三个需求层次是爱。人是有感情的，是需要爱的。顺便说一句，各位同学一定要在大学四年中尝试一下去爱异性。

第四层是尊严，其实我们做的很多事情都是和尊严有关的。讲个小故事，我有一个朋友，是个女朋友，有一次我跟她一块儿去香港，她说你打算买什么东西呀？我说我第一不化妆，所以不用买那些化妆品；第二就我这个体形在香港基本也没有什么衣服可买的，所以也很绝望，也就放弃了；第三金银之类的首饰我一个也没有，我也不戴它，这也就免了。她说既然你什么都不买就跟我逛吧，我要买一个包。我说好，她说你别嫌烦，我会在名牌店里出出进进。我说我不嫌烦。去了香港的海港城，那是奢侈品店聚集的地方。后来就进了一个店，我觉得里面有点珠光宝气，你不买在里面，感觉很自卑，我就坐在门口，凉快一下，我反正什么也不要。隔一会儿，我这个朋友出来了，她原本是一个挺秀气的女子，但她背的包有半个平方米那么大，那么巨大的一个包，我都快看不见她的身体了。我说这个包太大了，你用着不合适。她说我也觉得太大，于是就又进去了。隔了一会儿她又出来了，说："你看这个怎么样？"我定睛一看，还是刚才那个包。我问她为什么一定要买这个包。我这个人是这样，你问我，我肯定不管你高兴不高兴，先把我的意见说出来，但如果你一定要坚持，我觉得如果不是原则问题，那就随你的心意呗。我还是很好奇，就问她为什么买这个包。她说这个包2万块钱。我说还真是挺贵的，但我还是觉得不合适，并不是昂贵就证明这个包就合适了。

她说："我是一个正经理，我的副总也是一个女性。她最近就刚买了一个这个品牌的包，花了7000块钱，你想想我怎么能让她背个7000块钱的包，耀武扬威地就好像把我比下去了呢？我一定要买个更贵的包，所以我一定要买这个包。"我说："你换一个不行吗？"她说："不行，那个副总也不知道别的牌子的价钱。她买的是过季的款，我这是新款，我背上这个包她就知道，我是她三倍的价钱。"一个人有这么强烈的动机，而且不心疼这个钱，那你就买吧。她要的是什么？要的是尊严。她用的是什么方法？她用的是温饱那种方法，就是用更多的物质证明自己。当今社会持续地附着于刚才我所说的马斯洛金字塔第一层的大有人在。例如我刚才所说的，她以为一个更好的包能够维护自己的尊严。但我们这么源远流长的文化，曾经尊敬过某人穿个名牌、某人开个好车、某人居住在特别大的别墅里吗？所有的这些，特别是带有炫耀性地表达这些的时候，他们期望的是得到尊严，但是他们用的却是一个温饱型的方法。这是因为我们的社会曾经太贫穷，我们沉浸于满足温饱这个历史阶段太久太久。

我还有一个朋友有点富裕，他跟我说第一次收入一大笔现金是700万元。他说傍晚的时候那700万元现金已经打捆，但他走过去让出纳把所有捆住的钱全部打开，700万元你一张一张在他面前重数一遍。我听了以后就特别好奇，我说："700万元现金要一张一张数得数到深更半夜两三点，得数到天亮。"他说："那你倒不用担心了，我让他数了一分钟以后，就看不清那些钱了。"我问他为什么。他说："因为我热泪滚滚。我曾经太穷太穷了，我交不起学费，看不起病。我现在不能注视现金超过一分钟，超过一分钟以后肯定就热泪滚滚了。"在我们这个社会里，有很多人曾经困苦，困苦不是你的过错，但你不要对金钱寄予无限的期望。因为在历史上，无论是世界上哪一个国家，从来没有一个国家的最优秀的人把攫取金钱放在第一位的高度上。有的人觉得有了钱以后可以做这样或那样的事情，可是刚才我说的金字塔你不能只停留在第一层，你要继续向上。

最高一层是人的自我价值的体现。唯有在这个金字塔的最高层，你贡献出自己的才智和力量，你不仅让你自己觉得幸福，还能给这个世界多一点温暖，多一点光芒，多一点力量，多一点善良。当我们特别富裕的时候，你觉得钱还能带来幸福吗？我想说的是，古往今来从来没有一个正派的理论会这样传授给我们人生的经验。今天中国的年轻人你们面对着从来没有过这样好的物质条件，同样也承担着非常大的压力。你有自由选择的机会，你也将为此付出代价，这个世界上没有人许给你一个没有痛苦的过程。

我看到一个妈妈说，一个女孩要结婚的时候或者谈恋爱的时候会期待着那个男生说，我会给你自由，我会给你幸福。你千万别相信，我觉得他不是诚心骗你，但自由与幸福都不是任何人能够给予你的，它永远在你自己的手中。

我用一个小故事来做最后的结尾。那一年，我在北师大学习心理学硕士课程。我在马路上突然被一个人抓住了，说："我可找着你了。"我当时就愕然了，脑子里飞快地转着，我欠谁钱吗，有什么未解的恩仇？我说："我也不认识你，我们有什么瓜葛吗？"他跟我说："我来自湖北的一个农村中学，我们校长在报上听说你在北师大学习，就给了我一个任务，让我到北师大来找你，请你到我们中学去做一个讲座。我溜达好几天了，终于看到了你。”我就立刻拿上准备好的说辞：“我谢谢你们的信任，我现在自己在学习，没有时间，而且我不是专职的老师，尤其不知道怎么面对中学生讲话。谢谢你们校长的殷切期望，请把我这番话转达给校长。”结果这位老师说：”您要是不跟我去我们学校，我这次来的路费就得自己掏了。”我想这个问题挺严重的，我就说：”那好吧，我就去吧。”我就坐了一辆火车去了，是一辆慢车，好像民国时代的那种特别慢的火车。

到了那个学校，校长挺高兴，说：“你一会儿就在这个台子上讲课。”不是这种讲台，是旷野之上的一个土台子。我说：“同学们都怎么办？”他说：“学生们在下面站着。”他们学校有四千多名学生，我认为一两千就已经很多了。他说：“我们学校办得好，一个年级得十六七个班。”我记得我当时跳到那个土台子上的时候，说话的时候不断冒白气，恍惚之间我觉得自己像一列火车一样，喷出热气出来。我说：“这地方多冷啊。”校长说：“没事儿，我给你准备了棉大衣。”我说：“不是我冷，我带着羽绒服呢，问题是这些孩子多冷啊。”他说：“农村的娃可经冻了。你放心，我经常训他们一两个小时，他们站在地上动都不敢动。”

学生们就聚合起来，我特别不愿意站在那儿严肃地教育他们一番，我不喜欢那样。于是我说：“我想给同学们做一个游戏。”他说：“游戏？四千个人一块儿做游戏？”我说：“不用动，我请同学们参与一下。”农村的校长是很有权威的，我在他面前都抬不起头来。校长说：“你想做什么游戏？”我说：“我想让同学们带着纸和笔。我的问题是让他们造一个句，起始的第一句话是‘我有一个梦想’，我希望他们把自己的梦想写出来。”校长想了想说：“游戏可以做，但是不能说梦想，哪有那么多梦想，改为‘我有一个理想’。”你们可以想到那个校长的严厉了，我只能说好。

四千个学生都来了，围绕着那个土台子，我穿了一个棉大衣站在上面。之后我说：“同学们，你们都带着纸笔，大风之中拿着纸笔不容易。我很想知道你们都有什么理想。”反正我在那儿演讲校长也管不了我，我就说：“同学们可以起笔写‘我有一个理想’或者‘我有一个梦想’。”同学们就开始写。我就请那个老师把同学们的条子收上来，在后台分类，然后把答案告诉我。我特别想跟当地的农村中学生们有一个更贴切的交流。很快后面那个老师们就统计出来了，讲座中间我就说大家休息一下。为什么要休息呢？我觉得同学们的脚都冻僵了，我说：“大家休息五分钟，大家要跳起来，只有运动才能产生能量和热量，我们才能把后面的游戏完成。”同学们就开始活蹦乱跳。我问那老师统计出来了吗？他回答说大概有一半的人写了我有一个理想，还有一半的人写的我有一个梦想，我觉得这很好。而且那位老师说不管是理想还是梦想，这个学校现在有一半的同学想变成一只鸟。我就问：”你们学校是怎么回事儿呢？为什么有这么多想变成鸟的人呢？”我觉得这回我开始佩服校长，校长很老练地说：“当然了，对于他们来说，能看到的最自由的、飞得最高最远的就是鸟儿啊。”

还有一个班，我觉得那个老师可能比较襟怀宽广，目标远大。那个班挺大的，有七十个人，但七十个人有二十多个准备得诺贝尔各种奖。我印象特别深的是有一个纸条上写道：我有一个梦想，我要变成崂山道士。我说：“这位准备变成崂山道士的同学，如果你愿意的话，等一会儿你能跟我说一两句话吗？你留下，你来找我。”校长还是很有权威的，说道：“一会儿别的同学都别围着毕老师，那个……崂山道士（笑）上台上来。”我第一次知道农村中学的校长多么的有力量，有权威。散会了，同学们的脸蛋都红扑扑的，特别想跟我说话，但没有一个人上来。后来上来一个小姑娘，她说：“老师，我想变成崂山道士。”我问她为什么。她说：“我可以穿墙破壁。你看过崂山道士吗？他们走到墙跟前一步就可以迈过去了。”我说：“那你穿墙破壁干什么呀？”“我可以到别人家。”我说：“到了别人家之后还能干什么呢？”她说：“我继续穿。”后来我继续问她，她解释说：“我们家到学校有十五里路，中间要绕过好几个村庄。如果我穿墙过壁，能省出一半的时间，能帮我妈干活，能帮我爹下地，还能带我弟，我可以有更多的时间完成作业，这样我的学习就能好起来，所以我想当崂山道士。”我听了之后心里百感交集。她说：“老师，我有一个问题特别特别想问。这个世界为何如此的不公平？”我说：“为什么想问这个问题？”她说：“我要走十五里的山路才能读书，可是我的同桌是县长的儿子，平常想锻炼身体的时候才走过来，也没几步路，而且每到刮风下雨的时候就会有专车送他。为什么我们的命运如此不同？他的铅笔盒里有很多种颜色的笔，我就一支圆珠笔，而且这支笔经常写不出来，还要哈一哈气、甩一甩才能出水。”如果在平时，我会放缓一点，慢慢跟她聊天，但那天时间有限，我就跟她说了如下的话：

“一百年前，中国还是封建社会，像你这样的姑娘哪里能读书，早就裹着小脚在家里，足不出户，你还能和县太爷的儿子坐在一起读书？这个世界没有人能给你许诺，你一出生就没有完整的公平来接纳你。你要记得的是你今天的这些感慨，你之所以女孩之身能和县长的儿子坐在一起读书，这已经是无数的志士仁人抛头颅洒热血换来的。你今天要努力学习，增进自己的力量。你所说的，你是个女孩，父母贫困，十五里山路，包括只有一支笔，这是完全不能改变的。世界上的事物有两种，一种是可以改变的，另一种则无法改变的，那就是命。但我们常常说一个词叫‘命运’，‘运’的那一部分就是经过我们的努力可以改变的。对于不能改变的部分，我劝你从此放下，安然接纳。对于能够改变的，在你刚才所谈的所有事物当中你用那唯一的一支笔写下的答案，如果是正确的，那就比五支金笔写下的错误要更有价值得多。”

我在这里特别想把这个小女生所说的话和你们来分享——接纳我们生命中的那些不能改变的部分，把我们能够改变的部分用自己的努力发挥到极致，这是我们在争取幸福的道路上要不断努力的一个最终的目标。

谢谢大家！

主持人：谢谢毕老师，老师请留步。我们还有一个小小的环节，我手里有一本书，这书非常有价值，是我十五岁的生日礼物，是您的作品集。明天是我二十岁生日，毕老师的作品陪伴我整整五年的时间。而且我知道很多同学排了很长的队才能来到这里听讲座，还有一些没能来到现场的朋友有一些想对毕老师所说的话。我们一起来听一听他们的心声。

（VCR）

主持人：我们走在通往幸福的路上，这也是我们清华同学对幸福的理解。我们“时代论坛”前两天发布了一个日志，可以看出很多同学对毕老师的作品非常了解，我们在其中选择了三位幸运的同学今天来到现场，来到这个地方，与毕老师一起在这里交流。有请毕老师再次来到我们舞台上来，与我们的三位同学一起来交流。首先我觉得三位同学非常幸运，先作一个自我介绍吧。

郭剑飞：大家好，我是心理学系大二的学生，我叫郭剑飞。

李寅：毕老师你好，各位同学大家好，我是来自电子系的李寅。

周卿：各位老师好，各位同学大家好，我是软件学院的周卿。

主持人：欢迎你们！我知道老师不是第一次来到清华，上次我们“时代论坛”第150场时您也来到这里。这次我们和新的清华同学做一个交流，如果大家有问题的话可以畅所欲言，向毕老师提问。

郭剑飞：那我就抛砖引玉了。我想请问毕老师，我们小时候接受的教育是现在要特别特别努力、特别特别刻苦，未来才能获得幸福的生活。看了《花冠病毒》，我们不知道什么时候是自己生命的尽头，或者我不知道我们的未来到底在什么地方。到底我们是现在过一种辛苦的生活、未来幸福，还是现在就顺从自己的内心追求想要的东西？

毕淑敏：你说的很辛苦的生活是什么？（同学笑）大家笑是什么意思？是觉得学习很辛苦吗？

男生：毕老师，我是清华大学汽车系的博士。我觉得我们不幸福，是因为我们在做不喜欢的事情。不仅有别人对我们的期望和社会对我们的压力，有很多不喜欢的事情必须去做，而且这还是个不断循环的过程。我觉得有些辛苦的事情，虽然和别人比起来不辛苦，但因为自己不喜欢，所以总是会有辛苦的感觉。

毕淑敏：我不知道这样理解对不对，就是你被迫做你不喜欢的事情所以很辛苦。我个人觉得把不喜欢的事儿做得快乐是人的本领之一，因为谁都无法保证你这一辈子就只做你喜欢的事情。做喜欢的事情快乐这是比较容易达到的，把那些不喜欢的东西也能从中做出乐趣来这就是本领了。有点儿像吃东西，人家会告诉你说，为了保持身体的健康你可能要吃……我上次听说梅婷每天最少要吃18种东西。后来我把自己吃的东西算了下，连花椒都算上了，也不够18种。即使有些东西我们不喜欢吃，但是为了身体的健康，还是要吃的。

我们在不断地拓展知识，增强力量，包括对这个世界更多的了解。你一定要学会把那些不喜欢的事情也津津有味地做起来，这是一个方法。我们要从自己所做的一些事情中找到乐趣，这是让我们的人生变得更好的方法之一。我特别喜欢一句话：“不要把我们的生命当成死亡到来之前的无趣的过程。”

我前些天和德国一个研究幸福的专家探讨幸福的问题。我们印象中觉得德国很发达，但德国很多人不幸福。德国给出的一个数字很有趣，就说你觉得一个幸福的人在日常生活中觉得幸福的时间的比例是多少？这位德国的专家说三十天里有一天就够了。所以幸福并不是像你想象的、很多人期待的那样，每天乐呵呵的，没有一天是辛苦的，没有一天有问题。有人会说自己是大家的开心果，我通常告诉他，你没必要做大家的开心果，你就照顾好你的生活，忧伤、孤独以及无以排解的、年轻时特别容易发生的哀痛的时刻那都是生命的必然。如果你坦然地接受这些，并对你生活中那些幸福的表现格外地珍惜、格外地留意，那你的生活就会变得幸福。

周卿：看你的作品很幸福，听你的讲座很幸福，和您交流也很幸福。我问一个问题，您的孩子每天能和您面对面交流，是不是特别幸福啊？马上就到母亲节了，您能跟我们分享一下您做母亲的感受吗？

毕淑敏：说真话是吧？没你想象得那么幸福。我和我的孩子是有很大不同的人，正因为人们彼此不同所以我们这个世界才丰富多彩。我常常会因为一件事情唠叨他，我估计你们的妈妈都是这样吧，当妈妈的都是碎嘴子。所以我小时候跟他规定一个手势，当他不愿意听我讲话的时候可以做出这个手势立刻离开。这手势他现在几乎不用了，但它依然有效。我是想说，我们做妈妈或者你们的妈妈，我们跟你们是不一样的人，我们的经验要比你们多一些。虽然现在社会这么发达，你们用电脑和其他方式都会比父母辈们熟练得多，但他们的社会经验依然是非常宝贵的，不要以为这些技术能够代表超越于他们。反过来，如果我面对的是爸爸妈妈，我也会跟他们说，千万要尊重一个和你们不同的人，他们会有新的思想，也会有新的理念。我觉得交流的关键就在于双方一定要彼此尊重，有了尊重我们才能够和谐地去发展。这个世界多多元化啊，我们要用这样的宽容之心做平等的交流。我其实很喜欢那句话，就是我刚才所说过的，我会把我的意见告诉你，但你仍然有权做出和我完全不同的决定。

主持人：毕老师有一部作品《妈妈是孩子们最好的老师》，明天就是母亲节了，在座的孩子们和同学们，我们先在这里向妈妈们道一声“母亲节快乐”，这也是一种幸福。

李寅：毕老师您好，今天非常高兴有机会和您交流，您是我非常喜爱和敬重的作家。我总觉得您的作品有一种深入人心的力量，按现在流行的话叫治愈系的作品。现在我们的学生压力比较大，包括生活上、学术上和感情上。前段时间清华大学有一个因为压力过大而发生了悲剧。所以我们应该学会倾诉，把内心的感受抒发出来就会轻松。但有人认为我们一直这样诉苦就是不成熟，作为大学生我们应该学会承受。这两种观点似乎是一种矛盾，我想请问一下毕老师您是怎么看的？

毕淑敏：你的问题是如果感觉自己有压力的时候是找人倾诉还是自己扛着？

李寅：有人说把自己内心的压力倾诉出来就会觉得畅快，但有人说这样不成熟，好像有这个矛盾，请问毕老师您对这个问题怎么看的？

毕淑敏：人年轻的时候常常会做要么这样要么那样的选择，我觉得这两种方法你可以交替使用。倾诉这个过程你刚才描述为发怨言和牢骚，有软弱的性质在里面，其实真正的倾诉不是这样，真正的倾诉是要找到一个自己可以信任的人。我们中国有古话说人生得一知己足矣。这个知己不是一块儿喝点酒，一起发发牢骚，一起说说坏话，把老师和社会骂一通。我认为应该是精神的贯通，和朋友的肝胆相照。有这样的朋友，甚至是中年和老年的朋友，你会发现不仅仅在今天的大学中，在将来的社会上，那都将是非常宝贵的，它将构成你一生的支持体系。

第二，描述自己心中的忧郁、悲伤那些负面的情绪其实也是一个整理的过程，并不只是发一顿牢骚。有研究证明，如果两个人一起发牢骚，最后会变得更加忧郁，所以要找一个心理健康的朋友。而且讨论这个问题的时候也不要只沉浸在一味地诉苦。语言这个东西是很有力量的，当你精当地选择它，描述自己的内心、探索自己内心的勇气时，你就会发现一个真实的自己慢慢地浮现出来，而这种时刻其实是非常宝贵的，因为这样你和自己的内心有一个接触。

还有你刚才说的这个“忍”，我觉得适当的忍耐是非常重要的。你刚才说到感情的时候，很多同学就笑了。感情这件事儿特别需要忍耐。我有一个朋友是办婚姻登记的，说他们现在真是结婚也快，离婚也快，复婚也快。这世界上的事情没有忍耐就可以做成的有几件呢？所以大家在学习知识的时候，去观察和理解社会的时候也要增加自己的韧性，要有忍耐的力量，要有那种在看不到希望的时候再坚持下去的勇气。

我特别想跟大家分享一个事情，刚才有的同学说我内心有力量。我特别诚恳地跟你们说，其实我也有特别脆弱的时候。我年轻的时候，大概跟你们的岁数差不多，我就特别想自杀。不过那天我没死成，就是因为我人有点善良，如果我不善良可能早就死了。

我年轻的时候在西藏阿里当兵，就是孔繁森工作的那个地方，它平均海拔1400米。有一天要拉练，告诉我们要徒步行军120华里，好像也不是特别远，但在高原地区已经是极限。而且还要负重，背着红十字包、枪支弹药、几天的干粮，这些东西加在一起，放在秤上一称是67斤。我就想：天啊，我怎么能背着67斤的东西走120里路呢？走着走着，我觉得除了寻死就没有别的力量能逃避苦难了，我就不再想怎么走下去了，就在想我怎么能死呢？当时要死有好几个条件，不是那么容易的：第一，我必须要从山上摔下来，这个峭壁一定要陡，不陡的话最后摔得遍体鳞伤，到时候不死反而更痛苦，所以要选个一定能摔死的悬崖；第二，我后面背个大包，旁边的人不能离我太近，要不然我肯定会把他带下去，后面那个人可能没有我那么想死；第三，就是我要让人误认为我是失足坠下悬崖，因为你要在保卫祖国的战场上自杀，那不是叛徒吗？我觉得如果我失足落下悬崖的话就会被追认为烈士，我的家人也就成了烈属了。

几个要求放在一起——山要陡、不能让别人看出来、不能影响后面的人，可我在山里找了半天也找不着这么一个地方。再说山下有积雪的话，摔下去肯定摔不死，可后来我发现山里有一块狰狞的岩石，我觉得可以了，我可以去死了。没想到后面那个人紧贴着我。我稍一愣神，那个“好地方”就过去了。我就想赶快找一个死的地方算了，我走不了路了。为什么我所有的感官在这里感受到的全都是痛苦？我为什么要继续这样的过程呢？我就不断这样想，后来天慢慢黑了，我就看不清底下的岩石是不是狰狞。如果我跌下去旁边的人再来找你，不是给别人添太多麻烦了吗？这也不行，那我就走吧，一直到120华里的拉练走完。

我曾听说北大有一个登山队，他们在西藏的时候给我打电话说：“我们在西藏，你有什么要祝福我们的话吗？”我说：“祝福你们赶快回来。”再回到那个故事，拉练结束那天太奇怪了，我一点睡意都没有，我把身上浑身捏了一遍，关节、腿都在。我才明白，其实只要人的意志不倒，那些你以为忍受不过去的苦难是可以过去的。所以后来我特别喜欢海明威的作品，人可以被打倒，但不会被打败。想和大家分享的是，当你碰到很多苦难的时候，你会觉得我怎么熬不过去了呀？其实只要坚持，换一个角度看问题，你会觉得还大有希望，我们总会找到出路。谢谢大家！

主持人：谢谢毕老师和我们分享她自己生动的故事。我觉得在这个时候毕老师给我们讲座非常必要，我们清华有一个著名的“十二周”。这个十二周就是各种各样的考试扎堆，每天晚上大家熬夜写东西特别崩溃，想到自己的学分，想到自己的男女朋友，我想现场有同学会有这样的共鸣。我们常常会把每天碰到的不幸福放大，其实我们生活中幸福的瞬间还是挺多的，我觉得我今天特别幸福的瞬间就是昨天阴天了，今天中午天晴了。不知道在座三位同学有什么特别幸福的瞬我们大家分享一下。

周卿：我觉得特别幸福的是下完自习，听完讲座之后，几个同学在学校操场看星星，大家一起聊天。

主持人：男同学、女同学？

周卿：都有。

郭剑飞：我觉得我最幸福的是跟一个特别好的朋友出去玩。比如说去云南，我印象特别深刻，我们爬到玉龙雪山上面。因为缺氧，我们便在上面坐下来，两个人坐下来什么话都不说，看着一个特别震撼、从来没有看过的场景，我觉得那一刻特别满足、特别幸福。

李寅：我觉得在学校里当个学生挺幸福的。有时候我跟已经毕业的师兄聊天，他们说现在工作之后需要考虑的东西特别多，时间特别不灵活。比如在学校里我前天晚上可以熬夜，第二天晚上就算我不去上课、不去实验室也没有关系。但我工作以后不可能这样，别说你不上课，更不要说旷工。幸福很简单，多想想我们拥有的东西，少想想我们还没有的东西就够了。

主持人：不光是我们有幸福的瞬间，“时代论坛”的同学特别有心，做了“最幸福的事情”微调查，我们来看一下视频，了解一下我们的调查结果。

（VCR）

主持人：一个非常温馨的小视频，让我们看到清华同学许多幸福的小瞬间。我们清华的同学感情真的好丰富，而且很多同学特别纯朴，特别直率，这些或纯朴或文艺的瞬间。毕老师，您看看这些调查的结果，您看看我们清华的同学幸不幸福，给我们提出一些方向和建议。

毕淑敏：我刚才看了特别感动，我觉得那些幸福都那么朴素和安然，而且在某种程度上特别羡慕你们。因为年轻，你们经历的事情还不是特别丰富，但你们已经明白了这个世界上最重要的道理，像我们上面列出来的幸福的微调查的结果，第一是与亲人团聚，就是我们原来原生的那个家庭。第二与恋人相守，因为你们将要建立的世界上最最亲密的关系。岁月静美也特别好，像吃冰淇淋，骑着单车，晒太阳，其实幸福不是中大奖或特别惊天动地的事情，刚才说的朋友们相赞，呼吸，包括挖西瓜……万分的有趣。还有人生的追求。及时行乐呢，我愿意做个正面的理解，就是活在当下，只是行完乐以后还得去干活。“抛开一切去旅行”，我觉得旅行可以，抛开一切嘛，以我环游世界的经历来说，在你环游的过程中大脑要高度地开动起来，因为你看到的是与我们不同的文化，看到各式各样的风景，在大海上也可以看到你一辈子所见不到的最大、最多、最亮的星星。减轻压力没有考试，我也特别希望没有考试，但是一定要考的时候自己也就抱着那种尽力而为的心态。其实应对考试有一个重要的法宝，就是心情放松。你心情放松，你整个的潜意识都会跳出来帮你。根据弗洛伊德的学说，潜意识其实占我们能量的90%，如果你放松下来，不说十个人考试帮着你，最起码有三四个人在考试，那么你的胜算就大多了。这些幸福的瞬间写得非常好，让我的心情很快乐，谢谢你们！

主持人：非常感谢同学们与我们分享这些瞬间，分享本身就是幸福。我们想到这些瞬间，想到这些幸福，我们今天在场就算有收获了。今天有很多同学都来听毕老师的讲座，我们不能把所有的机会都给三位同学，如果想提问的同学可以举手。

女生1：毕老师好，我想问的是，有的人觉得我们必须做成什么事情、必须要成功才会觉得幸福，他的观点是错误的。我想怎么样说服他改变自己的观点，任何事情不一定非要达成目的才能幸福。谢谢老师！

毕淑敏：谢谢你的提问。我觉得如果这是你自己的问题我们就有希望，如果这是别人的问题我们就没有希望。我的意思是说只有他自己想改变的时候我们才有希望，如果他自己觉得就是如此，就算是他的好朋友，也只能点示给他。评判的标准永远不要放在外界，而要放在自己的内心，方向感在自己的内心是幸福最重要的基础。

女生2：毕淑敏老师您好，我想请问的是，为什么很多时候我们知道幸福的法则，但还是难以获得内心的安宁和平静呢？

毕淑敏：有些事情你想做但做不到，这是因为在我们的内心深处有一些伤痕，这些伤痕有些来自于父母，有些是年少无知，不知道这些事情所具有的所有意义，所以它就变成创伤性的经验潜伏在我们内心。我特别想跟同学们说，弗洛伊德有一句话，即使是那些被精心照料的孩子，他们也有创伤性的体验。那些创伤不是我们的过错，但却遗留在我们的身上和心灵上。当你长大的时候，当你觉察到这是一个问题的时候要慢慢解决它，也许十天不见效，一百天不见效，但你慢慢疗治自己的创伤，你终有一天会坚强起来。

女生2：疗治创伤，积累经历的过程是不是也是一种幸福？

毕淑敏：如果你觉得那是幸福就把它当成幸福好了。

男生1：我之前看到您的照片里总觉得您特别慈祥，特别耐心，特别善良，而且特别淡定。从您今天演讲过程中，字里行间我能体会到您对生命这样一种从容，对生命的超然和释然，我想问一下您是用一种什么样的调节方式来保持这种很平衡和豁达的心态？

毕淑敏：谢谢你说了那么多的正面鼓励我的话。我想其实我也会怒发冲冠，也会拍案而起，这两天我就正准备和武汉的《知音》再次……

观众：较量。

毕淑敏：我觉得它已经是手下败将。再一次对证。这样的公司还能上市？它伪造了我一篇文章，7000字，发表在他们《知音》杂志上。当天我怒发冲冠，就上知识产权局把它告了，要求他给我精神赔偿，这篇文章的精神赔偿费是国内最高的，十万元。他们给我寄来的钱还挺快的，我收到钱还以为是打错了。但我仍然非常生气，因为他们用我的名字攻击我的孩子，我真的不能容忍。他们一共用了三页纸，我说《知音》必须用三个篇幅一号黑体字向我道歉。当然这是我个人的一段经历，因为《知音》后来发出一些不实的文章，涉及作者周国平以及已经过世的作家史铁生。我当时真的非常气愤，想告它的时候被别人阻止了，说是怕我打官司会突然脑溢血。

我作为一个作家，虽然是女子，虽然年纪已经老迈，但我所说倡导的那些精神，我希望自己能够做到，而不是总是在口头上说得斩钉截铁，但事关己的时候就退缩和逃避。像你刚才的问题，我认为做好自己的本分就好了，你可以愤怒，可以平和，或者从心所欲不逾矩，那是儒家文化对70岁老人的要求，我特别想“提前达标”。

主持人：谢谢这位同学的提问，刚才三位提问的同学非常幸运，可以获得毕老师的《花冠病毒》这本书，台下的同学也有机会。这里摆的心愿墙，是刚才大家进场时写的幸福观点和幸福的小瞬间，我们还有送书的机会，五个幸运观众，就从这幸福墙上产生，请毕老师为我们揭下五个心愿。

毕淑敏：我每一张颜色取得一张吧。金黄色的，粉红色的，淡蓝色的，还有长颈鹿，再选个绿的。

主持人：我读出来，如果是你写的幸福瞬间请站起来向我致意。

同学A（金黄色）：“有地种，有肉吃，有球打，有电视剧看。”乔智超同学。

同学B（粉红）：“幸福就是清楚地知道自己想要什么并且可以去追寻。”黄磊同学。

同学C（蓝色）：“幸福就是有选择的权利。”蔡玉琦同学。

同学D（长颈鹿）：“知足常乐”。项金婷同学

同学E（绿色）：“每天早上一睁开眼，幸福就向我招手。”

主持人：下面由我们“时代论坛”的同学为毕淑敏老师献上礼物和鲜花。这份特殊的礼物是我们一个清华同学送给毕老师的一个画像。在我们的讲座最后请毕淑敏老师在我们的签名簿上写一句话送给“时代论坛”和清华大学。

主持人：毕老师送给我们的话是“时代论坛，吹响幸福的号角”。再次感谢毕老师今天能够来到清华和我们交流这些有关幸福的话题。其实幸福是平凡，是水滴，幸福的路上有你，有我，也有论坛，今天的“时代论坛”。毕淑敏专场讲座就到这里，也请大家关注我们200场系列的其他讲座，关注“时代论坛”，关注清华大学学生会。再次感谢大家的光临！再见！

【点滴感悟】

听了毕淑敏老师的讲座我似乎豁达了很多，听着毕女士的娓娓讲述，看着同学们争相分享自己最幸福的经历，我突然觉得在这种温馨氛围的感染下，生活一下明媚起来了，心情也一下愉悦起来了。幸福不是制定目标去追逐，幸福是脚踏实地的向前，不经意间你就会在转角处看到它。

（心理0　郭剑飞）

还是小时候阅读了毕淑敏女士的《我的五样》，那样的割舍就如文中所说"像被老鹰攥住了喉舌"，那种令人窒息的抉择至今难以忘怀。毕女士的语言总是轻轻柔柔的却在不经意间山回路转给人极大的震撼。

（精11　石安然）

教育十年:“少年强则国强”

——追寻理想的大学教育

【嘉宾介绍】

雒建斌，摩擦学专家，中国科学院院士，现任清华大学机械工程系主任。雒院士曾担任两届973项目首席，国家自然科学基金创新群体负责人。

雒建斌极为重视人才培养工作。他视教学为使命，在学生培养上从严要求，视育人为己任。“板凳要坐十年冷，文章不写半句空。”他时刻告诫学生要以严肃认真的态度对待科学研究。雒建斌注重因材施教，尊重自己的学生，让他们做最喜欢、最适合的工作。

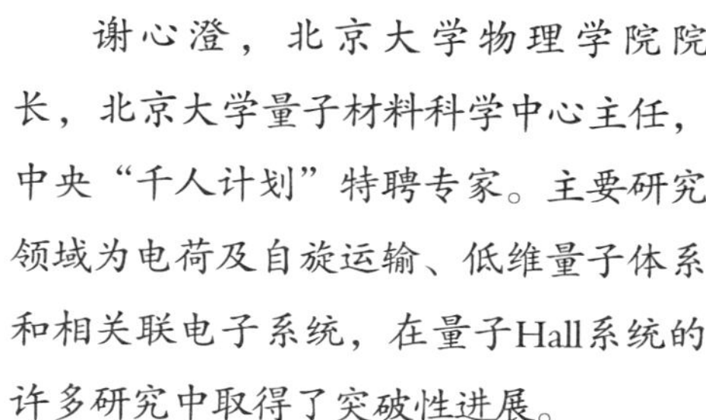

谢心澄，北京大学物理学院院长，北京大学量子材料科学中心主任，中央"千人计划"特聘专家。主要研究领域为电荷及自旋运输、低维量子体系和相关联电子系统，在量子Hall系统的许多研究中取得了突破性进展。

在其带领下，北京大学物理学院始终面向国际一流、探索科学前沿，既鼓励原创性基础研究，又积极推进具有潜力的应用研究，更提倡不同学科之间的交叉拓展。

许崇任,北京大学元培学院院长，博士生导师，教育部高等学校生物科学与工程教学指导委员会副主任和教育部高等学校实验教学指导委员会副主任，中国动物学会副理事长。主要研究方向为转基因生物的安全性问题。

北京大学元培学院的"元培计划"代表了人才培养多样化的状态，体现了大学的包容性。这种全新的人才培养模式，试图冲破原来专业教学的僵硬体制，纠正人才培养过度专业化的偏差。

薛澜，清华大学公共管理学院教授，博士生导师，院长，中国公共管理学科长江学者，兼21世纪发展研究院常务副院长，同时任美国卡耐基梅隆大学兼职教授。主要研究领域为公共政策与管理、科技政策与管理、危机管理等。

薛澜教授是中国公共管理教育事业的先行者，在他的带领下，清华大学公共管理学院是国内第一所正式以公共管理学院命名的学院。公共管理学科在中国从无到有，目前教学体系与国外已经比较接近。

薛其坤,清华大学副校长，材料物理专家，中国科学院院士，清华大学教授。长期从事超薄膜材料的制备、表征及其物理性能研究。由薛其坤院士领衔组成的团队在量子反常霍尔效应研究中取得重大突破，从实验上首次观测到量子反常霍尔效应，在《科学》杂志在线发表。

薛校长认为，在研究生的培养中，除了对基础知识的认识、对科研基本技能的训练和科研规律的把握外，更要培养学生对科研的兴趣和热爱。他赞成通过鼓励机制，在激励的环境中培养学生自发的勤奋品质，创造融洽的科研气氛，培养他们从事科研的兴趣，在追求未知的科研过程中享受快乐。

庄惟敏,清华大学建筑学院院长，教授，清华大学建筑设计研究院院长兼总建筑师，国家一级注册建筑师。主要建筑思想是无为而治，专业研究方向为建筑设计及其理论，建筑策划，设计方法学。

庄院长认为，因为职业教育的生涯是漫长的，做建筑师是一辈子的事情，学生用4年至6年的时间学习专业的理论知识，接下来则要不断地在实际工作中去补充新知识，所以大学教育只是把学生引领进门，让他们了解建筑，而后在他们的职业生涯需要不断再积累更多的知识和经验。

【策划手记】

2012年11月习近平当选中共中央总书记之后，立即在国家博物馆发表了关于民族复兴的讲话。他说：“现在，我们比历史上任何时期都更接近中华民族伟大复兴的目标，比历史上任何时期都更有信心、有能力实现这个目标。”而我们的大学现在培养的是不同于以往任何时期的一代学生——他们是实现民族复兴这一伟大目标的一代人，他们是决定中国未来三十年命运的关键。然而，中国高等教育改革虽然自1977年便开始进行，但是在90年代后该领域的改革变得极为缓慢。现在，大至专业主义与功利主义的强势、行政权力对学术独立的限制，小到学生报考专业的盲目、课程选择上的投机和利己主义的盛行……中国的高等教育还有太多问题需要解决。为了培养出具备实现民族复兴的担当精神和能力的学生，我们需要怎样的大学？我们的大学应当培育怎样的学生？

【演讲精粹】

作为教育培养青年人的大学，所肩负的任务与使命不仅仅是教授专业知识，我们的大学还应该孕育新的理念，包括教育理念创新、教学内容创新等，目标是培养同学们的学术志趣、塑造优秀人才，培养有历史担当的拔尖创新人才。

如果强调大学教会我们多少知识，或者说技能，我个人觉得还是其次，最主要的还是教会了我们做人。

要说现在和70年代末恢复高考时最大的不同是什么，我觉得非常不一样的是：当时每一个大学生和国家的前途、国家的前景，以及国家对大学生的期望高度吻合，所以当时的个人那么勤奋，所以那么能吃苦。

你要带动这个领域有所发展，不能只靠一个人，肯定要靠一个团队。那么，你和团队的协作精神就至关重要，而我们现在大学的教育很少讲协作。我们应当鼓励大家每个人都参与团队协作。

大师一定是在最平凡的环境中、在所有人都均等的机会下，自己脱颖而出的。

【演讲实录】

主持人：各位老师、各位同学，大家下午好，欢迎大家来到今天的“清华大学时代论坛”，我是清华大学的学生梁植。今天很特别，因为今天的活动是“清华大学时代论坛”十周年系列活动的第一场，我们今天的主题是“教育”。这不是一个偶然，不是说今天我们十周年纪念活动第一场碰巧以教育为主题，而是因为“时代论坛”的同学们都一致认为，做“时代论坛”的最终指向还是教育，他们希望能够通过这样的形式，把社会各界的名流、专家、学者以及很多我们在报纸、杂志、电视上看到的人，请到清华来与大家面对面地交流，让同学们去感受他们的才华和智慧，去跟他们进行思想的碰撞。最终的目的是希望大家能够在学习期间有更多的不同的经历，这也是大学教育中很重要的一个部分。因为等到我们毕业离开学校之后，可能很多课上讲的内容我们不会记得那么清楚，但是有可能你在聆听某几场讲座的过程中，某个嘉宾讲到的话会让你有很深的印象，并伴随终身。

说到十年，对于"时代论坛"来说，是一段很长很长的时间。因为这是一个完全由同学们自己组织的论坛。学生会有很多部门，"时代论坛"作为其中一个很重要的部门，一直保持着相对固定的运作模式，秉承着一贯的精神，一直坚持到今天。"十年"这个数字不知道会让大家想到什么，今天在这里，因为有"时代论坛"十年以来对教育问题始终不变的关注，我们才能看到今天的五位非常重量级的嘉宾坐在一起。我在想，什么样的理由能够让这样五位中国学界非常重量级的专家学者，同时也是教育的执行者——能坐在一起，共话教育？我想可能有两个原因：第一个最重要的原因是同学们邀请他们今天下午来，他们希望能够尽可能地从百忙之中抽出短暂的时间来满足同学们的要求和愿望，这和他们的教育初衷相符。第二个可能很重要的原因是我们今天讨论的主题是教育，所以我们才能把五位重量级的嘉宾同时请到。今天下午大家能大饱耳福，聆听五位嘉宾和我们分享他们自己对中国高等教育的观点和看法。

今天我们活动的一开始，我们首先要请大家把目光投向大屏幕。今天本来还有一位重量级嘉宾，清华大学副校长薛其坤院士，因为他有临时出差的任务，现在已经离开了北京，没有办法来到现场，但是他在昨晚完成工作之后，特意录制了一段视频，来与大家分享他对教育的一些感受。我们一起来看大屏幕。

（下为薛其坤视频讲话稿）

亲爱的同学们、各位院长、老师以及关心高等教育的媒体朋友们：

大家下午好！

首先我对不能亲临现场参加清华大学学生会组织的"少年强则国强——教育十年"论坛向大家表示非常的抱歉。

一个月前的今天，清华大学正式启动了第24次教育工作讨论会。这是清华新百年来首次召开的教育工作讨论会，将历时一年，意义十分重大。为此，陈吉宁校长还发表了"致清华全体师生和校友的一封信"。清华将直面目前在教育教学方面存在的现实问题，以"创新教育模式，激发学术志趣，提高培养质量”为主题，寻求教育教学的改革方向和措施。在这里，我也诚恳邀请各位教育界同行、媒体朋友和同学们参与到本次讨论中，为清华新百年的教育深化改革以及中国高等教育如何发展注入更多的思想与智慧。

习近平总书记最近强调，青年最富有朝气、最富有梦想，青年兴则国家兴，青年强则国家强。作为教育培养青年人的大学，所肩负的任务与使命不仅仅是教授专业知识，我们的大学还应该孕育新的理念，包括教育理念创新、教学内容创新等，目标是培养同学们的学术志趣、塑造优秀人才，培养有历史担当的拔尖创新人才。

今天我没有时间谈论教育创新，在有限的时间内，我只想让同学们思考一个问题，然后简短谈一下我个人的亲身体会。

如果以2050年为时间节点，到时支撑中国发展的主力军就是今天在座的各位同学和你们的同龄人。到时候国家强大不强大、社会进步不进步、人民富裕不富裕可以说完全取决于你们的表现，到时你们应该是支撑这个国家的脊梁。所以，我希望各位同学好好思考一下、静下心来好好思考一下，你的历史担当是什么？我们清华学子的历史担当是什么？作为最优秀的学子中的一员，你们能否胜任历史赋予你们的责任。希望你们好好地、好好地思考思考。

下面我简短谈谈我的个人亲身体会。

我在35岁时成为正教授，不到42岁时被增选为中国科学院院士，在同龄人中可以算是个成功者。但其实我的人生经历非常的坎坷：大学毕业后我考研考了三次才考上研究生。读研究生读博士也是非常的不顺利，花了七年才把博士学位拿到。在国外留学和工作期间，更是面对每天7点上班晚上11点下班的“7-11”的残酷考验。这种困难、不顺利的状况持续了十好几年。就是在这种非常坎坷和充满艰难的生活中我学会了做科研，找到了学习的兴趣，最后养成了吃苦耐劳异于常人的风格。

回国创业到如今的十多年，与我合作过的博士后有12位，培养了近50位博士，现在他们大部分都还在从事科研。有两名学生获得全国百篇优秀博士论文奖，现在都是北京大学的老师，有一名学生获得全国百篇优秀博士论文的提名奖，现在是南京大学的教授。我想我对他们最大的培养或者最大的指导就是如何勤奋工作、如何让他们养成勤奋的工作精神，在勤奋中找到学习的兴趣、在勤奋中培养科研的兴趣。所以，我今天想和大家分享的一个体会就是“勤奋”。清华校训是“自强不息、厚德载物”。勤奋、不断努力也许就是自强不息的重要方面吧。

简单做个总结，我希望同学们树立远大的理想，勇于承担责任，积极乐观地去面对人生，通过自己的勤奋努力，通过自己的自强不息，去实现你的个人梦，为中华民族实现美好的“中国梦”做出自己的贡献。

今天，学生会的同学们还有幸邀请到了北京大学、清华大学的几位院长和系主任出席论坛，我谨祝你们的论坛成功！祝各位媒体朋友、各位老师、同学度过一个愉快的下午。

谢谢大家！

主持人：我们第一次知道了“7-11”超市原来还有这么深的学术含义，今天回去以后，同学们可以把这个段子发到人人网上，相信会有很大的转发量。接下来我们用掌声欢迎五位嘉宾上台跟大家交流。

下面请允许我为大家介绍一下今天到场的五位嘉宾，他们分别是：中国科学院院士，清华大学机械工程系主任雒建斌老师；北京大学元培学院院长许崇任老师；北京大学物理学院院长谢心澄老师；清华大学建筑学院院长庄惟敏老师。接着我为大家介绍今天的东道主，清华大学公共管理学院院长薛澜老师。特别感谢薛老师给我们提供了这么好的一个屋子让大家来讨论教育的话题。今天的第一个问题，五位老师都要回答，因为这个问题，相信大家答案会很不同，因为大家也想知道，在你们像同学们这么大的时候，你们接受高等教育的经历是什么样的？那个时候你们获得的教育，对你们后来作为老师去教别人又有怎样的影响？你们觉得中国的教育走到今天和那个时候相比变化大吗？还是说依然保持着相同的模式？我们这个问题五位老师可能都需要回答一下，大家都很想听听。

庄惟敏：各位同学好，很高兴有这样一个机会与大家交流。说实在的，我1992年博士毕业，留在学校，实际上不在教学岗位，一直从事着科研和实践工作。我今年2月份才开始任建筑学院的院长，之前不在其位不谋其政，但事实上，身处这个位置，我思考最多的还是教育问题。刚才主持人的问题问得挺好，我也在想，其实对于教育最直接的反省对象就是自己。到底我从1980年进清华，1992年拿到博士学位一直到现在，这么长的时间里面，自己到底经历了什么？刚才主持人的问题问得很清楚，这十年，或者说准确一点，这12年，其实应该说是奠定了我一个很重要的世界观。如果强调大学教会我们多少知识，或者说技能，我个人觉得还是其次，最主要的还是教会了我们做人。建筑这个行业，是一个技术、艺术、科学、人文结合的行业，所以它需要我们有一种人文情怀。如果说我们学一个专业，掌握一种技能，我们会制造某些机器的零件，我们会研究某些专利的成果。但在建筑层面，这只是一方面，更多的，你要学会去理解人，理解人的生活，理解人的社会，怎么样能够去体察弱势群体在这样一个环境里面的反映和反响，我觉得这是在建筑学院这十几年的教育中让我印象最深刻的。另外，给我印象最深的一门课程叫“环境行为的文明”，原来是由李院士讲授的，我留校后就由我来讲，到现在为止，我也讲了有二十多年的时间了。这门课实际上主要讲的是“行为”，所以在课里看起来建筑系的学生第一步要研究的是人，是怎么样用一种人文情怀去观察我们的社会，观察我们的人群，他们怎么样来使用这个环境，来使用建筑，而后才是在这个基础之上，符合人们的特点和行为来改造环境。这一点应该说对我影响最大，不仅仅是学会了一些技法而已，谢谢。

谢心澄：首先很高兴有这个机会到清华和同学们、老师们一起交流。我自己是“文革”以后的第一届大学生，就是1978年入学的，但是1982年通过CUSPEA（中美联合培养物理类研究生计划），一个物理的考试，出国留学，后来1991年就在美国大学工作，2010年通过“千人计划”回到北大工作。我在大学这么多年了，回过头来要仔细想一下，到底中间有些什么是值得特别记忆的东西。一个是因为我自己的小学中学都是在“文革”时期度过的，所以实际上学习基础，包括数理化，还有一些文科方面的知识都学得很少。幸运的是我当时是应届生，所以没有下乡，没有到工厂，但是文化知识的很大一部分是靠自学，所以也养成了自学这个习惯。这个习惯到我后来上了中国科大，甚至科大毕业以后，也部分地延续了下来，算是比较喜欢自学。现在不好意思地告诉同学们，实际上很多课我是没有去听的，按照现在不知道有没有惩罚，当时好像是无所谓的，这个有好处也有坏处。1991年我在美国自己开始教课的时候，我发现，导师布置考题的时候，基本上和自己教的内容是关系比较大的，所以说你要想考试得到好成绩，基本上还是应该去上课。但是反过来，从我做科研以后，我就发现，也许有些东西是自学的话，对训练自己的能力还是有帮助的。另外，薛老师刚才也提到，勤奋的重要性，这一点我要再强调一下，就是在我们上大学的那个时候，我想当时的清华、北大也一样，科大的学生是特别勤奋，从科大出来以后，包括后来读研究生、博士后，以后的科研工作的辛苦程度，从我个人体会讲，都没有当时我们在科大那几年那么用功、那么辛苦。如果刚才主持人这个问题问相对年轻一些的大学毕业的学生的话，他们可能会说对大学记忆最深的是谈恋爱，当然由于那个时候我们学习太辛苦了，把这个事忘了。（观众笑）

薛澜：正好是前一段时间，有一本书叫《毕业三十年》，过去这两年，是我毕业30年，他们让我们来写点对大学的回忆，所以我正好也写了一篇文章，也算是对我求学的经验做了一个回顾。我说，三所大学铸就了这一代人，我是1976年高中毕业，所以下乡待了一年多，我觉得那是我的第一所大学。我不知道大家看过一本书没有，就是高尔基的《在人间》，我们那会儿看这本书，意思也是他当时好像要去康山求学，没有成功，就到处打工，所以我觉得那是我们真正的第一所大学——社会大学，它让你对你自己的人生有一些真正的思考，所以我觉得这一所大学其实挺重要的。

第二所大学就是校园大学。我是1978年年初入学，1982年年初毕业，我想现在印象最深刻的就是，当时确实是勤奋学习的。我觉得可能那一代学生的勤奋，今后很难找了。大家特别珍惜这个学习机会，当时经常停电，所以就到路灯底下看书，或者点着蜡烛看书，这是经常的事，这是让我记忆很深的。

另外一点，因为我在长春，东北当时生活条件还是比较差的，一个月的细粮好像就三四斤，其他基本就是玉米和高粱，所以伙食比较差。如果要说今天与过去有什么不同，我觉得首先是大的社会环境变了，另外整个教学条件等各方面也都变了，这个可能大家都有感觉。但是我觉得有一点，是那个年代的一个最大的感受，就是我们充满了信心，当时全社会好像都觉得这一代人应该有所作为。

许崇任：可能我比其他的几位老师年龄要大一些，我经常跟同学开玩笑说，我是出生在上一个朝代的人，所以我的经历跟其他老师可能略有不同。在

“文化大革命”的时候，刚开始那一年我17岁，我读的学校就是现在的北京市101中学，离北大、清华都非常近。我们那时候都是住校，在1966年的夏天，我们在学校里面可以同时听到两个学院武斗的声音，甚至是枪声。我1968年就到农村去插队，那个时候东北建设兵团并不要我，内蒙古建设兵团也不要我，理由是那儿是边境，那时我的父亲被关着，我就有叛逃的可能，所以我只能去黄土高原。实际上，我去的是山西黄土高原，我弟弟是在陕西，和习近平他们离得很近。可以说，我们是在窑洞里偷听“敌台”学的英语，那个时候还有卖“九百句”的，连王府井的新华书店都有卖的。所以，农村的生活，中国最基层的人在想什么，在做什么，我们了解得比较清楚。就这样，插队度过了相当长的一段时间，我也参加过你们听说过的张铁生的“文化大革命”中的考试。到了“文化大革命”结束，恢复高考，我参加了1978年第一次的研究生的考试，考到了北京大学。要说现在和当初最大的不同是什么呢？除了刚才几位老师讲的之外，我觉得非常不一样的是：当时每一个大学生和国家的前途、国家的前景，以及国家对大学生的期望高度吻合，所以当时的个人那么勤奋，那么能吃苦。现在的大学生跟那时候最大的差别就是个人的欲望和个人的性格更加的鲜明。年轻人的要求得到张扬，被释放出来了，但是和国家的要求的重合度却大大减少。所以当初没有人提出什么教育改革，大家都在努力学习，尽管那个时候中国和西方发达国家的差距比现在要大得多。但是由于现在这种重合度大大缩小了，教育上面出现了很多问题，需要谈论教育。所以我想今天也是一个好的时机，我们可以发表我们的看法，我觉得我自己谈不上说有什么建树，但是经验教训总还是能说一些的。

雒建斌：谈我们过去当时的情况和现在的区别，我感觉到老师们都答得挺好。要说有啥不同，我很难回答这个问题，但是我猜测有三点不同：第一点不同，就是心情不同。刚才几位老师都说了，因为我们当时是“文革”之后，刚好上大学，那时候社会刚从原来的完全以阶级斗争为主转到改革开放的时代，所以那个时代的所有青年心情都特别舒畅，当时有很多首歌曲反映了大家高兴的心情。现在的大学生好像都有压力感。第二点就是状况不同。我们当时考大学之前是不怎么学的，整天玩，当然兼顾学习，但我们一到大学就开始学习了。现在则是大家高考之前学习很多，上大学后松口气。所以那个时候大家的勤奋劲儿跟现在完全不一样。还有一个就是理想中的差别。当时刚好中国步子是向上走的，那时李宁在国际上得了冠军，中国的状态不断向好的方向发展，每个人都觉得在社会上可以大有作为。因为刚好很长时间没有大学生，虽然是上一代人吃苦了，十几年没有大学毕业生，或者是没有正式的大学毕业生，所以我们这批牵涉的就是十几年都人才空白，那个时候个个都是豪情万丈地奔向社会，要大有作为。现在的学生都是忧心忡忡的，担心能不能找到工作，所以状态完全不一样。

主持人：我觉得咱们今天的论坛，在每个老师短短的开场介绍后，第一个关键词已经可以总结出来——就是"勤奋"。其实这也是给了我一次警醒，就是我们同学们现在去讨论教育时，还有很多老师去讨论教育时，可能忽略了去发动人本身的积极性——我们有没有做到我们的最好，我们有没有真的去努力？当我们没做好的时候，我们说是教育制度的问题所以我们没做好。但实际在现有的制度程度上，我们是不是用尽了我们能用的资源和我们的能量？这可能是我们今天得到的第一个收获和感悟。那么接下来是一个希望老师们都来回答的问题，因为大家很希望在相同的问题下看到不同老师的不同诠释，这种思维的碰撞非常的特殊。而且我们刚才看到，每位老师在回答问题的时候，都充分地带着他们自己的这种——可能是学科，或者研究方法给他们带来的面对问题的态度和思考。第二个问各位老师的问题是，你们觉得理想化的教育模式——高等教育模式是怎么样的？这儿有一个小小的插曲，就是我在前一段时间，参加一个和创新教育有关的论坛的时候，有一位高校的老师，他讲道，他说学生的创新教育，如果没有做好，不能归咎于高等教育，他说这个应该是小学和中学完成的任务，如果到了大学才去期待他们学会创新和创造力，已经晚了——这是一位老师的观点。我们第二个问题也比较广，各位老师能不能谈一谈理想化的教育模式，高等教育模式是什么样的？我们现在和你们理想化的模式之间有怎样的差距，如果创新教育在其中，高等教育又扮演什么角色，我们请雒老师先来。

雒建斌：什么叫作"理想化教育"？要是从理想的概念来说，每个人都是非常有作为的人，能达到这一点就是理想化教育。作为中国来讲，什么样的教育是适合于中国的教育，或者说适合于中国学生的教育？这确实是一个大问题。现在，在我们的大学里，可能有几点培训，第一个就是基础知识培训，这点做得非常好。还有一个就是刚才主持人说的，创新性的教育，还有一些比方说组织能力、社交能力的教育等。我们有此类观念，但是这些观念也有不足，比如什么是"创新教育"？这是一个非常难回答的问题。如果要问谁创新性最大，可能大家会想到爱因斯坦，那么如果我们把大学的模式像培养爱因斯坦的模式来设计的话，这个大学肯定是失败的大学，肯定是不成功的大学，但是我们必须有学生创新思想的意识，这可能是一个问题。我们机械系现在也在探讨这个问题。因为我们是机械领域，要求在最基础科学上的创新，它对个性化要求比较强，但是从技术科学这一块来说，它又对团队协作要求比较多。所以我们说创新引导型人才必须具备一个素质，即有协作性。你要带动这个领域有所发展，不能只靠一个人，肯定要靠一个团队。那么，你和团队的协作精神就至关重要，而我们现在大学的教育很少讲协作。我们应当鼓励大家每个人都参与团队协作。

第二个问题就是创新性思维的问题。我们一直贯穿的是以基本知识为主的教育，那么怎么能够锻炼创新思维？这个可能涉及一些课程，来增加学生的创新性的观点。我们国家有很多企业，复制国外的技术很容易就把产品做出来了，但是总赶不上人家，为什么？不在于你知道成功的方法，关键在于你不知道他失败的情况，将来只要一发生变化，你就没有设计思想。你没有失败的经验，就不知道下面怎么面对。所以我用这种案例性的教育，培养学生怎么在失败中学会成功——这实际上就是个创新过程。

许崇任：主持人刚才的问题是什么样的教育是最理想化的教育，不是我跑题，而是我不知道怎么答题，因为你没有约束条件。这个理想每个人都不一样，每个国家、每个文化主体的要求也不一样。所以你要叫我说，我就觉得：如果创新也是教育的基本目标之一，那就是通过因材施教，每个人都能在这种教育的环境和体制下，把你的潜能发挥到最大，这就是我理想中的教育。

主持人：那么关于创新的教育，您觉得我们现在做得怎么样？或者说高等教育是不是要为创新负全部的责任？

许崇任：比如说我们现在叫拔尖人才培养什么的，这些做法的初衷都非常好，但是因为现在拔尖人才的培养，在全国每年几百万的大学生之中，大概只有"985"和少数一部分"211"学校，国家会给一部分资助，能够得到这种优质教育资源培养的学生是少之又少，应该是万分之一都不到，或者是顶多万分之一二。那么最后我们真的出现一些突出的人才，这个概率谁都算不出来。所以我的主张是什么？这种教育，要给学生一种很好的体制和模式，使学生在这种环境里面，能够充分地发挥自己的潜能。拿学生学习的课程来举例，不能挑学生认为最能够得分高的课程去学。现在的政策、体制就有点鼓励同学们选择容易得高分的课程，因为最后，推研以及奖学金，就只拿GPA来衡量，起码GPA占绝大的权重。那么我的主张就是，学生最好在这种体制下面——你可能能力不一样，你可能在数学、物理方面强一点，他可能在其他的方面强一些，那么你们的选课是，允许你使劲跳起来能够摸得着的课，而不是像我们现在这样轻松就能得高分的课。

薛澜：我觉得我的想法可能跟前面老师有点接近，可能没有固定模式的教育是最好的教育模式。说实在的，我觉得人具有差异性，每个人的思维模式、认知过程，可能都是千差万别的。把工业革命生产零部件的模式，转移到了高等教育上，这其实是很了不起的，实际上这大大地提高了高等教育的效果，使得大批的年轻人能够掌握科学知识，能够工业化地去服务，但是它本身也牺牲了很多东西——包括创新性。所以我觉得，实际上真正的高等，好的教育，哪个阶段都是一样，最好的是个性化的教育，根据每一个人，他的这种认知过程的特点来因材施教。另外好的教育也应该是发现的教育，因为每个人他不知道可能在3岁的时候感兴趣的东西，到8岁的时候变了，到10岁的时候又变了。说实在的，我上大学的时候最开始是很喜欢数学，后来我发现我对人文科学非常感兴趣，所以最后把我留校了以后，还是坚持希望能转专业，后来我出国就是学管理，学公共政策。实际上我现在回过头看——当然这也不见得是坏事——如果有机会的话，认识到自己对什么感兴趣，给我这个机会，那可能更好。所以我觉得这里面，其实给学生更大的宽容度，让学生有更大的潜力，自主地去发现，我觉得这种教育才是最好的教育。现在的话，我觉得我们应该往前推一点。

谢心澄：这个问题很难回答，我同意前面几位说的，我自己有时也会考虑这个问题，到底什么是一个很好的教育模式。实际上简单地来说，大概就是重视基础和创新能力培养，两者之间是个什么关系。咱们国家的教育，最重要的是在大学之前的教育，由于高考等原因，害怕输在起跑线上，所以对基础抓得很紧。但是反过来看美国的教育，它在反思另一个问题，他们觉得他们数学、科学的基础比亚洲国家中国、韩国、日本差得太多，他们一直在强调，如何使他们的学生在小学、中学阶段，能够跟得上东方这些国家学生的基础。就像《围城》里面的，我们一直在考虑怎么样训练提高创新能力，可能把两方面有机地结合起来，是我们一个比较好的措施吧。所以我们看到，创新性培养，也许小的时候有这方面的培养是很好。我的两个小孩从小就在国外生长，一直是在那边受教育，所以确实是得到了。上大学之前，从来没有回家做过家庭作业，因为他们下午放学以后有一个小时时间，如果做得快的话，那个时候也就做完了，剩下的时间就看他想干什么，或者看家长有培养哪方面的意愿，就可以培养培养。从这个角度来讲，他们确实有很多时间可以做一些自己愿意做的事情。当然咱们的青少年缺乏这方面的时间，但反过来咱们的青少年的基础教育要比他们强得多，之后是不是能补？当然实际上到一定的程度，这也是可以弥补的。

庄惟敏：说到理想的教育模式，其实我答不上来，但是我想我可以提出几个质疑，或者说我觉得不大好的地方。建筑这门学科——我还跟我的专业结合——它最终要培养大师，但不叫培养大师，这句话我之所以这样说，我觉得是要拿这句话出来当个靶子。实际上在我看来，大师绝对不是培养出来的，我从来不相信从清华大学毕业的大师是大学专门培养出来的。因为大师一定是在最平凡的，所有人都均衡的机会下，自己脱颖而出的。所以换句话讲我比较反对精英式的教育，但是很遗憾，包括北大在内，清华也一直在宣扬精英培养，我们培养出来的都是领导，都是科学界的尖子。而且现在的教育体系和各种各样的措施，基本上最好取一资源都供他们用。我相信这种情况只能带来一个结果，就是学术贵族。而学术贵族其实是要不得的！首先大家通过高考拼下来能够进入北大、清华，自己觉得就是贵族了，如果在这种情况下，学校再通过各种各样的方式——奖学金也好、助学金也好，特殊的基金供给他们，这样很容易滋生一种自己的优越感。这种优越感在人性层面，其实对他们艰苦奋斗和努力是有害的。刚才几位老师说得都特别好，为什么在改革开放初，刚刚恢复高考初，大家的理想是跟国家结合在一起的，为什么是这样？就是因为那时候大家机会都是均等的，你只有通过最普通的考试，拿到很有限的资源，你又脱颖而出，那你是尖子。其实国外就是这样的教育，我相信它就是这样的教育。举个例子，伊顿公学，大家都认为是最牛的学校。当我们中国很多大款把自己的孩子千方百计用重金送到那以后，突然发现孩子太受苦了，睡硬板床、做体力劳动，冬天穿不暖，还吃不饱饭，那干什么呀？就是让你体会一下作为一个最普通人、底层人的状态。伊顿公学绝对不是用最好的材料、最好的资源、最好的经费养着这批人，我想它一定不是。所以"学生贵族"这个思想，其实是非常要不得的。但是恰恰在我们很多同学里面，包括老师里面也有这样。所以我是觉得学校的教育可能要从这里面想想办法。当然现在"985"也好，"211"也好，很多的经费都是确确实实在这个层面的，甚至于挂在了某一位学术带头人前面，这个我能理解，因为从学术的角度来讲，他需要一团队。但是对学生而言，我觉得这不是一个很好的办法，这个层面确确实实是需要深思的。

还是拿建筑学来说，我们的学生可谓是知识型的，有非常丰富的知识面，一点都不比国外的学生差，我们的西方建筑史的教育，甚至比西方的学生掌握他们的建筑史的知识还多，但为什么在同台竞争的时候，项目投标的时候我们往往不行呢？很多的层面不在于知识的多少，而在于他们能不能够站在个人的角度，放眼认识全社会。这种认知的能力我们确实很弱，这种弱不是你拿钱能够堆出来的。我觉得确确实实是在平等的基础上，你能够跳出来，这个才是你的能力问题，不是刻意去培养的。所以我想可能在这个层面，确实是需要有一点反思的。

主持人：谢谢各位老师，咱们的第二个环节老师的回答就比刚才第一个环节的针对性更强了，而且每个老师基本上都涉及了一个问题，就是关于整体性和个别的问题，也就是所谓的整体的通式的普适的教育。关于这个问题，我们在接下来的一个阶段里，将会重点关注。我们先来问问许老师，您是北大元培学院的院长，那您觉得现在元培模式，是不是针对中国现在的这种基础的教育模式所做的一种应对，也就是说，给同学们一些缓冲的时间去思考，我到底要学什么专业？您觉得元培模式如果在北大做得很成功后，在全国的其他高校有推广的可能性吗？

许崇任：主持人提了一个我十分乐意回答的问题。我稍微用几句话简单地介绍一下北大成立元培学院的历史。在1998年的时候，北大成立一百周年，在前半年时，北大开过几次会，讨论北大的本科教育问题。为什么讨论北大的本科教育问题呢？实际上那个时候北大已经有很多教授提出来，为什么北大从50年代一直到90年代，都没有培养出它所希望的那么多的，那么高的人？实际上就相当于那时候就已经在提出跟后来的“钱学森之问”一样的问题了。当时我记得在香山开了几次会议，大家比较了国内外的知名大学，比较了和中国香港、中国台湾、新加坡这些大学的差异，我们哪一点做得不够呢？大家觉得有很多不一样的地方，但是大家有一点共识，就是我们的通识教育这些年来削弱得太多了，后来还做了一些讨论，写了一些文章，我就不详细说了。

实际上，大家一定还听说过浙大的竺可桢学院，南大的匡亚明学院等，复旦还有复旦学院，这些学院是不是一样？实际上真的不太一样。元培学院的定位是什么呢？是一个正常的，普通的，以教育公平理念为先的一种本科教育模式。为什么这么说呢？现在浙大和南大的模式，包括其他一些学校的模式，和元培学院不一样的地方在哪里呢？一个是择优录取，元培学院不是择优录取，从最开始时就是自愿报，后来在高考中也是自愿报，不是按照分数的高低来筛选学生的。有一些（其他学院）是所谓培养拔尖，就是强化的这种，就是择优录取，然后就是滚动淘汰。元培学院也从来不淘汰，不管你学得好，学得不好，你的学籍不会因为成绩而被淘汰到其他学院，所以这种滚动淘汰，择优录取的形式在元培不存在。另外就是元培学院的学生不会享受单独的特殊的教育资源的投入，因为在元培学院你选择的所有课程，都是北大各个院系为全校或者为本院系开设的课程，而不会专门为元培学院开设任何单独的课程，没有增加教学资源的投入，所以这个实际上是和国外的住宿学院，和英国的牛津三一学院，耶鲁的那些住宿学院做法基本上是一样的。那么差别在哪儿呢？差别在他们的住宿学院，有自己的楼自己管理，有自己的食堂，然后有什么高桌宴会等，他们有一些形式上的东西，北大没有。因为这个需要的资源比较多，所以北大一开始是想按照另一种本科培养的模式，另一种是什么呢？回归到高等教育本科培养人才的本源上面去做。但是在一开始磨合的过程中出现了很多问题，比如说我们的学生想上物理系，想去谢心澄老师那儿去上课，他们会觉得你们不是物理系的学生，你们不许来这儿上课，一开始会有这样的矛盾，但是通过十几年的磨合，现在完全都接受了。另外，不论你选哪个专业，都是元培学院的学籍，最后的毕业证书也是元培学院发。比如说元培学院的学生学物理，两年以后，他选择物理作为专业方向，那他最后拿到的毕业证书和物理系学院的学生拿到的是一样的，但章还是元培学院的，这种形式是在国外通行的本科培养的模式。

在国外，甚至有的是全校都采用元培学院的这种培养模式。现在香港中文大学也是这样，完全是按照英国的体制来做。我们现在还有些做得不够，哪些不够呢？一个是我们没有全校性的通识课，虽然北大有几百门的通识课程，但是这个通识课不是国外的那种，我们希望开什么呢？不管是文科还是理科，入校的学生你至少要修2～4门的通识课，什么样的通识课程呢？批判性思维和写作，经典文献的阅读等。这是什么概念呢？我和我们的一个学生——我这个学生后来去美国做教授，深度参加了本科的招生和教学工作——他一直在跟我聊这些事情，他讲，常青藤学校的学生进校以后，他所修的课程，是影响他一生的，如果他入校以后没有上这几门课程，他将来要后悔的。而能够承担这些的，都是小班，绝对不会超过20多个人，能够上这种通识课程的老师，将来如果他离开常青藤的学校，到别的地方去应聘，或者是担任其他的职务，是会被那些学校另眼相待的，因为你能够在常青藤讲这种通识的课程，那说明你是非一般的。我说的不是理工科的课程，都是文史这种。刚才咱们建筑学院的庄院长讲到，为什么他们知识不一定那么多，但他们思维比我们却更开阔？因为他们是在世界范围里看问题。而他们有时候着眼点独特，或者是着眼点比较高，很大程度上也是因为这些课程，它们是影响学生一生的。这是我们元培学院最想做的一件事情。但是也没有做，为什么呢？就是因为中国以前老一代的教师没有开过这个课，没有成熟的教学先例，我们现在指望元培学院已经毕业的学生，从国外回来以后，来做这个事情，现在已经有在英国、美国拿到博士学位回来的学生，我们希望能够由他们来做这些事情。

元培学院其实就几句话，在低年级进行宽口径的通识教育和基础的专业的教育，高年级选择一个专业，然后在这之中，给他们和其他的本科生相比更多的选择，这个选择是教育公平的选择，不是一路的选择某个专业。在现在的专业教育上，所有人都按照一个教学计划齐步走，最后大家毕业的时候，学习基础和修读的课程都差不多。虽然有选修课，但是也都差不多。如果从生物学的视角来看，就可以比喻成每个人的学术基因都一样，在今后的发展过程中，可能基因突变就会很稀少，那么在社会前进过程中，对这种突变的选择，当然也就变得很微弱，所以很难得出我们理想中，像北大、清华应该出现更拔尖的人。我们希望元培学院不要这样，因为学生低年级进到元培学院以后，每一个人所选的课程都不一样，不一样是不是乱选呢？这也有可能，但是我们从20多个院系，由校长聘任50个导师，每年招收200个元培学院的学生，一个导师负责4～5个学生，来指导他选课，比如说入校时，确定不下来是学数学、物理还是计算机，但总而言之，是理科的性质，那可能给他指导的课程就会取一个公约数，包括课程的难度，也会考虑到将来不会影响他任何一个专业的选取，所以你的基础会无形之中好一点。

比如说，我将来想学计算机，但是数学分析等我都选的是A类的课，二年级以后，我就发现计算机系的多数学生这些课程的所学深度不如我。这在元培学院的学生里面会造成什么结果呢？大家的学术基因差异比较大，将来发生变异，社会的选择就比较多。这个比喻也许不是非常恰当，但是总归进到一个专业，按照一个教学计划的话，最后大家都长得一样高，都是优良品种，齐刷刷的庄稼。按照我们以前校长的原话，他就希望元培学院的学生将来有的是小草，有的是鲜花，有的是大树。这不是元培学院的发明，甚至不是北大的创造，国外的很多大学都是这么做的。实际上北大内部也在前几年就提出了多元化的本科培养模式，我想打破单一的这种本科培养模式，学生可以有更多的选择，国家自然就有更多的选择。

主持人：谢谢许老师，许老师讲得很透彻，而且把方方面面都讲到了，这样，我们现在做一个有趣的互动，我们现场请本科生举手（大部分观众举手）。大家想在本科结束之后继续深造的把手留着（无观众放手）。那么大家认为，我继续读研究生是为了做科研的，把手留着（大部分观众放手）。非常好，谢谢大家，这个问题就要问薛老师了。我们知道，薛老师和谢老师都是在美国有很长的学习和工作的经历，最早的研究生教育，硕士和博士，特别是博士，应该说它的培养制度设计是指向科研或者是研究的。而现在有越来越多的同学在本科之后不选择工作，选择继续读书，但是实际上目的不是为了做科研，如果有这样的情况存在，是不是我们的研究生教育应该改变，来应对现在的模式，还是说我们应该在研究生教育中引导更多的人去做科研。

薛澜：我想先让他们说，我们再回答。

观众：各位老师好，尤其是要向雒老师打个招呼，我是机械系34班的新生，我就属于刚才薛院长问的这一批，想要去深造，但是也不是说不想搞科研，只是对这个论题没有一个确定的答案。我了解到，也有很多同学，他们在高中，甚至在初中的时候跟我说过，他们有一个明晰的目标。而我在这方面确实还没有一个十分明确的答案，也许我以为，因为自己读的是机械系，所以很有可能以后会从事科研这方面的工作，但是我现在有一个困惑，刚才几位老师也讲到了，就是研究生还有博士生这个最初设计的初衷是指向科研的，但是好像在我们或者我们的同龄人中，这个概念好像不是很强，好像没有多少人是这样想的，大家现在并不认为读研究生或者是读博士生以后应该搞科研，而且也并不是说所有研究生和博士生出来以后都搞科研了。这是我的一个困惑，就是读研究生或者博士生以后到底是为了什么？我觉得，是不是现在这种教育的模式跟它的初衷已经有了一个偏差或者是变化？现在也不光是这些科研需要的学科有研究生或者博士生，不是说仅仅数理化或生物有研究生和博士生，很多人文学科也有研究生和博士生，那他们出来搞的工作叫不叫科研？我的理解比较浅，因为刚入学，这也算是一个困惑，想请各位老师帮我解答一下。

主持人：要不然我们把这个样本做精细一下，我们现场的研究生请举手。硕士和博士同学，大家毕业之后继续做科研的把手留下。请问有没有一个代表给我们说两句？我看能不能请那个同学来发表一下他的看法。

观众：其实刚才我也在想一个问题，到底研究生或者博士生的教育，是否要给他做一个定论，说他就是为了培养研究生。我是来自经管学院的，我问过我的导师，读研究生是为了什么？他说你跟本科生的区别就是有多两三年的时间去想清楚自己到底想要做什么。他用他自己的亲身经历告诉我，他的一系列选择，其实与最初的选择并不一致，但是在这个过程当中，他都是按照他心里所想去做的事情，即便这些选择最终都发生了一些改变。然后我觉得，如果真的要下一个定论说（读研究生）就是为了搞研究，可是等我们真的与学术接触了之后，才发现我可能并不是那么喜欢。如果有了这样一个定论，是不是说我们这两年的学习就白费了？那也不一定，因为在学习的过程中，我们积累了很多思考的方法，你走出去可能就跟别人不一样，看待事物的思维模式就不一样，那你可能做的一些事情，可能就是你贡献的领域不一样吧，有的是在理论，有的是在实践领域。所以我觉得问题就是，还是跟之前讲的理想化的教育模式应该是一样的，现在的硕士和博士研究的目的并不只是指向科研，而是培养一种方式或者一种人文情怀去看待这个世界。

观众：各位老师好，我是美院的博士生，刚才薛老师也说有的学生可能会去向社会或者公共部门，我就是这样的人。我7月份硕士毕业，后来考博成功，就接着读博，我是在享受走跟平常艺术创造不一样的道路。我觉得我是想做“奇葩”，或者是另类的那种人，所以现在读博士时，培养计划我也是尽量让自己参加一些其他学院的课程，感觉就是把自己的思维打开了之后，是非常有意思的，不管以后是继续做科研，还是去别的部门，比如公共部门工作，都会对自己未来的人生有帮助。

主持人：我补充两点，第一个就是我刚才（提问时出现）的问题，硕士和博士现在确实不能混淆了，确实是很不一样，第二个问题就是说，我自己也不明确（自己的方向），我就发现在我接触的博士同学中，只有一个人跟我说他要去国际组织做研究，其他人都要去做老师，我不是说哪个好，只是我们对这个问题的理解确实是不一样的。大家知道清华现在正在建的是一栋博士生的宿舍，是因为我们（清华）每年的博士生是越来越多了。

薛澜：我想可能是这样，因为我们研究公共政策，所以从政策的角度来看的话，实际上我觉得美国和其他一些西方国家的博士做学术研究是比较普遍的做法，这个现象背后有很深刻的制度原因。就是在市场经济的环境下，你做每件事都是一个投资。实际上去读书本身也是一个投资，可能是你个人的，或者是家庭，或者是社会投资。投资的话当然就希望能有更好的回报。实际上在国外读博士是非常辛苦的，另外我也想跟同学讲，其实人文社会科学的研究也是学术研究，千万不要觉得不是研究，而且有的时间也很长，有时候可能要8年。我们刚刚面试一位海外的同学，他来申请教职，他读博士也是花了8年的，所以这个（人文学科博士做学术研究）还是比较普遍的。这个投资让你得到什么呢？因为做博士研究，所以你花大量的时间去掌握学术研究的方法理论，如果说投入这么大，然后你做的工作不是学术研究，那么虽然按中国人的话讲，多学没坏处，但是从投入产出的角度来看，如果你打算做其他的工作，那么显然这就不是最有效的时间利用。从这个角度来讲的话，国外大学毕业生，一毕业就去申请读博士的很少，也许可能就像大家讲的，觉得有时候搞不清，我先工作，来看看我到底适合什么？这样的话知道自己要做什么。

现在中国的研究生教育目标其实已经不太清晰，实际上很多硕士研究生是实践导向的，他所传授的知识技能对你在实践当中其实是更加合适——在国外的基本是这么个情况，中国也正在发生这种转变。所以刚才有一些同学，可能读了博士，回头也不见得一定要做学问，我觉得也可以理解。有两方面的原因，第一个方面就是在中国社会的一个文化传统是对于知识非常重视，说不定还有一个情结就是希望你读到最高，就是不管做什么工作，都希望你多读书。另外我们各个地方都愿意招博士，觉得可以体现我这个公司或者部门还是很有学术水准的，我觉得可能有这种因素。另外一点，实事求是讲，目前看中国的现实情况，做学术研究，还是要做出相当的个人牺牲的。我也看到最近这段时间在讨论科研人员的工资待遇等，尤其是很多年轻的学者，目前在很现实的情况下，可能在生活的品质这些方面要做出牺牲，所以这样的话，我觉得也是一个现实情况。

主持人：刚才也讲到，谢老师在美国有长时间的经历，现在咱们清华或者北大以及国内的一些大学教育都有很多不同，那您能不能给我们简单说一说，您觉得美国的本科教育有哪些是值得我们吸取的——比如您是不是同意刚才许老师讲的部分？

谢心澄：其实关于本科教育，我记得好像杨振宁先生也提到过，我基本上同意他的观点，咱们国家的本科教育基础是打得很扎实的，因为从咱们的留学生到国外的情况就能看出来，在各个领域都一样，咱们去的留学生基本上还是比较高水准的。所以从物理来讲，我并不觉得咱们和国外有特别大的差距。而且物理的本科生很少的，物理相对来讲并不需要这么大量的做科研的人，你想想，如果所有的物理做科研的总数不变的话，你一个物理老师一生培养一个学生就平衡了，所以的话，刚才许老师培养了50多个，完全超值了，是这么个情况。

刚才那名大一的同学说，他现在还没确定以后是不是要做科研，我觉得这个想法应该也是很容易理解的。我从事物理科研，实际上科研一定要做到一定的程度，你才能够真正欣赏你科研的价值。你还在大一，一定要说对科研感兴趣，是很难说的。还有比如很多做物理的，特别是在国外的，读了博士以后，实际上并没有留在物理界，在国外真正能留下来的，我想大概不到10%，大多数都从事别的领域了，当然很大一部分是到华尔街去了，还有一些做数学的也是，因为当时90年代的时候，要发展比较定量的金融学，所以大批做物理数学的都去了。从某种意义上来讲，咱们现在国内继续从事物理的、从事科研的，是比较幸运的，据我所知，在北大、清华，大概我们的博士生毕业后可能有将近一半以上的人继续留下来做科研。

主持人：好，谢谢谢老师。我们请庄老师谈一谈。

庄惟敏：前面几位老师讲的我觉得都很对，而且确实是从他们的从事教育的几十年来的体会有感而发。说到不同学科，事实上确实是有些不同，如果我们简单地分为应用和基础这两块，建筑肯定是算应用科学，那么算不算科学这件事也一直在讨论。但是在这个层面里面，大家一直在认为，它是个文学、艺术、科学、人文结合在一起的学科。抛开这些形容词不说，最最关键的，事实上它是一个更多地注重应用和真正要盖出房子来的这样一个东西。所以说要评价最优秀的建筑学院，我觉得就是看到底从你那儿毕业出来的学生有多少盖出来了让大家瞩目的、让大家真正觉得好的建筑，这是硬道理。我们看十八大以后的城镇化，城镇化是什么东西，就是盖房子，而且盖房子你得盖得好。我们现在盖房子多，而且烂，那就很糟糕，不仅仅是没有用处，而且还破坏环境，75%的垃圾来自建筑，这是最大的问题。生活垃圾可能还可以通过焚烧来处理，建筑垃圾却不行，我们再利用的水平也很低，所以这是很重要的应用层面的东西。

另外一个东西，建筑系建筑师的培养，还有一个比较大的问题，就是他以后的职业化的培养。比如说我们经常说的在西方世界的四大自由职业：医师、会计师、律师、建筑师，医师是负责你的健康，律师是你的法律顾问，会计师是你的理财顾问，建筑师是你的置业顾问，恰恰是这四大职业是需要职业界定的，就是你必须要有执照才可以做，因为关系到人们的生命安全，你如果没有执照，你医师去行医是违法的。这一点在中国还不是特别的明确，自己都觉得自己是设计师，实际上在这个层面我们更多强调的是国际接轨的事情。刚才许老师说得很对，我们的本科生的教育慢慢向通识方面走，而研究生的教育是职业学问，我们事实上是往实践类走的，我们现在建筑学研究生的学位，基本上都是应用型的，不再是学术的说你要写个十万字论文什么的，而是你踏踏实实地做一个能盖得出来的房子，做一个设计。所以从这个角度来讲，我们的研究生就是实实在在的，你要当建筑师，你要当职业建筑师，当然这里面还包括规划师等。刚才说到了博士，其实我们的同学也大概分这么两类，一类因为说建筑现在确实找工作很难，既然找工作难，是不是咱们就可以想想办法，能够再读一读，找到一个好的工作，找到一个自己觉得投入的工作。因为建筑师找工作挺挑剔的，但没有一个刚毕业的建筑师到设计所，人家就能让你独当一面去做设计的，怎么也得熬个十年八年才行。我们说他们的学术思想很坚定，他们觉得通过2～3年的博士研究，有的3～5年博士研究，能对建筑有更深入的理解，我觉得这是他们思想比较清晰的一方面。所以说，作为导师的话，对他们这方面的引导还是挺重要的。

主持人：我们再次把掌声送给台上的各位，接下来的时间给大家，大家可以提问题。

提问：各位老师，我是来自建筑系的学生。我以前其实在北大待过两个月，学习过物理，现在就来到建筑学院，还被庄老师带过设计。我有一个很大的困惑是关于教育，就是我觉得我们现在的教育缺乏一种目标，就是从小到大，没人告诉你"你应该做什么"，到现在我觉得我还不明确我未来究竟应该做什么样的人？我从物理跳到建筑，我也不知道究竟是什么原因。我的一部分想法是因为听到建筑是艺术与技术的结合，人文与理工的结合，可能更全面，我想我以后会成为一个更全面的人，所以这样选择。但我不知道我未来应该做什么，我觉得我们现在的教育是不是就缺乏这种目标教育，因为没人告诉你，你究竟应该做什么，或者你心里应该做什么，我想请庄老师或者谢老师帮我解答一下这个问题。

谢心澄：我肯定是没法解答，因为我儿子一直到大四都确定不了，所以我没法解答。

庄惟敏：设计我带过他，他还是很有想法的，我想是这样，其实这个困惑挺普遍的。建筑学院也在尝试着研究刚才薛老师和几位说的，是不是可以借鉴国外的通识教育，也就是你在自己没有把握的时候，可以用一年或者两年的时间，来做一个观察，考察自己到底怎么样。因为我相信关于目标培养，就像刚才前面几位老师讲的因人而异，差异是巨大的。现在国内已经有几所建筑院校已经开始有通识教育，比如说浙大有，当然美国就更多了，可能我想在体制上稍稍有这样的变化，但是具体在个人的某些发展方向，还是要有一个坚持，就像刚才这位同学讲的，我觉得讲得特别好，经过了这样一种坚持之后，你会发觉曙光确实就在那儿，谢谢。

薛澜：我想也许可能，我不知道我们现在的高等教育体制有没有可能我们腾出一年来，我到什么地方去工作一年，或者是旅游一年等。我不知道我们现在有没有这种可能，但是我觉得这样的情况挺多，而且本科生，也有所谓的叫 gap year，你可以有一年，可以去探索你的兴趣。

主持人：好，我们再看看大家有什么问题。

观众：各位老师好，我是来自数学系的本科生，在这里我想问许老师和谢老师一个问题，像对数学系、物理系这种非常需要打好专业基础，非常需要深厚的数学物理功底的专业的学生来讲，通识教育对于我们专业到底有什么帮助或者影响？

谢心澄：像其他的一些通识课，这种课程，不一定说对你的专业有直接的帮助，但是对作为一个人，作为一个人的素质的培养，作为一个所谓的对得起“大学生”称号的人来说，应该是必要的。那么具体来讲，你看有的课，哪怕是中文课，能够学好写作，对你以后写论文也有很大的帮助。

许崇任：我不是数学系也不是物理系，不过我觉得其实不论是学数学还是学物理，都出了很多很多天才人物，我不是指的诺贝尔奖，而是在其他非物理、非数学方面取得的成就。大家都知道卡梅隆，他拍摄的那几个科幻的电影，无论票房价值，或他使用的这些拍摄的技巧，都无与伦比，他就是学物理的。所以我觉得学物理和学数学的，他们能做的工作非常多，为什么？就是因为物理和数学，无论是工科还是理科的其他的方面，它都是一个最最基础的学科。我不知道这么说对不对，就是在我们小的时候，或者是我们的孩子那一代的时候，我们经常叫他们选择专业，给他的建议是什么呢？你一定要找一个挣钱多，你一定要找一个你能够稳定工作一辈子的职业，这是父母对孩子，老一代中国人对孩子的期望。但是实际上发展到现在，没有任何一个职业能够让你稳定一辈子。社会发展太快了，在"文化大革命"刚刚结束的时候大家一股脑儿地去学财会，后来马上电脑化，很多人失业了。所以我倒觉得在大学阶段，最重要的就是把这些基础的课程学好，你一定要做好一种准备，就是你将来的一生中，至少要有2～3次的职业转型。如果你做学术研究的话，那另说。因为现在的科学技术更新速度太快了，你不能够指望你学一个职业，学一个专业、一个课程，能够吃一辈子，这不行的。所以我总觉得，对于本科生来讲，无论是做理科还是工科，你的基础课程学好了，将来转型的可能性要比别的同学大得多，所以我觉得你学数学、物理的，你们有足够聪明的头脑，将来无论怎么转型，都应该能够成功。

主持人：我简单地接两句，就是"时代论坛"之前做过两次大师的对话，就是人文、艺术和其他自然科学的对话，我们发现其实很多的学科之间，互相是支持的，看似好像没有关系的诗歌和物理的理论，其实里面有很多东西会给你不同的灵感和新的思路，所以这些都很重要。再从别的角度讲，你整天在数学系待着，你去人文学院上上课，多好，这样就不会像谢老师一样一开始就说错过爱情了。

我们刚才跟大家聊得很开心，但时间确实很宝贵，在这样的时刻，我们再次把时间交给五位我们都非常尊敬的老师，我们再次请我们五位重量级的嘉宾来给我们寄语一下，你们认为中国的教育的方向，或者寄语"时代论坛"十周年，都可以。

雒建斌：没什么寄语，我说句庄子的话，就是"天不为人之恶寒而辍冬，地不为人之恶辽远而辍广，君子不为小人匈匈也辍行"，希望大家作一个借鉴。

许崇任：我没有想过，也没有准备过，我想说什么呢？就是上周我们和一些地方的大学老师讨论一些教学的事情，他们说的给我很大刺激。他们说你们北大、清华的学生，智商都非常高，但我们的学生将来成功的希望不少于你们的，为什么呢？因为我们培养的学生，将来情商会比你们的学生高。所以我就在想，无论是清华的还是北大的学生，都应该注意培养自己的情商，因为在你们就业或者工作的时候会发现，普遍存在的确实是这些的差距。

薛澜：上过大学的人被称为受过教育的人，所以我想今后不管大家什么职业，作为一个受过教育的人，也许有几点是希望大家还能够始终保持的。第一个特点是对知识的渴求，因为我想受过教育的人，只要有这样的机会，他总想去多了解一下，这是我们的第一个特点。第二个特点是对事物运行规律的好奇心，不管是社会的运行还是物理学或者工程背后运行的规律，教育都应该使人保持这种好奇心。第三个特点应该是对学术和知识的鉴赏力，就是说尽管我不去从事这个研究，但是我能够知道什么是好的研究，你能够欣赏他们的研究。我想可能这三点是希望大家能够保持的，谢谢。

谢心澄：前面几位都讲得很好，我实际上就强调一点，就是刚才薛老师的学生，他提到了这一点——勤奋。在座的本科生或者研究生，可能不确定自己今后干什么，像我从事物理研究也是，真的做了以后，才会发现里面会有很多乐趣。但是有的时候如果你还没有完全进去，你一定要说能看出来他的兴趣所在还是比较困难的。

庄惟敏：在座的都是北大、清华的高材生，以后你们出去，你们要记住一句话，就叫高处不胜寒。因为你们用旁人的话讲大概就是出身高贵，但是很显然，这可能对你们今后不利。我希望大家能够做一个有情趣的，有人文关怀的，受大家欢迎的人，我觉得这是最基本的一点，能让你们很愉快。

主持人：老师们讲得非常的精彩，我们再一次把热烈的掌声送给五位老师和他们的同学，谢谢各位老师能够在周末与大家一起度过这样一个愉快的时间。时间很宝贵，议题很严肃，也很重要。我们也再一次感谢“时代论坛”的同学们，能够把五位老师请到现场。我们再一次感谢各位老师，今天的活动很精彩，谢谢各位。

【点滴感悟】

接受教育14年，第一次在老师们的启发下思考教育本身。虽然我也不知道自己将来会继续研读什么专业，从事什么职业，但是我知道了在我对未来一片未知的情况下自己现在应做的事情，那就是勤奋。坚持下来了，我的道路也就浮现了。

（法11　赵岩）

有时候真的很羡慕老师他们那一代人，虽然物质条件艰苦，但是他们乐观向上，充满热情，理想高涨。专业也好，成绩也罢，在理想的感召下都显得那么微不足道了。

（经25　刘灿尧）

艺术十年：艺术人生，底蕴中国

【嘉宾介绍】

陈亮声，著名华裔指挥家、作曲家。他1953年至1957年就读于美国加利福尼亚州伯克利大学作曲系，毕业后到普林斯顿大学专攻理论作曲。由于他对日内瓦大学合唱团的发展和瑞士室内乐的发展作出杰出的贡献，瑞士专门为他设立“大学乐师”一职，为瑞士绝无仅有，是国际上颇负盛名的指挥家和作曲家。

陈亮声先生深谙欧美艺术，亦通晓东方文化，多年来，他将二者有机融合，为中西文化之交流贡献颇多。

冯双白，著名舞蹈理论家和评论家、编剧，现任中国舞蹈家协会副主席、分党组书记，中国艺术研究院博士生导师。曾创作《花木兰》《水浒》等著名舞蹈。

冯双白先生高度重视基础史论的学习和研究，并科学地将舞蹈理论和实践相结合，走个性化的舞蹈研究道路。他潜心理论，谨秉“不通一艺莫论艺”，数十年积累沉淀，终将此艺论得通透。

李铎，著名书法大家，中国文联荣誉委员、中国人民革命军事博物馆研究馆员、解放军书法创作院院长、中国艺术研究院博士生导师、中国书法家协会顾问。其作品于平淡朴素中见俊美、于端庄凝重中显功力，气度不凡、雅俗共赏，深受国内外人士喜爱，在当代书法界占有一席地位。

李铎先生之书风，古拙苍劲，刚健老辣；李铎先生之人品，刚正坦率。对待艺术，先生有言：“笔墨当随时代。”

斯琴高娃，著名表演艺术家，曾多次荣获金鸡奖、百花奖、金像奖等影后头衔，因此成为香港电影金像奖历史上唯一一位两次荣获最佳女主角奖的大陆演员。从艺四十年，出演过许多栩栩如生的经典角色，代表作有《骆驼祥子》《成吉思汗》《大宅门》《康熙王朝》《绝对权力》《国家公诉》《娘》《武则天秘史》等。

镜头之下，她永远灵动而多变；岁月深处，她始终优雅而从容。

印青，国家一级作曲家。中国音乐家协会理事，中国文联第八届全委，全军艺术指导委员会委员，全军高级职称评委会评委，获全国中青年“德艺双馨艺术家”称号。印青先后创作的歌曲数量高达1000多首，而且他的作品题材大多紧紧围绕部队及军旅生活。代表作有《走进新时代》《天路》等。

印青先生对待艺术执着而耿直。说起艺术，印青先生最爱这样一句：“艺术只承认一流，时间只记得精品。”

阎维文，著名男高音歌唱家，国家一级演员，毕业于中国音乐学院，第十一届全国政协委员、中国音乐家协会理事，全国青联常委，中国共产党第十五次代表大会代表，第十届全国人大代表，第二届“中国环境大使”，曾获第三届全国青年歌手电视大奖赛专业组民族唱法第一名，中国“金唱片”奖等多项国家级大奖。代表作有《小白杨》《母亲》等。

阎维文先生，创作歌曲，他深沉内敛；演绎歌曲，他收放自如。

【策划手记】

对于“艺术”这样一个宏大而又悠远的主题，“十年”，似乎是一个太过短暂的注脚。然而，对于一个狂飙突进的时代，“十年”，却已然太长。2003—2013年，中国呼啸前进，世界日新月异，新的时代裹挟着一种不可反抗的力量发动了引擎，让这个时代中所有的一切都躁动起来，而艺术，亦在其中。

十年的时间，艺术跌落进商业的大潮，艺术圈幻作名利场；十年的时间，世事变迁让我们再也无法抗拒这样一个事实：艺术，与市场相交融。新世纪，新十年。80年代那股喷薄而出的艺术新潮已经渐渐凋敝，更久远的传统亦难以立足，旧已破、新未立，有人高呼：“艺术已死！”

然而艺术真的死了么？

我们不予置评。我们相信艺术是厚重的、坚实的，所以我们希望能摒弃轻浮与躁动，安静聆听师者的声音，聆听不同的艺术道路上同样的艺术皈依。我们更希望通过与艺术大师的直接对话了解各种形容词堆砌下的艺术的真正面目，通过对艺术在人的生命中的直接体现发掘来接触它连通人性的那一面，通过交流的字字句句中的艺术脉搏测量当代的中国艺术心跳。

因此，在“时代论坛”十周年来临之际，我们希望邀请陈亮声、冯双白、李铎、斯琴高娃、印青、阎维文等几位德高望重的艺术家，与我们共同探讨：他们为什么会选择艺术这条道路？在他们各自的艺术追求道路上，遇上过怎样的困难，他们又是如何坚持下来的？艺术最本质的是什么？艺术对于生命能够带来哪些重要的影响？ 中国当代艺术发展面临怎样的挑战？我们青年学生如何去提高自己的艺术修养？这大抵就是我们举办这场论坛的目的了。

【演讲精粹】

我想我现在喜欢舞蹈艺术，依赖舞蹈艺术，是因为人在舞蹈的时候，身体和心灵一定是融在一起的，身体是不会撒谎的，舞蹈艺术是一个和人的心灵紧紧地连在一起的艺术。

我们做音乐工作的人，除了完成好自己的本职工作以外，我觉得更多的是身上还应该有一种责任和担当，尤其像我们从事音乐工作的人，真的应该在这种指标原则基础上，追求发展，要让加上现代元素的民歌获得新生。

其实艺术家表达的就是对生活的态度，对人生的认识，只是文学家用他的文字，音乐家用他的音乐，书法家用他的笔来表达他内心的情感。情感是最底层的了解，我们讲以情动人，情后面还有一个精神，精神上到最高的境界，最高层次的，这是我们最终灵魂的教育，灵魂达到得高，我们艺术性就高。

艺术一定要和人的灵魂结合起来，艺术来于实践，它也高于实践。当各种门类总结出来，用一种形式表现为艺术的时候，这个艺术就有一个目的性，这个目的性是什么？就是教育人们怎么样在社会上维持一种和谐的、真善美的气魄，如果与这个背道而驰，那很可能就不是真正的艺术。

人不分富有还是贫穷，不分职位高还是低，不分年龄大还是小，不分你长得好看还是不好看，不分你有标准模特身材，还是你是一个大水桶，每个人都有跳舞的权利，为什么呢？每个人都有一种用身体来释放自己的权利，每个人都有通过自己来得到健康的权利。

【演讲实录】

主持人： 在“时代论坛”十周年到来之际，我们策划了十场大型讲座，献礼时代十年，也请大家同我们一起，走进这奔流不息的大时代。今天，我们迎来了大家期盼已久的“艺术人生，底蕴中国”专场论坛，时代十年的印记中，又将留下浓墨重彩的一笔。我想各位观众跟我一样，今天坐在这里，都因为能够与这么多在艺术界首屈一指的大腕交流而心情非常激动，也感到非常地荣幸。那么在今天的论坛开始之前，想跟各位老师先聊一聊，我们各位老师都是如何与艺术结缘的？是从什么时候开始走上艺术之路的呢？

冯双白： 我很高兴也很荣幸来到“时代论坛”，说到和艺术的结缘，我跟舞蹈结缘比较奇特。我小的时候到北京上小学，在北海附近的一个学校学击剑。因为学击剑就比较喜欢动，小男孩比较淘气，喜欢玩楼道里摆着的很多刀、红缨枪，下课的时候，就被叫到老师的办公室里面，有个不认识的老师，让我把腿扳起来，因为我学击剑的，可能有一点训练，后来老师说你愿不愿意学舞蹈啊？我说什么叫舞蹈啊？他说我刚才看你玩红缨枪玩得不错，学舞蹈就可以玩这个，我说那可以，和舞蹈就这么结的缘。后来在北京市少年宫舞蹈组学习了舞蹈，后来到内蒙古兵团，最后一直到兵团文工团，当然后来回到北大。我当时觉得，好了，我可以不用跳舞了，我喜欢文学，但是由于特别的原因，最后我又被分到了北京舞蹈学院。所以说，在我的生命道路当中，我好像一直想逃开舞蹈，但是好像冥冥当中，时时刻刻又有一种力量把我往舞蹈这条路去上推，现在要是用别的专业跟我换，我也不换了。因为什么呢？因为美国有一个非常著名的舞蹈家，他说过一句非常有名的话，他说“人的身体是不会撒谎的”，我想我现在喜欢舞蹈艺术，依赖舞蹈艺术，是因为人在舞蹈的时候，身体和心灵一定是融在一起的，身体是不会撒谎的，舞蹈艺术是一个和人的心灵紧紧地连在一起的艺术。

主持人： 我知道斯琴高娃老师其实年轻的时候也跳过舞，后来是怎么从舞蹈演员变成了从事表演艺术的呢？

斯琴高娃： 先说两句开场白吧，今天说实在是有备而来，但是却像做梦，每当我走进北大、清华的时候，甭管我是会朋友也好，来拍戏也好，甭管干什么吧，反正是兴奋的，尤其是今天这样的一个“时代论坛”来讲，在我一生当中我觉得是不可多得的，我非常非常珍惜，非常感谢清华给我的信任。我也是带着一种学习的心情来的，在座的各位老师，还有在座的你们，都是国家将来的栋梁，都是才子，所以我在这里非常兴奋地说，谢谢大家给我这样一个机会。说到跟艺术的结缘，我觉得我似乎在娘胎里面就已经跟艺术结缘了，因为现在不老说胎教胎教么，但是我父亲母亲的时候，不大有机会去施展他们本身的那种艺术才能，比方说我父亲爱唱秦腔也好，爱唱西北的那些东西也好，觉得那个时代不大能够发挥他们的能量。但是我觉得，有很多东西是他们给的。在我出生以后，一两岁，三五岁之后，妈妈就发现这个孩子节奏感特别强，看什么学什么，实际上不懂得什么叫艺术，什么叫舞蹈，什么叫京剧，什么是话剧，什么叫电影，不太懂得，但是因为受到父母家庭的这种影响，就感觉对什么都感兴趣，父母亲喜欢作画，我感兴趣，他们会写字，我也感兴趣，他们会唱歌，我也感兴趣，会跳舞我也感兴趣，会唱戏我也感兴趣，我觉得特别至关重要，影响我一生。好像似乎除了这行以外，我也干不了别的，也就只能这样交代了，交代我的一生，至于好与不好，或者进步与否，我觉得还是有待于自己的努力，看见时代在变迁，在进步，那么我也与时俱进，也向大家学习，再学习，好好学习，天天向上。

主持人：谢谢斯琴高娃老师，那么下面我还想问问李铎老师，可能有些同学还不是很了解书法艺术，那么，您是怎么跟书法艺术结缘的呢?

李铎：我上学比较早，是5岁开始。一次是在读私塾的时候，那个时候5岁，拿毛笔写字，就是写不成的，老实说是在画圈，我也闹不清关系，真的纳闷，画了画之后，发现长长瘪瘪，一直画圆形。后来偶然的机会，我把手放上墨，抹一个画一个，这是最好的了。后来老师叫我的名字，李青槐，我那个时候叫李青槐，我是3月份生的，正是槐树发青的时候，所以叫李青槐，叫我把手伸出来，我伸了两只手，结果左手被戒尺打了三下。这一次挨打，给我一个很深的教训，办什么事情都要认真，不能投机取巧，要写字，认真地写。后来老师给每个同学红模子，每一张都是老师自己亲自写的，我们用白纸来填写，填写完了以后，这个模子还在。我接受了教训，要填就按照老师指定的范围，填得比较满，既不出格，也不留出来，这时候老师就会认为，这个学生还可以，有的前面哆哆嗦嗦走出格来了，于是，老师就根据学生的这种状况，因人施教。我填的正好是满格，写得比较好，打那以后，我就开始好好地写。老师教的就这么几门，一个是认字，一个是背书，一个是写字，这是全部的课程。我在学习期间，由于我写得比较认真，那个时候不叫书法比赛，他选前五名，贴在墙上，前五名里面还有我，那个时候很高兴，还受到表扬。把我引进书法的大门，这算是第一个。

第二个就是到了读小学，因为那个时候，国民党严禁私塾，我们的私塾就被禁了，把老师也撵走了，把学生收起来，在李家祠堂开了一家小学。我就读于一年级，我的学历本来就不高，前四年不算学历，私塾是不被承认的。从一年级开始，老师教新学，也教了书法，这个对我是一个鼓励。特别是有一次我挑井水，从那个井里面挑水，挑到家里去，中间要歇一歇，歇的那个地点正是李氏宗祠门口，我在歇间的时候，扁担放在两头水桶上面，人坐在扁担上，眼睛就瞧着李氏宗祠的牌匾，我那个时候想，字写得真好，什么时候我也能写这么漂亮的字就好了。这个是第二个缘分，把我引向书法之路，让我对书法产生了兴趣。今天能在清华大学这样一个圣殿里面，向大家汇报这么一些情况，我感到很高兴，谢谢大家。

主持人：谢谢李铎老师的分享，我们应该很熟悉一些印青老师的歌曲，比如大家一定能叫上名字的像《天路》《走向复兴》这样的歌曲，这种歌曲像我家里有人是学音乐的，他们就特别喜欢您的歌，觉得您的歌里面有一种特别强的情感，让所有的人能感受到。您能跟我们谈一谈您创作歌曲的时候，这种灵感的来源是什么吗？有没有一些故事能够分享。

印青：很高兴，因为刚才几位老师都说了，今天这样一个“时代讲坛”，我十年前也参加过一次论坛，当时是在一个比较小的会议室，人也不多，好像也就不到100人，也是和大家在一起谈音乐候，现在好像做报告的样子，有点不太适应。我很感动，能够请我到这来跟大家一起交流，在座的都是我们国家未来的栋梁，人才，我们民族的希望。刚才谈到艺术，我很有感受的，一个是《走进新时代》。十年前，大家都很熟，《走进新时代》这个歌，因为当时也是党的十五大召开，要应急，也算是一个任务，要写一首歌,当时歌拿来以后，看了歌词我当时很气愤，当时是三句话，“改革开放富起来”，我当时一看就觉得写得非常大，“总想对高山表白，总想对大海诉说”，也说得很宽，很大的一种气氛。写完以后，就觉得不太对。因为那个时候1997年，香港刚刚回归，也接近世纪末，就提出要搞什么中国进入新世纪这种题目，整个社会的发展、我们的生活也有了很大的提高，个人的民族历史感、社会历史感，都比较强，如果这个时候你要还是摆着架子，要写那样的歌曲，那种宏大的诉求，好像和时代不相符，我想写的就是像我在面对面的交流过程中，任何人平等交流的一种东西，不是贵族，是老百姓、民间的一种交流。我当时写完以后在我家的客厅里，想一个问题，明白不能这样写，我得换种方式，就是这种娓娓道来的，非常流畅的，就内心的那种涌出来的东西，这样的话可能会更好。但是当时也很担心，是不是写得太小了，那么宏大的一个主题，因为党的十五大要召开，当时就是让我们告诉世界，中国的命运自己主宰着，让我们告诉未来，我们正在往上走，开拓进取，它是整个民族的一种感情，所以后来也在纠结。到单位之后心里特别不踏实，团长、政委、办公室主任都在，写完了以后，我就唱给他们听，我准备了两个方案，先把第一个方案唱给他们，后来又唱的第二套方案，唱完了以后觉得都挺好，第一个好像适合大的晚会，第二个比较抒情，也没说什么。这个时候，大家各回办公室，我们的办公室主任，就在走廊唱，我当时就定了，就是它了，后来也得到了全国听众的青睐，这是我的第一个感受。第二首歌也是经过一个过程，很有意思。我们在座的同学，你们肯定想不到《走向复兴》第一版是什么样子？第一版是摇滚的。当时是新中国成立60周年，我看了歌词，我第一感觉，新中国成立60周年，现在已经是21世纪了，这个音乐一定是具有强烈的时代气息，尤其是年轻人，能唤醒年轻人的热情，去实现他们的梦。第一版摇滚乐，合唱是以摇滚合唱为主，再加上美声合唱，所有人说绝对棒，当时我听了也很好，觉得太牛了，听完以后热血沸腾，所有的演员唱完以后满头大汗，说这首歌太好了，乐队那种重金属打得特别好，我兴奋了一个礼拜。一个星期以后，那种感觉越来越少，我后来怎么想，想的就是走向复兴是不是21世纪我们当代人新中国成立60周年才想起来的事？其实不是，这是我们国家百年来多少革命烈士，他们的追求，而不是今天的。可能用这种喧嚣的血脉膨胀的方式，不是我们大国的形象，这种作曲应该有历史，它是能够让我们感受到一代代都付出了鲜血、付出了生命、付出了努力的一种感觉，而不应该是当代的那种，这种感觉不对，应该重新做。后来回家之后，我就打电话，说这个歌不行，我要重录。所有人都反对。我说假设这首歌让外国人听了，应该是一个成功、坚定，充满了自信的声音，让全中国感受到一种传统的元素在传承，当时阎维文老师这版特别棒，就换成阎维文老师这版了，他们才感受到，原来我们内心要的是这样的。所以这两首感受是很大的。还有《天路》，大家也知道《天路》，我在很多国家，澳大利亚、德国、法国、美国都听过很多同类歌唱家的演唱，我在法国的时候，使一个法国朋友重新认识了中国，他们说他们听了《天路》也觉得中国人是很有文化情怀的，说中国情怀还是很美好的，他的这句话给了我很大的震动。我说为什么？难道我们中国人给你的印象不好么？难道就是因为听了《天路》才感到中国人还是有情怀的？所以说这个给我今后的创作很大启示，就是我们要传递什么，要表达什么，不管像世界也好，还是像身边的人，家人也好，还是像我们周围的人，要的是正能量那种声音，那才是我们真正灵魂的声音，谢谢大家。

主持人：我相信在场很多清华同学特别熟悉，就是在合唱比赛的时候，我们有好多院系都会选择这样的歌曲，就是因为这样的艺术它能够打动心灵。其实我自己也很有感触，咱们现在的很多同学，可能对流行的那种艺术更感兴趣，但反而是对一些主旋律的文化艺术，或者一些可能看上去更阳春白雪的东西不太追捧。我们也知道，阎老师也一直从事演唱中国民歌这样一个职业，而且是在可能唱片市场不是很景气的时候，您一直在坚持这个，您能跟我们分享一下您的初衷和体会吗？

阎维文：好，但是也要和孩子说一句，今天能够到清华大学来，很紧张，天天登台一点都不紧张，但是说到清华来跟同学们交流，还总是怕自己语言上有什么闪失，因为说实话，读书读得太少了，所以这一生中最遗憾的是读书读得太少了，非常羡慕你们。你刚才说的我想回答的这个问题就是，大家在舞台上，在电影上看到我更多的时候是穿着军装在唱军歌，但是实际上十年前，2003年开始，突然自己萌发了一想法，就是我在完成好本职工作，为我们的官兵，把军歌唱好以后，应该在自己演绎道路最好的时候，把我们这一代人对中国民歌的记忆，和传统的东西留下来。因为我们在从事这个工作以前，包括在工作过程中，一直都是听着老一代的歌唱家，他们的演唱几代人传下来。到了我们这一代正好赶上国家改革开放，大量的国外的艺术，流行音乐等一下子就充斥到我们的音乐中来，我们小时候很少能像现在听到这么多东西，而且是世界上顶级的东西，现在在中国都可以听得到。那么给我的一个问题就是，我在这个时候，我作为一个城市音乐工作的人，我应该做一些什么？我想，从2003年开始，我们就在做中国民歌的整理和录制，我是想把这些传统的民歌演唱出来。在这个过程中，第一我要继承传统，但是我不能原版地把这个歌拿来再唱一遍，那就失去它的意义了。今天，我在录制的过程中，我一定要把当前的这些音乐元素都融合进来。包括许许多多流行音乐的元素融到我的录制整理过程中来，我是希望通过我的这种做法，能够使更多的年轻人喜欢民歌。目前已经将近十年了，最近刚完成了我的第六盘，就是湖南湖北的乡乐情歌。所以我觉得，我们做音乐工作的人，除了完成好自己的本职工作以外，更多的是还应该有一种责任和担当，尤其像我们从事音乐工作的人，真的应该在这种指标原则基础上，追求发展，要让加上现代元素的民歌获得新生，先说到这儿。

主持人：谢谢，特别想代表我们这一代的年轻人感谢各位艺术大家能够有这样的责任与坚持。今天特别有幸能够请到六位老师，我想各位同学一定有这样的愿望，请每个老师给咱们都上一课。时间可能有限，咱们就用几句话为我们同学讲讲您心目中的艺术，艺术的本质到底是什么？给咱们也上一回大师课。

印青：这个话题有点难。艺术，我觉得艺术最终的归属是人，刚才说了，艺术是有技术的，和人的感情、内心的灵魂是有关系的，艺术它表达人的情感，我觉得这个是最低层次，艺术其实它表达了一个精神，然后是勇气，你要传递的是你内心的思想。贝多芬的交响乐的技术不好，音乐很棒，为什么？因为他有他的思想，他表达了他不管什么，是他的田园也好，这种交响曲，反映出他内心的对生活、这个世界的态度。其实艺术家也好，表达的就是对生活的态度，对人生的认识，只是文学家用他的文字，音乐家用他的音乐，书法家用他的笔来表达他内心的情感。情感是最底层的了解，我们讲以情动人，情后面还有一个精神，精神上到最高的境界，最高层次的，这是我们最终，灵魂的教育，灵魂达到得高，我们艺术性就高。

冯双白：这是一个特别大的话题，我非常同意印青的看法，艺术确实和人的终极思考相关。我前段时间去了西藏，坐火车，从青海进藏，然后在青藏公路上，公路和火车的铁路并行，我突然间看见了在公路上，就在天际线上，有一个人在磕着头，从青海格尔木一直磕到拉萨，就是这样。当时看着那个的时候，我就在想没有人监督他，没有人管他，他就是这样坚持的，累了停下来，夜晚到来了，就在那边，然后清晨起来，继续向前走，茫茫的青藏高原上，就那样一个人，他干吗呢？他做给谁看呢？他为什么要这样？我当时在火车上想了很多，我觉得艺术就是和这样行为当中的精神的追求、灵魂的追求相关。我想起了我为河南做舞剧叫《风中少年》，那个舞剧我在做的时候就发现了很多情况，一说到少林寺，我们很多人脑海中首先想到的就是出手断人命、见血封喉等，我当时也不知道少林是什么？我当时觉得我既然做舞剧，我可能要做这个，我就到少林寺采访。我到少林寺去过无数次，还是唯一一个不是出家的人得到特别的批准在少林寺里住。我到那去采访，去采访一个真正身怀绝技的大武僧，他常年住在山上，而不是住在人间繁杂的少林寺，那个山洞里面没有床，就是一个青石板，他春夏秋冬就在那儿住。我对他说你跟我讲讲什么是少林？什么是禅？我说少林的功夫到底是什么样的？他的回答让我非常惊讶，他跟我说冬天早晨起来，下大雪，出了山洞，雪地上留下了几行兔子的脚印，我沿着兔子脚印向前走，看见太阳从山上升起来，说完这话，就不说话了。我说什么是少林？什么是禅？少林功夫是什么，是兔子的脚印吗？后来我跟他聊很多次以后，我才知道他叫德戒，他跟我说的是真正的少林，真正的禅，是和人的生命相关的，为什么要练武呢？是因为禅宗讲究面壁，他要面壁，他要打禅，他要坐禅，所以他要长期在阴潮的山洞里面面壁，身体就出毛病，所以他要把自己的身体调整好。他跟我讲，雪地上冬天的兔子的脚印，其实阐述的信息就是你生命的最本真的问题。他跟我说了以后，我突然意识到，艺术是和人生命最本真的追求相关的，它是和真善美相关的，它是和灵魂的追求相关的。艺术特别难，艺术要有很多天分很多条件，要经历无数的磨炼，但艺术的路最终要追求一种真正的属于精神层面的东西。在青藏公路上那个磕长头的人，他在自己的心中要解决的是生死问题，我们现在在生活当中，常常面对的是小矛盾，人际关系，官大官小，但是我们很少去思考生死，这个生死其实很有关系，所以艺术和灵魂相关，和终极追求相关，这个追求是最终要害，抓住了它才有可能接近朝圣的殿堂。

陈亮声：我只是觉得中国在古代从宋朝姜夔写的一些东西，得到一些感受，如果同学们能用就用。姜夔是宋朝非常伟大的音乐家，而且是大诗人，他写的两篇诗说，如果你能好好地把诗说看一看，你就会感受到，是怎么回事，因为他也是一个音乐家，其中就有说，“人所易言，我寡言之；人所难言，我易言之，自不俗”。这是他的话，这里面的东西看了一定能够深有感触。

斯琴高娃：我觉得这个东西很大，但是以往有些人，曾经说过，艺术是什么呢？是杂耍，是玩耍，所以为什么旧社会把我们演艺的人说成戏子，看不起我们。但是刚才各位老师都讲到了，其实艺术无处不在，在我们的生命中，在我们的行为中，在我们的生活环境中，无处不在。刚才各位讲到的各个方面，怎么样才是能够抒发得好，这里面就有玩意儿了，要讲究，要有艺术，这艺术可以把它讲得很低俗，但也可以讲得很高尚，你的意义在哪里？所以为什么中国会出现那么多的诗词，那么多的文人，那么多的艺术家，这里面当然包括了我们的书法家、音乐家、舞蹈家，还有很多很多的各行各业，非常出众之人，你们上大学，一定会积极地去研究他们，我们搞艺术也一样，虽然是一知半解，但是你要用心。

李铎：艺术这个题目很大，很难讲得深刻，讲得精髓，刚才几位老师说的我都同意，艺术一定要和人的灵魂结合起来，艺术来于实践，它高于实践，各种门类总结出来，用一种形式表现为艺术的时候，艺术就有了目的性，这个目的性是什么？就是教育人们怎么样在社会上维持一种和谐的、真善美的气魄，如果与这个背道而驰，那很可能就不是真正的艺术。所以，我对艺术的看法，就这么几句话，艺术是崇高的，是美好的，是值得提倡的，但是，我们从事艺术的时候，必须解决人生观的问题，这就是自己看好的，谢谢。

【观众互动】

提问：阎维文老师，您好！对于我们大学生来说，我们接触了各种各样的音乐。对于民歌这种艺术的理解，常常会因为社会的浮躁而降低这种能力，我不知道我们能够身体力行地去为中国的一些民间文化、民歌艺术、传统文化做些什么？谢谢。

阎维文：能够让更多的，尤其是让我们年轻人去喜欢的话，我想是两个问题，一个主要还是应该加大力度宣传，我们现在舞台上也好，电视上也好，这样的东西太少，不是不好听。我给你举一个例子，过去我对京剧一点都不喜欢，节奏太慢了。但是随着年龄的增长，从今年开始，我已经连续看了十几部京剧。年轻人就是这样，随着年轻的增长，他慢慢地往回走，但是我希望这个慢应该快一点，早一点回到，不是说不喜欢的问题，所以我说第一个来自于方方面面的宣传气力度不够，对于我们传统的东西确实是一个非常重要的问题。另外就是我觉得大家不妨静下来，听一些好的民族音乐，你能真正感受到这里面的这种艺术魅力，就是这样，谢谢。

主持人：不知道在座的同学们听了有什么感受。我的感受是，艺术源于生活，艺术点亮生命，艺术关乎灵魂，接下来我们也把机会给我们现场的热心的同学们，给大家向老师们提问的机会。

提问：冯老师您好，我是清华舞蹈队的，过去十年来，从学校艺术团到我们自己队，采取了很多措施，让舞蹈校园化、大众化，但实际上的普及效果并不是很令人满意，我感觉仿佛具体形态的艺术，尤其舞蹈这种东西，在和平常人之间好像存在着一堵奇怪的墙。我想问问冯老师你对这个事情有什么看法？谢谢。

冯双白：谢谢你这么长时间地坚持在舞蹈上。有没有那堵墙？的确是有的，就是人在表达情感的时候，你们会注意到，小的时候就会自由地用身体来表达情感，越来越长大，你就越来越进步，越少用身体去表达，这就是那堵墙。其实身体和情感有着特别直接的联系，没有任何问题。广东江门是我们一个非常著名的舞蹈家的故乡。现在不老说中国梦吗？他有一个梦叫作人人跳，什么叫作人人跳呢？就是人不分富有还是贫穷，不分职位高还是低，不分年龄大还是小，不分你长得好看还是不好看，不分你有标准模特身材，还是你是一个大水桶，每个人都有跳舞的权利，为什么呢？每个人都有一种用身体来释放自己的权利，每个人都有通过自己来得到健康的权利，这个是特别好的，希望你一定坚持下去。英国有一个活动叫作舞蹈日，所有的人都会停下来进行一段舞蹈。我有一个梦想，将来我们就做中国的舞蹈日，我希望将来做中国舞蹈日的时候，在清华大学我们有你们这样坚强的舞队，坚强的力量，让所有的人抛开世俗的规矩，在舞蹈当中，让自己的心灵得到自由。

主持人：我看大家还有很多都举手，但是很遗憾今天我们的时间非常有限，谢谢今天六位老师为我们带来的精彩讲座和最美的呈现，我们今天的论坛就到此结束。

【点滴感悟】

我们常常在思考艺术之于我们究竟是什么，难道它仅仅是在繁忙的学习工作之外一种消遣么？在听了几位大师的对话之后，我觉得这个答案毫无疑问是否定的。艺术能够带给我们的不仅仅是一种休闲与消遣，更是关于人生以及灵魂的一种教育。艺术家通过各种艺术形式表达他们对于生活的态度，而我们在欣赏艺术的过程中也不断对自我灵魂进行再教育，这才是艺术带给我们最大的影响。

（法14　刘璐）

说实话，我之前并不怎么关注真正的艺术——与今天这些嘉宾所说的艺术相比，那些不过是一些迎合大众的流行元素而已。可今天这场“艺术十年”让我收获颇丰：通过近距离了解真正的艺术大家在艺术追求之路上的坎坷，我能够感受到艺术带给他们的成长和历练。这也让我深刻认识到自己多年来未曾用心去接近艺术造成的损失。

（物理系　陈泠融）

基层十年：扎根基层，无悔青春

【嘉宾介绍】

赵志刚（广西壮族自治区玉林市福绵区区长）

清华大学电机系博士毕业生，曾任职于清华学生职业发展中心。2010年到广西基层工作。2010年担任北流市人民政府副市长，2012年担任玉林市团委书记，现担任广西壮族自治区玉林市福绵区区长。

周莹翔（甘肃省白银市靖远县五合乡乡长）

清华大学计算机科学与技术系本科毕业生。2005年本科毕业后在卓尼县挂职锻炼，后于2008年二次选调到甘肃省工信委参与基层工作。他先后担任甘肃省白银市北湾镇党委常务副书记，甘肃省白银市靖远县五合乡党委副书记，现担任甘肃省白银市靖远县五合乡乡长。在乡镇工作中，他一直立志做“篱笆上的桩”，希望主动了解村社干部和农民群众的诉求，并竭尽全力为他们服务。

艾里肯江（新疆维吾尔自治区团委青农部副部长）

清华大学土木水利学院毕业生。在研究生期间他担任了志愿中心的辅导员，参与到奥运志愿者的工作当中，2009年于清华大学建设管理系硕士毕业。他履行了来清华前的“学成之日，一定回到新疆，为新疆的发展贡献最大力量”的诺言，毕业回到了家乡乌鲁木齐，2010年3月主动要求去南疆边远地区工作，在乌鲁木齐经济技术开发区任职，不久后调任南疆喀什市疏勒县的阿拉甫乡乡委副书记、党委书记，现任新疆维吾尔自治区团委青农部副部长。

胡建平（西藏拉萨市城乡规划局党组成员、副局长）

清华大学工程物理系本科毕业生。在校期间曾任校学生会副主席，2007年毕业后选择到西藏自治区人民政府办公厅工作。2008年经个人申请、校党委推荐，到西藏基层工作，历任拉萨市堆龙德庆县东嘎镇党委书记助理、东嘎镇副镇长、东嘎镇党委副书记、副镇长，现任西藏拉萨市城乡规划局党组成员、副局长。工作期间，在推进全镇社会稳定、经济发展、民生改善等方面贡献突出，2009年、2010年连续两年被评为堆龙德庆县优秀公务员。

【策划手记】

立大志，方能搏浪远行；

入主流，才能蓄势而上；

上大舞台，方可修学储能、无愧青春；

成大事业，铭记服务人民、济世报国。

有这么一群人，一走出大学校园，便深入基层，踏上了那片炙热而纯朴的土地。在这片土地上，他们挥洒汗水、奉献青春，改善了无数人的生活状况。他们有着响亮的名字：选调生！选调生是各省区市党委组织部门有计划地从高等院校选调的品学兼优的应届大学本科及以上的毕业生的简称，这些毕业生将直接进入地方基层党政部门工作，作为党政领导干部后备人选和县级以上党政机关高素质的工作人员人选进行重点培养。

清华大学一直重视选调生的培养和选拔工作，每年毕业生中都有同学选择深入基层，服务人民。在多年的历练中，曾经刚刚毕业的校友已经成长起来，在自己的岗位上成绩斐然。是什么样的信念坚定了他们选择服务基层的道路？是什么样的坚持让他们在平凡的岗位上奋斗不倦？而这一切的背后，又有多少不为人知的汗水与故事？

在本场论坛上，来自不同地区、不同岗位的基层校友们，将和我们一起分享他们的故事，一起畅谈清华人的报国梦！

【演讲精粹】

基层工作的重要性

在这个社会转型期，应该真实地知道群众，尤其是农村的老百姓在想什么，他们到底是什么样的情况，可能对自身以后的工作、成长，甚至对国家有很大的帮助。

胸怀

一个人要敢于出头。虽然自己主动要求来到这个地方，但是当地的同志没有理由去感恩，没有理由去对你的所有条件或者是你所有的想法进行满足，这个时候要用胸怀包容一些事情。

责任

领导要有长期情节，你一个地方发展的责任不是短期给你创造多大的政绩，是一种负责任的心态去规划。

才干的锻炼

在基层工作实际上每天都要面对形形色色、非常具体、非常复杂的问题，处理这样的问题，我想对我们才干的增长一定是有相当大的帮助的。确实，在这样的情况下你不得不做一些你可能不太喜欢的工作，这恰恰是一个锻炼，而且越早经历这种锻炼越好。

关于选择与坚持

每个人都会有一个最需要你的环境，而恰恰这个环境是最能包容和接纳你的，所以我觉得在做选择的时候一定要多尝试、多看，然后选择一个最需要你的地方坚持下去，我觉得将来一定会有所作为的。而真正做选择的时候，不能犹豫。个人的成才和干部成长道路主要是要依靠自己，不能过于期待组织的介人。所以有志于选调的同学们真的需要一份勇气与坚持。

关于原则

原则事关你当时为什么选择走这条路，你肯定是有自己的理想，你为了保持这个理想就必须坚持自己信任的那一套原则，但是你一直信任的那一套原则在现实中可能是走不通的。在基层工作对我最大的改变就是两个字——变通，怎么把同一件事情包装得更好，尽可能做到两边都满意的工作。怎么能够让领导满意的同时，去做更多我心中坚持的原则，老百姓也认可的事情，这也是很大的变通。

关于选调的准备

要储备的就是能力，你要尽量在大学期间完成你的社会化。你跟多少种人能无障碍地打交道，你社会化的能力就有多高。除了知识上的储备，还要有心态上的储备。优秀绝对不是指考几门功课、能够上台做一个演说这么简单的事情，可能是全方位360度的。

关于工作氛围

确实有形形色色的人，但是跟每种人交往的时候，你要很清楚你们的边界和你们的切合点在哪里。因为很多的问题都要归结到利益问题，尤其是农民的问题，会用不同的方式处理利益。

关于家庭的顾虑

第一，做决定做选择的时候，一定要充分征求家人的意见；第二，不管是否在家人身边，一定要学会沟通；第三，抓住每一次机会去给家人温暖。

【演讲实录】

主持人：尊敬的各位领导、各位来宾以及现场各位时代听友们，大家晚上好。欢迎大家来到“时代论坛”十年系列讲座之基层十年的现场，我是今晚的主持人周奕杉。这两个月以来，各个企业的招聘会、选拔会都在如火如茶地进行着，但与此同时也有各个省市的领导班子来到清华进行新一年的选调工作。那么，到底什么是选调生呢？官方有这么一个定义：组织部门会定期有计划的，在高等院校选拔品学兼优的大学本科及以上的毕业生，以及具有两年以上基层工作经验的村官们进行基层工作，作为党政领导干部及县级以上党政机关工作人员后备人选，进行重点培养，这种毕业生我们就称之为选调生。今天晚上我们请到了从清华大学走出去的一些非常优秀的选调生学长来到现场，与我们进行面对面的交流，帮助大家揭开选调生的神秘面纱。首先请允许我介绍，来自广西壮族自治区玉林市福绵区区长赵志刚学长；甘肃省白银市靖远县五合乡乡长周莹翔学长；新疆维吾尔自治区团委青农部副部长艾里肯江学长；还有来自西藏拉萨市城乡规划局党组成员、副局长胡建平学长。论坛的开始，作为热身，先请各位学长们跟我们一起聊聊当初为什么选择去基层工作。

胡建平：各位老师、同学大家晚上好。提到当时选择去基层工作，尤其是去西藏工作的话，我觉得自己还是有很多的故事，我在这里面挑几个跟大家简单交流一下：我是2003年入校的，入校的时候就已经接受过新生党员班的培训，加上我本人是工程物理系的，大家知道实际上在特殊的年代，国家培养了一大批的栋梁之材，为国家做出了重要的贡献，以身报国、隐姓埋名这样的故事很多同学一定是耳熟能详的。大三的时候，我曾经在新疆实习过，在那个过程中我就有很强烈的愿望：想去新疆工作。但是因为毕业那年新疆不招本科生，在众多的选择之中，我觉得到西藏工作可能最接近于我真实的理想。经过了一些审慎的抉择与思考，我最后坚定了这个信念——到西藏去工作。

周莹翔：其实我一开始做选调生没有在基层，我是在一个机关里头，但是工作起来我觉得很困惑，我经常起草一些文件或者是写一些材料，可是我对基层的事情没有直观的印象和感受。我觉得中国有一个严重的问题是制定政策的人有很多没有在基层工作过。我觉得在这个社会转型期，应该真实地知道群众，尤其是农村的老百姓在想什么，他们到底是什么样的情况，可能对以后自身的工作也好，成长也好，甚至对国家也有很大的帮助。所以我主动要求到基层去工作。

赵志刚：我是在2010年到广西工作的，其实我纠结于工作的问题好几年。2006年的时候，我在学校就业中心做辅导员，接触的各种各样的就业机会非常多。2010年的时候，我开始找工作，国企、央企拿了好多offer，也有做学术、做科研的想法，我还创业开过公司。但那段时间我开始思考自己这一辈子在追求什么，作为一个清华人该追求什么。我想不明白，就找很多人去聊天。我发现很多的清华人都有这样的情结，这一辈子想留下点东西。但什么叫留下东西？人能留下的东西是什么？能留下的东西不是说留下多少财富，古往今来最高的奖赏是让别人记住你，尤其是让很多人记住你，这是能留下的最多的东西，能记住你必然是你给他们做了事情、做了贡献，要么极善要么极恶。我要想给人们做一些事，我就必须有一个选择，所以我就去了基层工作。另外我选择基层的原因就是我虽然想不明白自己去哪儿更合适，但是我最后想清楚哪里能学到东西我就去哪儿。我觉得做就业工作的时候，企业界的，包括国家的一些状况了解得比较多，唯独是基层政府怎么运作我不懂，所以我觉得应该去那里学一学。

艾里肯江：现在回过头来想，我觉得自己很幸运，因为我不存在刚才几位校友的困惑，我到基层工作的目标很明确，就是要回新疆。当时大概有十几年的时间是没有清华学生到新疆去工作的，一方面是没有渠道，另一方面新疆确实也不吸引人。我刚去的时候还没有人去，住宿环境也没有现在这么好。在我毕业之前，学校推动让我回新疆工作，这是一件很幸运的事情，不管我当时回新疆工作的愿望是不是强烈，但是经过了学校就业的引导以后慢慢就有了这个意识，应该回新疆工作。于是我很荣幸地成为从清华到新疆的第一位选调生。

主持人：我们刚刚都听到了，各位学长当时是抱着什么样的初衷去基层的，其实从他们当时抱着这样的初衷到基层，到现在为止，不管是否还在基层的岗位上，他们都经历了非常丰富的基层岗位的锻炼。那么在几年的工作时间之中，如果用一个关键词去概括各位在基层最大的感受会是什么呢？或者有没有一两件特别让各位有感触的事情呢？

艾里肯江：用一个关键词来表述清华的学生到基层工作，我认为是胸怀。可以通过三个小例子来说明。我2010年的2月份到南疆的乡镇，这个乡镇的条件很艰苦，一共有15个村，全部是自治区的开发重点村，当时人均收入2000块钱左右，又在沙漠的边缘，条件很恶劣。我是乡里面唯一一个研究生，而且是清华毕业的学生。刚去的时候条件很艰苦，去的那天没有宿舍，党委书记暂时腾了个宿舍出来。过了几天还是没有宿舍，就把仓库整理了一下开始住。当时是冬天，我要自己去接水洗脸，环境与在学校的时候差别很大，当时我就想是不是来错地方了。我去新疆之前一直生活在乌鲁木齐，那个时候我反复在脑子里面想得最多的是温总理那句话：一个人要敢于出头。就是这句话伴随我、激励我度过那段最困难的时期。所以我觉得这个经历可以用“胸怀”这个词去概括，我虽然是来自清华，是自己主动要求来到这个地方，但是当地的同志没有理由去感恩、没有理由去对你的所有条件或者是你所有的想法进行满足，这个时候要用胸怀包容一些事情。

第二个小例子也是在我们乡里做的事。那个时候乡里面有一个小集市，条件很差，卫生也非常差，但是周边的乡亲特别爱来。每周有一次集市，每次都能有近十万人。我看到虽然条件很艰苦，但老百姓有做小买卖、用自己家乡的小特产来交换的需求，所以我当时就跟我的党委书记说，我们是不是应该想办法把这个市场改造一下。我们的书记说他也在想这个问题，让我负责把这个事情干好。我是一个刚毕业的学生，我根本不知道从何下手。回去之后我越想越委屈，这么大的事情我给你提出来，你就甩给我了，我干好也是，干不好的话清华这两个字还在这儿呢。我后来反复告诫自己，要包容工作上的事情，最后想了很多办法，借助了学校的力量、借助了我曾经工作过的开发区的力量，动用了很多私人的关系，取了几个项目，经过一年多的时间把这个事情做好了，现在这个集市的面貌已经完全不一样了。

第三个例子是我从南疆调到自治区。在自治区部门工作的时候，有几个很好的机会，大家如果今后选择选调生这条路的话，要做好面对环境的变化的准备。当时我在基层工作的时候也遇到过几次机会，每个机会在我看来都很不错，但是我自己还是想在基层工作。但是由于组织上的安排又调回了省职的部门，这个时候这个选择的权利不在我，更多的时候不是我在选择，但这个是我们作为选调生到基层做公务员的一项功课，很多面临工作环境身份转换的时候不是你自己能选择的。

赵志刚：我想用两个词来概括，第一个是成长，第二个是责任。因为我的故事不值一提，讲我听的两个故事吧。关于成长，我有一个师兄，他讲他们出过一个很大的笑话，什么样的笑话呢？当时温总理讲鸡蛋贵了要发专项补贴，但是怎么发我们也不懂，我们就把畜牧专业的教科书拿来翻，鸡分生小鸡的鸡还有产蛋的鸡，我们觉得生小鸡的鸡肯定是更重要的，因为能够带动下面的发展，所以这种鸡多发一点补贴没问题，我们设计的方案就这么写的。到地方上一个文件发下去之后，地方的财政干部说我怎么认什么鸡是什么鸡啊？所以这个看似是一个笑话，但实际上我真的觉得我这些年从这样的事情上收获成长。我原来总是这样的，到地方上不清楚理论上的一些东西能不能行得通，都不清楚实际到底是什么。在这三年里，我的成长是我觉得我能认识一些实际真实的情况，最底层的人民或者是农民究竟是什么样的状况，我现在负责的这个区有40多万人，其中90%多都是农村人口，这会存在大量的问题。

第二个词是责任。我原来没有感觉到压力那么大，从今年6月份开始负责这个区政府的工作，四十几万人口，大大小小各种各样的事情特别特别多。我在离京之前听过一场讲座对我的触动非常大，讲的是华西村的发展，讲者说华西村能有今天这个面貌，自己也不用升官。最后讲者总结了一点：领导要有长期情节，你一个地方发展的责任不是短期给你创造多大的政绩，是一种负责任的心态去规划。我觉得我现在有很满足的感觉，我就留在这里稳扎稳打多少年都没问题，这样长期有一个心态是我的一个收获。

周莹翔：其实我个人觉得，在基层工作能够丰富自己的视野，磨炼一个人的性格，使人在短期内迅速成熟起来，尤其是如果你能做到党政一把手的程度你会发现，你所要经历的事情是非常多的，而且必须是在基层。农村就是中国矛盾的直接发源地，你会遇到各种各样的事情，只有在这样的地方才可以把学校里学的一些理论跟实际有一个结合点。

胡建平：如果一定要说关键词的话，我想谈一下收获，我在这里和大家分享我在三个方面的收获。第一个方面就是收获了意志。大家都知道西藏是国家反分裂斗争的前沿，反对分裂、维护统一的工作任务是十分繁重的。我们很多在西藏一起工作的校友给自己起了一个很好的名字——“西藏打拼团”，今天来的不止我一个人，我向大家介绍一下坐在第一排中间的女同学是我们（打拼团）的成员，这个名称也是她首创的，坐在最后一排的叫周浩（音），他也是我们（打拼团）的成员。你们的这位师姐虽然是一位女同学，却要长期负责一个乡镇的铁路工作，这个对大家来说可能是一个新鲜的事物，因为西藏铁路在西藏境内每一公里都会有至少一名干部或者是专职人员24小时守护的，我们这么瘦弱的女同学都承担过这样的工作任务。周浩（音）作为省政府机关的干部被下派到一个村里面，一整年来负责这一个村维护稳定的工作，任务非常繁重。我在镇里工作的两年期间，经常鼓励自己和我身边的同事。我负责守护过的铁路差不多有40公里，从西宁到拉萨的青藏铁路总长2千公里，虽然我工作过的地方不多，但是我也负责五十分之一公里青藏铁路安全。我工作的地点虽然是一个乡，但我们一个乡有700平方公里的面积，我换算过，我守护过超过一万四千分之一以上的国土面积，我为此感到非常自豪和骄傲。

我想和大家分享的第二个收获就是才干，大家可能最关心我们在西藏可以收获到什么，我想“才干”是大家一定可以收获到的。刚才从三位学长的分享中大家也能感受得到，在基层工作一定会收获直接面对群众、处理复杂局面、应对实际问题的能力。在这里我给大家分享一个小故事。前不久大家都知道北京天安门金水桥遭受了恐怖袭击，这个事件之后，汽油管制问题引起了大家的讨论。早在两年前西藏的汽油就已经开始管制，并且要实名制，这个主要是为了防范第十四世（达赖喇嘛）策划的自焚事件发生，这个政策对于乡镇工作是很必要的，但是我们也面临很多的困难，最突出的是什么？一旦汽油管制以后，农村的老百姓拖拉机带油就保证不了，到春耕的时候老百姓加不到油。之前的农民传统的工作方式是二牛抬杠，政府大力推广现代化的农机具，但是发展现代化农机具，你油保证不了，这就很容易引起群众抵触的情绪。我们想了很多的办法和措施，包括动用公共资源和自己私人的关系，我们请加油站优先安排加油车能够到村子里面给老百姓加油，我们也安排了专人到村子里面经常走访，掌握老百姓有没有这方面的需求，在第一时间化解矛盾，讲清楚我们为什么会有这个政策，如果一个乡一个村有一个自焚事件会有什么样的严重后果。同时，我们也想方设法保证那些加不到油的群众到我们乡里边来，乡政府出面担保，让他能够通过一些政策的变通加到油。虽然我们想了各种各样的办法，但说实话老百姓的生产生活还是受到了相当大的影响，即便这样，正是因为他们也看到了我们作为党委政府做出的各种努力，他们没有站到我们的对立面上，这种怨气得到了最大的化解。我举这么一个例子想让大家感受一下：在基层工作实际上每天都要面对形形色色非常具体、非常复杂的问题，处理这样的问题对我们才干的增长是有相当大的帮助的。

第三点收获是可以在与老百姓沟通的过程中结下深厚的、纯真的感情。学校的老师经常教育我们这些到边疆少数民族地区工作的人一定要学会当地语言，我们很多同学也是在努力地去做，我本人很惭愧，因为到目前为止我还没有能够使用藏语自由对话。我也做了很多的努力，在过去的两年间，我可以保证在我们乡里面，跟农村的干部、村里面的群众交流尽可能多地使用日常的藏语，在开小型会议的时候我至少保证我的开场白一定是用藏语说的。在重大的会议，比如说乡人民代表大会上我会提前一周做准备，把我想说的话提前翻译好，我把它死记硬背下来，那么之后在开一整天会议的时候可以全程使用藏语进行主持和发言。这些举动得到了老百姓相当大的信任和响应，有的时候可以说得很简单，但是我每说完一句，下面都会有掌声，我觉得这种热情和信任是我工作的动力。我在这个乡工作两年，今年离开这个乡，那一天我们很多村干部和老百姓在我们乡政府搭了一个大的帐篷，从自己的家里面端了很多的青稞酒过来给我送行。我觉得收获了这样纯真的感情，时时想到、提到心中都会有一种暖暖的感觉，这会成为我一生取之不尽的动力与财富。回顾我自己在西藏的五年工作经历，可以说有苦也有乐，摆正了心态之后会觉得乐大于苦，有失有得，失去了一些也得到了很多。

主持人：再次感谢各位学长们跟我们分享这些最切实的经历和感受，可能对我们来说是真的无法想象，他们在基层到底有过怎么样的经历，到底吃过什么样的苦，从我这个角度可以很清楚地看到，胡建平学长两鬓已经有了一些白发，但是他们去基层也不过才十年而已。我们“时代论坛”的同学们之前也做了一些问卷调查，选了几个大家最为关心的问题，我在这里代为咨询一下各位学长，有同学想知道，当初你们去选调的时候，内心最大的顾虑、最大的担忧、最害怕的是什么？

胡建平：我本人不是选调生的性质，我们当时选择去基层的时候，是以村官的名义，但是跟选调生也有很多相通之处，所以顾虑是相同的。我们到少数民族地区，首先会担心自己融入不了这个集体，怕被大家排斥，这可能是最担心的一点。到基层的农村大家也都知道，中国几千年的传统是一个综合的社会，每一个地方都会有一个小圈子，作为一个外来人到这个村里面会遇到无法融入的情况，我觉得这方面的顾虑是有的。我们到基层的农村、乡镇，最开始就是想办法怎么把这种顾虑打消，怎么把顾虑到的危险化解，我觉得这个需要我们提前做好功课。

主持人：谢谢您。还有同学想问，选调生只是在一开始可能会有一些政策的支持和优待，但真正进入岗位以后，似乎有点容易受冷落和埋没，很多地方选调工作都有“着重选调、轻培养”的问题，您对这个问题么看呢？

艾里肯江：我不知道同学们关心这个问题是基于什么样的考虑，可能也有其他选调生的师兄师姐会多少跟大家有一些交流。从选调生的角度来讲，我个人感觉到目前还没有受到过冷落和不培养。我感觉自己一直是在被组织培养。但是从另外一个角度来讲，对个人的预期和给自己的定位决定了你是否感觉到被冷落或者受重视。从学校毕业之前我跟几个师弟交流，我说明天我就要离开这里了，我就再不想说是清华的人了，尤其是在新疆大家对清华的毕业生没有概念。我相信在西部的大多数地方，大家如果去的话很有可能就是当地人在生活中遇到的第一个清华毕业生。在这种情况下，我觉得个人的心态调整是最重要的。我在乡镇工作的时候，两年多的时间，有些时间其实也有过困惑，我说怎么没人管我呀，是工作不好吗？我干得也挺好，大家也挺认可，老百姓也很喜欢来找我，究竟是什么原因没有人关注到我？回过头来想，我后来到处走，接触了很多人，他们跟我说你其实一直很受重视，组织部门还有很多领导对你都很惦记，我才知道原来是这样。大家可能在人生的某一段时间感觉没有受到关注，这是很正常的事情，因为相比那些在基层一干干半辈子、一辈子的老同志们我们是会受到很多很多关照和照顾的。所以请大家不要有这种疑问，（这种没有被关注的感觉）就是暂时的，如果你觉得你没有受到组织的培养，那也是你个人的一厢情愿，组织一直在培养你。

主持人：谢谢。我们知道周莹翔学长是2010年就去基层工作，您怎么看待这个问题，是否会受到某种冷落或者是忽视，和自己的预期可能有的落差是什么？

周莹翔：怎么说呢，我觉得其实个人的成才和干部成长道路主要是要依靠自己，不能过于期待组织的介入，可能在学校有更好的政策，给大家的感觉就是觉得去了以后，一定和别人不一样，但是其实我感觉那是一种错觉。举个比较远的例子，就像胡锦涛主席，当年在基层做工程师的时候，他可能也没有想到自己有一天会走到国家主席的位置，其实个人的成长很多时候靠的是你的执着和坚持，以及你做的努力有多少。

主持人：最后一个小问题可能就是跟我们自己的选择有关了，因为当大家到了硕士博士的时候，选择就非常多，去外企工作，甚至做学术的道路，那为什么要选择去选调呢?

赵志刚：选调这个事情，就是说选择的问题，这个当时我是最纠结的。我就业的那一刻，所有的东西都拿在手里想，一个一个想，用工程式的思维展开，从政还是经商，这里面当然有很多细分，你从政的话有中央地方省级，这都是不一样的细分道路，你从商还有自己创业、国企、外企很多的差别。我觉得这涉及你自己对人生的认识或者是对幸福的认识。工作能决定你的生活状态，你的生活状态直接决定着你是否有幸福感，你要想清楚你的幸福感来源在哪里。我想了很久最后只想到了几点。

第一点，我的境界的提升扩充使我更清楚地看待这个问题，看到的世界越多，幸福感越强，所以能学到东西对我来讲很重要，我觉得我的一生渴望寻找一些经历。为什么后来选择走上这条路?最先被我否定的是外企，原来我很想马上就去工作，还一直想留在外企，但后来决定不留了就转了博士。我觉得在外企工作没成就感，在别的方面还不错，但是就是感觉我始终是给外国搞这些央企，然后回来天天看外国人的脸色，这不是我想干的事。2009年找工作的时候，我一个外企都没找，后来想进央企就找了很多，也有还不错的一些央企，但我开始想，我去企业界究竟能去做什么?因为有四年多的就业经历，基本上跟他们比较熟悉了，里面干什么也都很清楚了，我好像能看到我退休是什么程度了，有一些职位的发展路径我也很清楚了，或者说因为太熟悉了，我觉得学习的价值不是那么太高。后来我还试了国家公务员考试，也找了很多的师兄聊，聊完之后觉得我得写五年文件。写文件也行，但是说实话这个东西其实在清华锻炼得挺充分了。再后来我就想还是不懂基层不懂一线实际怎么样，不懂怎么跟农民打交道，不懂他们的语言，还有很多不懂的东西，我就要找一个我能学到东西的地方。我现在走的这条路是我不知道我未来的预期的，这个世界充满着各种各样的变数，每天你会碰到多少种人，很多的官员、商人，甚至是精神病人也得去处理，真的是切切实实的一些问题和事情，我觉得这些是人生经历极大的收获，这就是后来我选择这条路的原因。

主持人：不知道各位学长了不了解其他可以进入基层工作的途径？

艾里肯江：目前选调生可能是最好的一个途径。我觉得大家包括我当时临毕业之前也是，从主观上出发去做一些选择，我们往往聚焦在我想做什么而忽略了客观实际或者环境对你的需求。我相信在座的每个人都会有一个最需要你的环境，而恰恰这个环境是最能包容和接纳，最能给你饱和空间的。我觉得在做选择的时候一定要去多尝试、多去看，然后选择一个最需要你的地方，坚持下去，我觉得将来一定会有所作为的。

当然做公务员要立志做大事，很多道理虽然都很简单，但是在走出校门之前，一定要坚定地相信，这些前人看似很简单、其实很有内涵的道理，真正做选择的时候，不能犹豫。我当时毕业之前其实也有一些外企、央企的机会去，我回新疆是毁了一个外资企业的约然后回去的，毁约和签约的过程是一咬牙一跺脚的事。我去了的那个地方最终包容了我、接纳了我，给了我工作的平台、给了我锻炼，我很感激那个环境，很庆幸当初自己的选择。

主持人：所以是不是理解为选调生对于我们来说除了要深思熟虑，还要有一咬牙的决心和勇气去闯？我们有那么多的学长帮我们去踏遍中国每一处基层，未来会怎样，前途会怎样，大家都不知道。有志于选调的同学们可能真的需要一份勇气。接下来的时间我们就留给现场的同学，对最关心的问题进行提问，我们请这些学长为我们进行解答。

提问：学长们好，我以后也是想到基层工作，但是我想过一个问题，到基层的时候会接触到形形色色的人，不像我们在园子里的时候，氛围特别和谐，满满的一身正能量和正气可能到那个地方的时候会感觉很孤单，那个过程中你们是怎么处理的，我想请教一下，谢谢。

赵志刚：孤单感是有的，大家不能有别人帮你积累能量的想法，应该更多的是你给别人能量，其实到基层的意义就在于此。确实有形形色色各种各样的人，但是跟每种人交往的时候，你要很清楚你们的边界和你们的切合点在哪里，有些人很善意，有些人很重视一些自己的事情，我觉得要想有办法跟各种人打交道，首先是抛开好坏，就是要抛开看人的绝对思维。刚刚开始的时候，我也是觉得一个人他好，他就好得无以复加什么东西都觉得好，觉得一个人坏就觉得他做的所有的事情都是不好的。如果想处理好和各种人的关系，就一定要辩证地看他身上有好的也有坏的，没有纯粹的东西，所以能跟他们融洽相处你就要清楚，做哪些事情能跟他很融洽地合作，即使你原来心里不喜欢他，你也要抛开好坏的绝对思维。第二步抛开对他的愤怒，有很多你看不惯的人，你觉得他水平不行、格调不行、人品也差，但是这样的人你也要团结与合作的。曾国藩以前有那么一句话，就是“合众人之私，以成一人之公”，确实很多人不行，他有私心，那么他的私心也能被你找到并融入做真正需要做的这些大义的事情中来，所以叫合众人之私，恰恰因为有这些私心，也就是各人的侧重点，这些侧重点如果被利用是可以带动到往一个方向走，因为很多的问题都要归结到利益问题，尤其是农民的问题，会处理利益，用不同的方式。

提问：我想问一下，四位学长身在基层的这几年里面，见到这么多形形色色的人和事情之后，自己的原则或者坚持有没有发生改变？或者说观念上的东西有没有和在清华园里面单纯的想法有什么样的变化？

胡建平：这个问题我谈一下我个人的看法吧，因为关于原则的问题我觉得是很严重的，因为原则事关你当时为什么选择走一条路，你肯定是有自己的理想，你为了保持这个理想就必须坚持自己信任的那一套原则，但是你一直信任的那一套原则在现实中可能是走不通的。说得具体一点我把工作分那么几类：有一种工作是你做得好，领导也认可、群众也认可的，但是这样的工作可能不是特别多；更多的情况是什么呢？就是这个工作做得好领导不满意，但是群众满意，还有一种工作是领导满意，群众不满意。后两类的工作占的比重是比较大的，那么你如何选择做哪些工作，去把哪些工作做到什么程度，这就涉及怎么去坚持自己的原则。刚刚你问到会不会有一些改变，我觉得改变一定是有的。最大的改变就是两个字——变通，怎么把同一件事情包装得更好，尽可能地做到领导和群众两边都满意，比如说这项工作是领导不满意，但是群众满意的，我按照我的原则要把它好，再把它包装成让领导也满意这就是最大的变通。怎么能够让领导满意的同时去做更多符合我心中坚持的原则、老百姓也认可的事情，这也是很大的变通。

提问：我想问一个小的问题，关于选调生这条路，我有一个顾虑是关于家庭。我们都知道有一句话叫“忠孝不能两全”，这可能有点绝对，但是在这个方面肯定也是存在一定的冲突的，比如说我要去边疆，去当那里百姓人民的儿子，我可能就不能够很好地照顾我自己的父母，我相信在座的各位学长在面临一个选择的时候可能也考虑过类似的问题，比如说我要去了，但是我父母已经比较年迈了，如果当时有女朋友的话，也有可能会想留在大城市，我想问一问几位学长是不是面对过这样的一些顾虑？

胡建平：我觉得这个同学的问题是问得非常好，所以现场的同学才会有这么大的响应。这个同学提的问题是非常现实的，也是我们应该提前考虑周全的。因为选择到边疆地区工作必须会面对形形色色的困难，首先是自己的父母，然后是自己的爱情，之后还会有自己的子女。一系列的问题我觉得从我个人而言，我只能说我当时也都预料到了，而且我预料到的每一种都会想到一些应对的措施，我会在我最大的能力范围内想办法解决。比如说我在西藏工作每年会有两个月的探亲假，给我放这两个月探亲假的时候，我会保证我哪儿也不去，回到家里待满两个月。我只能说，在各种困难的情况下，尽自己最大的努力想周全的办法。当然在这个过程中还会遇到形形色色的新的问题，你们还这么年轻，不可能想得太远。70岁、80岁的事情我们也想不到，那么我们就往前走。就像是我们在学校面临选择的时候、彷徨的时候、迷茫的时候，当时是怎么处理的？当你迷茫时、彷徨的时候就自习吧！现在我觉得工作之后也是一样，面对这么多的困难、这么多形形色色的问题，我觉得很多时候自己的压力已经比较大，不要添加更多的压力，就是好好处理眼前的事情，往前走吧，这是我个人的一些看法。

艾里肯江：好问题来得不容易，我也多说几句。家庭的问题是非常重要的问题，但是我们讲在选择事业或者在社会上努力工作的时候，很大程度上也是为了家庭。我讲讲我自己的情况，人家说我是一个新疆客，其实不是这样，我刚回新疆的时候，我有女朋友，她在北京，我就把她一个人扔在北京就回新疆了。等到她工作调回乌鲁木齐我又跑回家去，后面跟父母亲见面、我老婆怀孩子、我孩子出生，再包括结婚，这些时间加起来我陪家人的时间不超过20天。因为南疆的维稳压力非常大，一般没有探亲假，后面过了两三年调回乌鲁木齐又调到北京来了，所以我现在是一个人在北京，家人又被扔到新疆了。当然我这是比较极端的情况，很难见到家人，我觉得有三点需要把握好。

第一，做决定做选择的时候，一定要充分征求家人的意见。一定要充分征求，不能说我年轻我要闯一闯，爸妈你不要拦我。这不是一个明智的选择，一定要充分听取家人的意见。

第二，不论是否在家人身边，一定要学会沟通，尤其是一年见一面，大多数沟通只在电话里，电话里又不能说得很清楚，但是大家一定要学会对家人察言观色，尤其是将来你结婚了对老婆也要察言观色，本来你不能陪在她身边就已经很亏欠她了，所以一定要做好有效地沟通。

第三，抓住每一次机会去给家人温暖。尤其是不能陪在家人身边也要学会点浪漫，一定要抓住每一次机会去表达你对家人的关心和爱。

主持人：关于家庭和爱情的问题，赵志刚学长也跟我们分享一下吧。

赵志刚：我觉得我没有发言权，因为我早期的条件相对不是那么的艰苦，环境还是不错的。我父母现在也在我工作的地方陪我，他们每年冬天就过去陪我，他们觉得挺快乐的。一看我那PM2.5又小于20，好幸福。但是按理说，你的一份选择当然是你自己做，但这些父母的意见、女朋友的意见这些都是你做决策很重要参考条件，是我们要考虑的一些因素，所以要充分地跟他们沟通，尤其是得到他们的理解甚至是支持。还有一个东西我想说，就是做决定的时候尽量把两个人都规划在一起，两个人应该去找一个公共的重心，围绕一个公共的中心转，不是围绕其中一个，另外一个完全是主内型的。当然这个跟个人的观念有关，如果是你只想找一个照顾你的也可以用这样的思路，如果要是想有很深层次的精神交流，而对方又想要有一个事业，那就要想办法把两个人的事业规划到一个共鸣的层面。

主持人：如果在座的同学想选调，大学期间需要在哪些方面为选调提前做一些准备呢？

赵志刚：知识储备是一方面，清华的同学在专业知识这方面应该没有太多的问题，但应该对一些政府运作的知识多去了解了解。

另外一个就是能力储备，你要尽量地在大学期间完成你的社会化，你跟多少种人能无障碍地打交道，你社会化能力就有多高。另外，公务员是一个面很广的工作，什么东西都可能用得到。所以在大学的阶段，你想学什么就学，我待了近十年还没有待够，我觉得还能学新东西。

胡建平：我觉得刚才志刚学长说得非常好，就是让大家做好能力上的储备，此外，我觉得还有心态上的储备。为什么这么说呢？因为大家选择选调也好，公务员也好，可能都是选择一生想要从事的一个事业。这个事业的发展过程中一定会遇到问题，比如说第一个问问题的同学提到了自己有满身的正能量，但是工作之后肯定会遇到很多人和社会给自己带来的负能量，那么怎么能够一直把自己的正能量发挥下去。这个也涉及我们之前提到的信念是否坚定、心态是否良好的问题。我记得刚开始主持人也问到了一个问题，就是走选调生之路很多同学会担心到后来会不会有人不关注了，开始的时候有一些好的政策，到后来就变得很平常了。实际上这也是一个心态上的问题，我们看中央也好、组织上的一些人选拔的意见都会提到注重从基层一线、从坚守岗位选拔年轻干部。但是我们大家还是要知道，选拔的都是那些事实证明优秀的干部，我们怎么能够在工作五年、工作十年之后能够让我们上级领导和组织认为我们是优秀的？这个优秀绝对不是指考几门功课、能够上台做一个演说这么简单的事情，可能是全方位360度的。我们要摆正这个心态，在大学期间要为了能够实现我们在五年之后的设想做好相应的能力储备。

艾里肯江：大家应该非常庆幸选择在清华度过你们的大学生活，因为在这个园子里面，像志刚讲的，可以学习很多东西，也可以决定自己会成为怎么样的人、朝着哪个职业路径去打造你自己。在学校里学习的功课、参加的活动是不一样的，清华在这一点上给大家一个先天的平台。我觉得公务员在素质上会体现的全，是要像八项全能的参赛选手一样的全面。首先讲为人，大家一定要十分注意，在学校里面培养自己为人处世的能力。有些人对这个有意见，说你这个学校里面搞得很圆滑，我的意思不是说圆滑，是说怎么样在团队里面做事、怎么样对团队发挥你的影响力，我把它归纳成“为人”了。

第二个是像志刚学长讲的，要全方位地认识和了解所负责的工作的性质，无论你在哪个岗位，尤其是选调生这个岗位要从事某一项具体的工作。选调生实际上是各地的组织部门作为培养选干部非常重要的一个途径，一方面是要在培养基层的年轻人领导干部，另外一方面上级的机关要储备一些人才。所以作为选调生到基层工作遇到的是方方面面的工作，有些是甚至是你完全不知道的，所以你需要了解政府的方方面面。

第三个我觉得清华给大家提供了很好的平台，有大量的实习和实践的机会。在学校里面参与了大量社会实践工作的同学，和一个没有参加过的同学的最大的区别就是走向社会的时候，尤其是到基层工作的时候，会有更多的自信。因为你去过很多地方、和很多人接触，会有很多的故事，最重要的是你有一个对比和比较的经历和储备。大家一定不要觉得从学校毕业到基层去工作是你学习的终点，我的切身体会是，我在清华只是具备了一种学习能力和养成了比较健全的人格，但是到了社会上以后，到工作岗位上可能还会有大量的任务和机会。我觉得大家不用太忧心忡忡，相信自己，你是一定能准备好的。

提问：我想问一下，学长你们在学校就读期间是否参加了社会工作？在这个过程中所得到的哪些成长和体会在你们基层的工作中有所帮助或者是有所借鉴？

胡建平：我觉得刚才我们几位在给大家回答的时候也提到了，在学校期间要做好相关能力的储备。我觉得社团是一个非常好的平台。那么在这个平台上，大家首先要会学会怎么与人打交道，也学习怎么去组织一个团队完成任务，这个能力和锻炼可以说是一个大的帮助。还记得当时我们班有很多同学选择不同的社团，在每一个社团可能都会收获相应的一些技能。刚才也谈到能力是全方位的，比如说你会唱歌，那么在西藏会唱歌的话，就会很快和群众打成一片，因为各种场合都会有群众给你唱歌，如果你们有机会也回唱一首，那么你在他们心中的地位也完全不一样了。我觉得社会工作为各种能力作储备，相关的社会工作做得多，得到的锻炼也就越多。但是在这里我想给大家善意的建议，就是当时我有同班同学一学期可能报过20几个社团，但是半学期变成五六个，但是即便这样一学期坚持下来也会受到很大的影响，所以很多东西需要我们自己把握一个度。选好自己最想参加的，自己觉得最感兴趣的，然后自己考量，如果能参加对将来从事的行业、对自己的工作最有帮助的几个学生组织和社团，我觉得就很好了。

赵志刚：社工给我带来很多东西。我曾经做过很多打杂的工作，组织部的办公室主任就是这种，真是大小事情都要安排，每一个细节都到位。但是我特别庆幸打了几年的杂，把每个细节都会照顾到还乐在其中，在基层赢得人心的都是一些细节的东西，得罪人也是细节的东西。我直到做选调生之前，大概2009年的时候还在打杂，还学到很多的东西。我记得有一个实践队的队长在Excel里弄一个黑边框，打印出来的效果特别美，同样是一个表格，他打的就是不一样。而你在基层就是这些小东西让领导感动，我在那儿打杂乐在其中。后来我参与了一些项目管理的东西，对我在实际工作里处理利益关系非常有用，关于处理利益的问题总结了十六个字："换位思考，需求分析，资源整合，力求共鸣。"决定一件事之前先换位置思考所有可能利益相关方，一个人付出什么收获什么，我们怎么去做一个整合，我怎么样设计一套游戏规则，让大家都有共鸣。

情商也是一样，我遇到很多我不喜欢的事，也遇到很多我不喜欢的人。但现在我不喜欢做的事我还能做得很好，我不喜欢的人我也能合作得很好。慢慢地越来越看得开，越来越无障碍地做这样的事情。有时你不得不做一些你不太喜欢的工作，这恰恰是一个锻炼，而且越早经历这种锻炼越好。

德商就是梦想，担当、责任这些东西都是在清华锻炼出来的。你周围有很多很可爱的同学，他们可以为了一件事情去通宵干活。那时候在学校做一个项目觉得特别好，很多事都是没有钱的，大家就是觉得做这样的事情对很多同学有意义，就愿意去担当，当作自己的事情一样的，所以我觉得社工给我的锻炼是全方位的，我觉得自己的能力还没用完。

提问：各位学长好！我是一名大四的同学，我特别想跟艾里肯江师兄问一下好，因为在百年校庆的时候也是在这间教室办过"到祖国需要的地方去"专场讲座，当时您是嘉宾，特别赶过来就是为了见到您。想问一下您经历过地方党政机关的工作和现在共青团工作之后，您觉得这两类工作最大的不同是什么？第二个问题不知道您能不能和我们分享一下，从2010年开始，您觉得这两三年间您最大的改变是什么，谢谢您。

艾里肯江：我就看台下有个人特别的面熟！上一次我来的时候，2011年是在乡镇，那时候过了一年，到了自治区团委，目前是在团中央工作。对我来讲，收获最大的就是在基层那段时间，实事求是地讲那段时间日子过得很苦，收入也很低，我挣的钱可能是我同学的零头。但是我非常看重这段经历，因为这是第一次让我有机会接触真实的社会。因为我从小上学一直到清华这种环境，第一次了解到大多数群众在过什么样的生活，他们在操心什么事情、在惦记什么事情，对我有多大的触动和帮助，可能讲一晚上也讲不完，但是最重要的一点，我是把这段经历放在心里了，没有经历过的人是很难体会到的。人年轻的时候应该有各种各样的经历，我觉得选调生的经历比出门打车上班，到机场坐飞机，到各地出差更有意义。

第二个问题我觉得可以用这么几个词来表达我的改变。一个是我更加学会了感恩，可能我们刚入学的时候大家都恃才傲物，觉得自己刻苦努力了12年终于有了回报。但实际上你不是靠你个人的力量上了清华，在这个过程中你要感恩很多事情。从你个人成长角度来讲，一个人不管身处逆境还是顺境，都要感恩。

第二个对我来讲最大的一点改变就是变得沉着了。在基层我学会了跟老百姓、跟普通人、跟中国大多数人如何去交流、如何去打交道。我在基层经历了那么多岗位，我觉得我接受任何工作都不会发怵，这是很重要。尤其是在基层这段时间，我感觉我参与制定的政策，或者我参与指导的工作在基层是落得下去的，有的时候做人和工作都是比较沉着的，就讲这么多吧。

提问：四位师兄好！我是一名带班的辅导员，刚刚胡建平学长提到了我们选调的同学面临着被选拔的问题。我的问题是：在选拔过程中，像四位学长一样能够来给我们做讲座的比例有多大？被淘汰下来的我们的清华校友比例有多大？他们目前的生活现状是怎么样的？在选调这样一个光鲜的表面背后的风险究竟有多大？

胡建平：我可以负责任地跟你说我直观的感受，因为我不是统计局的，即便我是统计局的，我跟你说你也可能不信。在跟大家交流的过程中，我提到我们一定要掌握好心态，多从自己的身上找原因，这是因为一定不是每一个选择选调、选择村官、选择当公务员的同学都能够实现自己最初的预期的。具体到我身边工作的同学朋友，就是刚才我跟大家提到的“西藏打拼团”，在西藏大部分同学都已经得到了组织上的认可，可以说相对而言，发展是比较不错的，但是具体到每一个人的身上，因为大家在不同的地方、不同的机关，受到不同领导的考验，这个差别是很大的，也就是说你可能工作做得一样好，但是有的地方会很认可你，给你很多的机会，在有的地方可能你做得也很好，但或多或少受一两个问题的影响就不会受到那么大的重视，这些情况我想都是存在的。在我身边工作的这些同学，没有遇到不得志或者是因为各种各样这方面的原因生活都持续不下去的状况。从2008年开始，到现在为止一共有18名清华大学的毕业生选择了到西藏的基层工作，我也有很多做过公务员的朋友，全国各地也有这样一些同学，在这么大一个样本空间里，没有一个很权威的数字可以告诉给你。但是我可以说的是，我身边的同学经过自己的努力奋斗，能够坚持下来的一般来说没有一个太令人失望的结局，但是因为我们工作的时间比较少，多的可能有7～10年，少的可能只有2～3年，所以这个样本可能还不足以让你相信，所以也请其他的几位学长和校友来回答这个问题。

艾里肯江：我知道你问这个问题的出发点或者初衷是什么，你有没有把握能够千军万马再过一次独木桥。其实国家领导人是怎么产生的大家可能都看过了，我相信在座的都看过了，就是咱们国家的体制，公务员就是政府训练或者是党政训练，你每往上走一步竞争都是很激烈的。但是我觉得不妨换个角度来想这个问题，在我最困难的一段时间，在乡镇里，我给史宗恺老师（注：清华大学党委副书记）打电话，我说我到底行不行，在这里也工作了两年，很难很难很难，家庭一堆困难。当时我是第一次听他说当初选择了是你选择的勇气，现在坚持是你坚持的勇气。后面我又听史老师跟同学们包括对我说了很多次这句话。我觉得这句话是非常有价值的，我们去新疆的同学，没有放弃或者没有淘汰下来，我不知道你指的淘汰是什么意思，没有淘汰下来的，都是在默默地坚持。当然我相信，大家坚持下去的理由不是为了做官，做官是很荣幸的事情，如果你选择了这条职业发展的路径只是把它定制为我要做一个局级干部、一个省级干部，我可以负责任地讲，你肯定做不到。但是你出去，把你的职业发展目标作为到基层公共部门去工作的，我相信你在基层是可以做很多事情。就像我刚才说的，你可能会有一段非常宝贵和丰富的经历，你会让很多人记住你，不只是一个办公室的人认识你或者是一个公司的人认识你，而是一帮百姓，他们会认识你、会记住你，我觉得这个应该是我们选择这条路而且坚持下去很重要的因素。所以我不希望清华的同学在追求的道路上质疑自己，我觉得大家都能做事，至少这一点前提保障是有的，其他的我觉得你如果把事做好了，那你也一定能走得很好。

赵志刚：我觉得他说得很对，其实金钱和地位有的时候是把事做好的副产品，这么样来看不把这些当作主要目标反倒可能会得到的更多。另外我觉得这位同学讲的，其实你成功的标准值得商榷，不一定是位置上多高的。我很佩服去西藏的同学，因为我当时在就业指导中心工作的时候还有几位同学打一打电话就哭了，去西藏，你孩子的教育，孝道这些都要抛弃掉，我觉得他们的很多东西让我觉得我做不到，我不如他们。选调生这个身份在基层里你是一个种子，种子埋得越深不发芽的可能就会越大，确实有这样的风险，如果你是一棵生命力足够强的，一旦发出来芽意味着你会长得更高。如果你觉得你自己有风险，你可以去设计一些职业规划的东西，我一下子不去到乡镇，定位在省级、市级，发现逐渐适应、积累足够多的资源之后再去乡镇里面、基层去锻炼也可以。好比我把种子先种在一个稍轻一点的土层，然后我努力往下长根，我的根也能长得很深。其实这是一些技术性的东西，但是首先我觉得做多大的官这不是一个成功的定义。

主持人：我们今天的交流就先到这里了。让我们再次用最热烈的掌声感谢各位学长来到“时代论坛”。最后我们请工作人员将“时代论坛”的礼物和鲜花送给各位学长。今天我们还同时邀请到了清华大学学生公共部门发展研究会的同学，这个部门其实就是学校里有意愿到这里工作的同学自发成立的社团组织。如果大家真的对选调有意向的话也可以进入这个部门，跟他们进行更详细的交流，在那里有最新、最详细的选调政策。好，感谢各位嘉宾。

【点滴感悟】

学长们在人生的道路上选择了基层，靠着坚持二字一路走到现在；而我也选择了投身于祖国的国防事业，却少了些许坚持的决心。不过这次学长的教诲也让我看到，前方的道路虽然艰难，但充满曙光。

（计11　黎敏讷）

这次讲座让我收获了很多的正能量，让我为自己有着这样的校友而自豪。我们花了太多的时间为自己未来的生活精打细算，而这些扎根基层的学长们为了更多人的幸福而不辞辛苦。“为天地立心，为生民立命，为往圣继绝学，为万世开太平”这样的气度和胸怀不应只是过往的绝唱，而应当是清华人心中不灭的火焰。

（材13　尤阿妮）

时代十年：

清华大学“时代论坛”十周年总结研讨会

【嘉宾介绍】

史宗恺　清华大学党委副书记
赵　博　清华大学校团委书记
王松涛　北京市丰台区团委书记，曾任第三十五届校学生会主席
屠毓琳　清华大学2011级校友，“时代论坛”首任部长
白峰杉　清华大学理学院副院长，清华大学国家大学生文化素质教育基地常务副主任
杨　帆　清华大学国际合作与交流处“海外名师讲堂”负责老师

【策划手记】

人是会思考的芦苇。

十年前，一群学生在清华园里搞起了名为“时代论坛”的民办讲座，园子里从此开辟了一片自由思想的田野；

十年来，杨振宁、余光中、莫言、余秋雨、欧阳中石、吴良镛、周国平、毕淑敏、郎朗等近300余名嘉宾走上时代的讲堂，播种思考的种子；

十年后，作为清华大学乃至北京规模最大、最具影响力的学生论坛——清华大学时代论坛迎来了她的第十个生日。十年耕耘，回首望去，思想的田野已满是金黄。

以“时代论坛”为代表的高校论坛文化已逐渐成为大学校园文化的重要组成部分。论坛发展至今，我们从没有停止思考的脚步：论坛的意义、定位是什么？如何恰当运用论坛的资源平台为同学们服务？可持续发展的论坛体系如何构建？学生活动名目繁多的今天，时代论坛又应当承担怎样的责任？信息爆炸、快餐式文化的盛行对论坛的工作提出了新要求，我们如何团结起来应对共同面临的困惑已久的问题？值此“时代论坛”十周年之际，我们在回顾“时代论坛”十年耕耘的同时，共同探讨高校论坛文化的发展之路。

【研讨精粹】

“时代论坛”因何得名呢？是因为我们希望把握时代的脉搏，展现时代的精神，而不是说一味迎合社会、迎合这个时代，一味去满足社会和同学们当中或好或坏的需求。我们需要价值坚守。（忻隆）

论坛之势在于敬天爱人，论坛之道在于立意高远，论坛之术在于组织严密、传承有序。（张劲帆）

讲座是大学重要的教育资源，它能比课程更快地做出一类反映，无论是对我们讲的学科内容还是时政等，其所带来的反映是很敏捷的。它其实不只是一类学科的东西，它打破学科的限制，更多地结合了人的学术研究和人生经验并最终呈现出一种东西。所以它就变得异彩纷呈，即使是同样的内容，但是因为人经历的不同，它反映出来的火花、感受都有所不同。（史宗恺）

【研讨实录】

陈丰千：各位关爱“时代论坛”成长的老师们，曾一起为“时代论坛”并肩战斗的“时代”前辈们，还有同“时代”一同携手进步的兄弟院校论坛的朋友们，最后还有我们一直热心支持“时代论坛”的听众朋友们，大家晚上好。我是清华大学学生会“时代论坛”部长陈丰千，欢迎大家今天晚上来到我们的总结研讨会。今天把大家相聚在这里，是因为“时代论坛”迎来了她的第十个生日。在座的每一位一定都对“时代论坛”深深了解，也深深热爱，这十年间，“时代论坛”不仅传承了她的优秀精神，也发生了许多崭新的变化。首先请允许我给大家介绍一下“时代”这十年的发展概况。

“时代论坛”成立于2003年，隶属于清华大学学生会。作为清华大学规模最大、影响力最强的学生论坛，它一直秉承着“把握时代脉搏、展现时代精神”的信条，并且10年来我们邀请了各界嘉宾近300余位，举办讲座260场，直接服务同学近7万人次。这些嘉宾当中，包括两位诺贝尔奖获得者杨振宁先生和莫言先生，也包括著名的文人余光中和余秋雨先生，还有建筑音乐大师谭盾先生，以及政商名士赵小兰、马云、钟彬娴等，我就不一一列举了。十年间除了这些名家大师独自登台的讲座，我们还举行了嘉宾对话、小型沙龙和听友茶话会等多种形式的活动，充分体现了时代人的创新力与想象力。

2011年12月，“时代论坛”系列丛书第一辑出版发行，三册丛书总共发行1500本。2013年3月“时代论坛”安卓版APP正式上线，其中包括了讲座推介、内容回顾、听友留言等很多板块和内容。通过这些对外宣传和产品，我们直接或间接服务了校内外近10余万人次的讲座听众。媒体合作方面，我们于2011年发起了首都高校联盟，与多家文化机构也建立了长期的合作关系，包括中信出版社、凤凰网、腾讯网、搜狐网等。

“时代”这十年的成绩，离不开各位老师和前辈们的关爱与支持，同样也离不开我们自身科学的组织架构和运行模式。目前“时代论坛”分为常务组、宣传组两个职能服务组；此外还有三个主题讲座组，这三个主题讲座组按照其所涵盖的主题内容划分，分别为以人文社科为主题的“溯源组”，以政商名士为主题嘉宾的“人生与事业组”，还有以文艺传媒为主的“聆听时代之声组”。“时代”这十年的发展还有赖于专业的运行机制和组织流程，其中专业性体现在每一个环节与分工都明确到位，形成了专业化、规范化的流程，并且编纂了属于自己的工作手册。对“时代”来说讲座只是一种存在的形式，更重要的是她追求以这种形式激发学生们进行创造与思考。

十年的光阴如白驹过隙，2013年“时代论坛”迎来了她的十周岁生日。十年的奔流激荡、十年的青春昂扬，其间积淀了太多珍贵的智慧与思考。今天我们在此溯源时代，但我们更要远眺未来；我们在此反思现状，同时我们更须展望明天。下面我宣布，今天的“时代十年”总结研讨会正式开始。刚刚我谈到，2003年清华大学学生会成立了“时代论坛”，我们今天非常荣幸地首先请清华大学“时代论坛”的创始人、首任部长屠毓琳学姐带我们追忆 “时代”十年前那段最初的日子。

屠毓琳：谢谢大家！尊敬的各位嘉宾，老师、同学们，大家晚上好。我今天回到这里是特别激动、特别开心的，尤其是刚才看到论坛十年走来的一场一场精彩的活动，看到我们当时很多的梦想变成了现实，是非常激动的。而且能够作为论坛初创团队的一员在这里参加十年的聚会，我也觉得很荣幸，我想在座很多论坛的老人们可能都有这样的心情。

其实我今天回来是来讲故事的，我觉得我的任务就是讲讲论坛在十年前那个刚刚开始时候的故事。故事可能从我自己为什么加入“时代论坛”开始。其实是缘于一个电话，那是2003年的夏天，我当时还在黑龙江调研，忽然接到了一个电话，是当时新任学生会副主席的张劲帆同学，他给我打了一个电话，说，“屠毓琳，我们学生会想做一个论坛，我们要做清华大学最好的论坛！我们要做的是不一样的论坛，会打破院系的界限，做属于所有清华人的论坛！”他说到这我心头一热。他接着说，“我们现在缺一个CEO，你愿不愿意加入我们？”我当时听到“所有清华人自己的论坛”，在电话那头我就答应了。当时我们在想，有校会的这个大旗，有这么好的资源，论坛一定有很好的基础。可当我真正开始做这个论坛的时候，我发现一切还是要从零开始——咱们一没人，二没枪，怎么把这个论坛做起来呢？所有的难处中，我们觉得最难的地方是人，最根本的突破口也是人。一流的论坛需要一流的创意，也需要一流的组织，所以我们当时想到的办法就是果断建立一个灵活策划人制度，简单来说我们就是要把清华各个院系最牛的人聚集在一起做策划，所以我们的策划人不一定是学生会的人。只要他对这场活动有兴趣、有独到的见解，就可以参与策划和组织这场活动，而论坛、整个学生会都会予以支持。灵活策划人的制度在很短的时间内就为论坛聚集了一批思想活跃、激情四射、来自各个领域各个院系的优秀的人。这样一批来自各个院系的人才聚集到了一起，让最合适的人来策划最高质量的论坛，在当时便奠定了“时代论坛”开放性、多元性和专业性的基础。但是我们更多的时候是在思考：怎么样让论坛不仅仅是一场一场的讲座，而能够真正体现出清华大学自己的品位和态度。当时我们为了去找到并丰富这个内涵，广泛地对各个院系的同学以及很多校内外的专家学者进行了探访。有这么一个故事，我记得我有一次去和一个教育学的专家探讨大学精神，当时我们花了一个小时的时间到教授的家里面，预计跟他谈1～2个小时，结果我们从早上的10点，一直谈到了晚上的11点。这中间教授请我们吃了两顿饭，这就是当时“时代论坛”和很多很多激发论坛去思考、去创作的顾问们之间的关系——不仅分享思想，连饭也管了。

在跟很多学者专家交流的基础之上，我们找到了“时代论坛”的核心理念：“溯思想之渊源，悟精神之真谛，论时代之风云 。”由此也促成了我们的三大系列。我和王松涛刚才看到现在这三大系列都还存在，而且还将继续壮大下去。溯源讲堂是在探索学术和真理；而人生与事业重在探讨个人与社会的关系以及社会的发展；聆听时代之声系列，探讨但不限于探讨社会和文化发展的热点问题。这也奠定了论坛的综合性和深入性。围绕这三大系列，我们坚持为之设计的主题，一年之内，溯源的讲堂，人生与事业的500强企业CEO的对话，还有聆听时代之声的一线记者沙龙，它们都不断在校园中激发大家的讨论和思考。可以说在“时代论坛”工作的这两年，和一批优秀的学生在一起为“时代论坛”拼搏是我最大的荣幸。那时候大家真的是充满了激情，不管是脏活累活还是别的什么，每个人都会干。所有的男生都会骑板车，每个人去上课的时候都带着海报，当时松涛主席也帮我们张罗过场地和海报。最难忘的是“时代论坛”的第一本书，我今天特地带了两套过来，它们都没有出版，但这是我们在做论坛第一年的时候就记录下来的所有论坛嘉宾演讲的资料。我们当时在想的一点就是，这个论坛不仅能够汇集在现场听讲的观众，还很有可能通过这种记录让更多的清华学子、更多的青年人受益。

这本书其实有很多的故事：首先，书皮是牛皮纸的。为什么选牛皮纸呢？因为这样可以省掉印刷一种颜色的价钱，同时又能体现它的古朴。然后，这本书是所有论坛同学在坚持每周组织2～3场讲座的同时，利用业余的时间听录音、把资料整理下来，最后才得以编辑成册的，是很多人熬夜的成果。而且因为经费不够，我们当时所有的排版都是自己来做的。我记得当时有一位建筑学院的同学就被我们推到了台前，他学会了整套专门的书籍编排工序，后来在鼓楼很破旧的一个印刷厂里面把排版工作做完。这就是当时论坛工作的风格，也因此最后我们得以把这些精彩的演讲带给大家。我相信后来的论坛也一直都是这样做的，所以今天能够在这里跟大家分享这个论坛最初的故事，去找回当时做论坛的激情和热情，我自己是很开心的。

我记得当时在这本书上有一句话，用以勉励我们自己，也是勉励接下去做论坛的同学：希望“时代论坛”能够一直伴随着清华学生探求真知步伐，能够永远做现在进行时！谢谢！

陈丰千：非常感谢屠毓琳学姐。刚才屠毓琳学姐也谈到，当时是张劲帆学长给她打了一通电话，让她成为论坛的首位部长，而当时张劲帆学长是学生会的副主席，我们今天就有请现任的校学生会主席忻隆学长，跟我们谈一谈，就现在而言，我们为什么要坚持“时代”、坚持这个论坛。

忻隆：尊敬的各位嘉宾、亲爱的老师同学们，以及在座各位“时代论坛”的新老小伙伴们，今年是“时代论坛”成立第十个年头，非常开心大家能够相聚一堂，一起回顾“时代论坛”过去十年的发展过程，一起探讨“时代论坛”前进的方向。刚才学姐的介绍，我听了以后感到非常感动，也很受启发，今天我就以学生会晚辈的身份向各位来介绍，也是汇报一下，这十年清华大学“时代论坛”在清华园这个园子里面所扮演的角色和它所发挥的功能。

第一点就是，“时代论坛”是广大同学成长的陪伴者。我在进入校学生会工作之前，我没有在“时代论坛”待过一天，但是我和“时代论坛”的缘分是从我大一的时候就结下了。2009年的时候我进入学校学习，当时是在数学物理基础科学班，也是现在学堂班的前身，所以大家可以想象学习过程当中的艰苦卓绝。大家一定能够想象得到，大一的期中考试有一门叫作高等代数，有超过一半的同学挂了科，好一个下马威。正好那个时候北京入冬，迎来了第一场雪。我就想起了周围这么多大牛、想起了自己所学的东西这么精深，我就开始怀疑，怀疑我到清华来想要的是什么,我到清华来能做的又是什么。我记得非常清楚，那一天是11月12号，男生节，我往回走，走到主楼的时候，我看到门口立了一块展板：一个叫作“时代论坛”的组织，要办一场李开复先生主讲的讲座。2009年的时候李开复刚刚离开谷歌，当时的他,我特别要强调,当时的他还没有成为微博大V，还是很有正面影响力的。我就和同学们商量说，我们要不要去听一趟“时代论坛”的讲座？顺便从数学的苦海当中稍微地解脱一下。然后我就走进了主楼后厅，这一听就改变了我。因为李开复先生结合自己的成长经历，跟我们一起分享了地球另一端的故事，和我们分享了关于创新的一些故事，大大开阔了我的眼界，使我对大学生活有了新的憧憬。特别值得一提的是，当时有个特别的环节：现场抽奖，奖品是李开复先生签名的新书，叫《世界因你而不同》。当时非常意外，我成了五名中奖者之一，当时在我“幼小”的心灵里面给了我很大的一种鼓舞。现在回想起来，我觉得，要感谢“时代论坛”，也要感谢那场讲座以及李开复老师那本书，帮我度过了大一最困难的时刻。我想“时代论坛”在学校里一定是扮演这样一个角色，凡是参加过“时代论坛”活动的同学一定能够在这个过程当中有所收获，对大学充满新的憧憬，对人生的未来有更多的希望。我们今天也有一位时代听友的代表会跟大家再做深入的分享，我想这已经说明了，“时代论坛”在这个园子里面， 她一定有这样一个功能：广大同学成长路上的陪伴者，此为其一。

第二个功能，我想，“时代论坛”是这个组织里的同学成才的见证者。话又说回来，后来我在本科期间不断努力奋斗，后来又荣幸地进入校学生会工作，也有这个荣幸去了解和走进了清华大学校园里面最具影响力和规模的学生论坛组织，也就是“时代论坛”，我也认识了一批非常具有激情、创造力和梦想的同学。这些同学，他们开办溯源讲堂，他们讨论人生与世界，他们聆听时代之声。通过讲座、论坛、沙龙等形式，汇集多元的观点，进行深度的剖析、激烈的辩论，形成独立的判断，让我感到非常有正能量。而且在这十年当中，“时代论坛”的这些同学们做了很多有益的尝试，比如说成立了高校论坛联盟，加强了与校外相关机构组织的合作，增进了与时代听友的沟通和互动，比如说刚才也提到的，出版了书籍、制作了手机应用……这些有益的尝试，我要特别说的是，绝大部分都是由学生自发去想、去做、去实现的。在这个过程当中，同学们除了收获了一系列的能力之外，还更多地接触了社会、接触了世界、开阔了视野，这在个人成长的路上起到了很大的帮助作用。我们感性地回顾，可以发现从“时代论坛”走出来的同学，他们成长的轨迹或者说成长的高度，要比清华的平均水平高出那么一些。我们可以看到一些很生动的例子，比如说我们“时代论坛”首任的创始人副主席，在清华毕业之后去了耶鲁读博士，我们说首任“时代论坛”的部长，现在在BCD工作，而且学长和学姐也喜结连理，生下了时代的宝宝。还有更后来、更年轻一些的同学，比如我们八字班的张可学长，原来在“时代论坛”从部员一直做到了副部长，后来又回到了校学生会做学生会的主席，更好地推动了“时代论坛”去服务更多的同学。所以我们看到，今天是“时代论坛”的一个大聚会，很多新老时代人再度回到我们的园子里面，我们会发现，当很多很多的时代老人，因为听到“时代论坛”这四个字而相聚在这里，这就说明“时代论坛”已经超出了具体执行机构的范畴，具有很强的凝聚力、给人以很强的归属感，能够让这些参与到“时代论坛”组织过程中的同学们在集体中成长、在“时代论坛”中成长。所以我们可以发现，“时代论坛”也是组织内同学成才的见证者。所以我想，这是她在校园里面扮演的第二个角色和承担的第二个功能。

至于第三个，我想可能是要跳出“时代论坛”本身，去思考大学文化这样一个相对宏观的话题。因为我们知道，讲座文化在大学文化里面具有很重要的地位，因为凡是讲演者，都需要把自己对某一个问题的认识、思考，在有限的时间内和盘托出，这就使得讲座很容易成为大学内智慧的聚集之处，那么我们“时代论坛”和其他的讲座又有什么样的区别呢？我想在这个基础上可能还有更多的三点特质。首先，学生的主体性。因为大家知道，“时代论坛”从策划到落实，全部都是由学生来完成的，它就体现了清华学子的价值观，就是发挥了我们学生的主观能动性，展现了我们对快速变化的社会的把握，在全球广阔视野当中的认识，以及在复杂形式中的判断。

第二个特色就是碰撞和思辨。“时代论坛”不仅仅是简单地请一个嘉宾，说一两个道理，而是希望大家一起来讲，一起来讨论。我们希望嘉宾和嘉宾之间，嘉宾和观众之间有更多的交流和互动，产生出思想上的火花。昨天我们举办了“教育十年”，我们就发现，五位院长各自携带着他们的一位得意门生一起和主持人探讨教育的现状，对于未来的憧憬和期待。其思想会挖掘得更深，就更容易产生、创造出新的知识和新的观点，所以我们觉得，观念的碰撞和思辨是“时代论坛”很重要的特质。

第三个就是价值坚守。“时代论坛”因何得名呢？是因为我们希望把握时代的脉搏，展现时代的精神，而不是说一味应和社会、迎合这个时代，一味去满足社会和同学们当中或好或坏的需求。我们可以请到很多喜闻乐见的明星和嘉宾，我们可以判断很多同学愿意去听，但是我们不愿意这样去做，为什么呢？因为我们心中还是有一定的坚守，我们还是一批非常有理想的同学。举个例子，比如说我们昨天举办的“艺术十年”，我们请到的阎维文、斯琴高娃、冯双白等一大批相对年长的老艺术家。当然，如果我今天请的是林俊杰我们会发现，现场被围得里三层外三层，但是如果我们请了这些艺术大家，可能不会有这么火爆的效果。但是我们发现，凡是来听讲座、凡是来参与到“艺术十年”过程中的听众，他们都获益匪浅，他们不会觉得与这些上了年纪的艺术家之间有大的代沟。所以我们觉得，这是我们需要去坚持的一个事情。可能十年之前，我们举办类似的讲座，参与的同学也就100来号人，但是我们发现近年来，通过我们自己不断的努力、不断的坚持，人数在不断上升。我们发现喜爱高雅艺术、民族艺术的同学不断增加，这就是一件好事情。尤其是在现在这个社会快速发展，非常浮躁的时代，还有人愿意去坚守，我觉得是特别难的。所以这些现象也激励着我们，能够把道德的底线守住，把我们核心的价值观守住。这就是我想说的，在“时代论坛”当中，一大特质就是我们在做价值的坚守。如果我们“时代论坛”不去做这样的价值坚守，那么很有可能没有其他的学生组织能够为之。

以上就是我思考当中的“时代论坛”在大学里面所扮演的角色和起到的功能。今年是“时代论坛”的十周年，我觉得我们既是要回顾过去十年所取得的发展与成绩，更要面向未来去探讨“时代论坛”现在面临的一些困难、挑战以及将来我们的发展道路。十年之前SARS席卷中国，整个中国在大时代的挑战当中开启了十年的蓬勃发展；十年之前“时代论坛”初出茅庐，为清华的学子开辟了一片新的思想的园地。十年之后的今天，我们依然走在伟大复兴的道路上，而且会非常坚实地走下去；我们也希望“时代论坛”能够借这个非常好的机会，百尺竿头更进一步，为更好地服务每一个清华学子而努力奋斗。因为我们心中都有一个信念，那就是：这是我们的时代，这是最好的时代。

陈丰千：非常谢谢忻隆学长精彩的发言。在自由讨论的环节开始前，我想首先抛砖引玉给大家讲一个小插曲。大家可以看到“教育十年”这场讲座，就在昨天下午举行，嘉宾名单里列着各位老师。三个月前，当我还在参加思源骨干暑期实践，在贵州的时候，我们就开始筹划这场讲座。当时我们在贵州，白天需要实践，晚上我就抱着电脑给这几个老师写邀请函，写策划。两个月以前我有幸邀请薛老师，他非常热情地答应，表示愿意参与我们的活动，他觉得非常有意义。但是在这周三，在离这场讲座还有两天半的时候，周三的晚上，薛校长的助理突然给我打电话，他说，薛校长临时要去大连开会。在接到电话的那一瞬间，我不知道我的心情是怎样的，我作为部长，挂了电话看见组长们还在微信群里热烈地讨论，讨论我们的海报怎么做、今天的宣传稿放哪一篇……我不知道怎么去面对他们。因为太多人都盼着薛校长能来，他的事迹真的鼓舞了很多清华大学的学生投身科研、潜心学习。我当天晚上又给薛老师的助理打了两个电话，我知道可能有失礼节，但是就是不忍心、不甘心。我说我们的海报在网上发出去了，浏览量已经近万了，我们的海报也贴出去了，来来往往的清华学生都看到了，我说张老师，您能不能协调协调，看看能不能请薛校长哪怕就来致个辞？他说：“你等等，我给你想想。”到了晚上快11点的时候，他给我回电话，说，“薛校长恐怕真的不能来，你看你们想个什么办法？”我当时就觉得，是不是该绝望了？是不是就这样了？然后我就跟他说：“张老师，我不是想这么深夜打扰您，我知道您作为校长助理一定非常的繁忙，我只是觉得这样一场论坛，在清华大学召开了第24次教育研讨会议之后，对普及学校的教育政策和教育方向很有意义。”张老师说：“我明白，我也是做学生工作上来的。你们都不容易，我给你再想想办法。”第二天一大早，我正在上课，有一个我不认识的号码突然给我打电话。我想这个点儿，估计还得接，就冲出去接了。打电话的人就说：“你好，你是这个小陈同学吗？你好，我是邱勇，你可能不知道，我是副校长。”我说：“您好，我了解。”他就跟我说，薛校长一大早就跟他说有这么一个活动，想让他来代为出席，他说问问情况，但是他还是时间不合适，非常的遗憾。

这眼看着就剩一天半了，这可怎么办？我课也没上好。后来还是不甘心，又给他助理发了条短信，我说，这样不行，不能这么对待同学。我想一个办法，您看能不能让薛校长录个视频，稿子的大纲什么的，我们也可以通过我们的论坛给薛老师提一提意见。助理先生直接回复说：“薛老师这两天安排满了，实在抱歉。”我听着听着，还是不甘心，到周四晚上又给张助理发了条短信。我说，“这个事情可能对所有同学来说意义都不一样。”就这样一遍一遍跟他磨了24个小时之后他说：“我给你问问薛校长，他明天晚上宴请之后应该还有时间。”所以在星期五的晚上9点30分，薛校长在工字厅为我们录了一段讲话，讲话的题目叫“新清华人的历史担当”。终于，这段七分钟的讲话昨天下午在公馆报告厅放映。这48小时的惊魂之旅，我觉得也是我在时代这两年多快三年的时间里最为深刻的记忆之一了。很多人说，我们为什么办论坛？我当时拿到薛老师这份视频的时候，其实已经是星期五的12点了。我非常非常地激动，我直接就转给了所有的组长们。我说，我们所做的一切都是有意义的，我们有这样的能力把这样的声音和思想传递给学校里的每一个学生！今天我们也在论坛之后把这份演讲稿发在了网上，让更多的清华学生能够看一看、读一读，“新清华人的历史担当”。我不知道我这段是不是讲得太长了，但这真的是发生在筹备十周年系列过程中的一个小故事。至于我们为什么办论坛，我觉得还是请我们在座的同学们、嘉宾们自由讨论讨论，说一说。

刘江荣：各位老师，亲爱的同学们，今天我非常激动，因为我们“时代论坛”——刚才屠毓琳学姐已经给大家讲了——我作为论坛初创普通的一员，我们一路走过了十年，走到今天。在这中间我们一直感受到的有两点。第一：我们“时代论坛”作为学生会的品牌，从活动走向了组织，现在又成立了部门，可以说又有一个新的发展。它可能在全北京、全国的高校之中，甚至在全世界的一流大学的学生组织之间都会有更多的合作。它一步一步这样发展壮大，对于我们来说，让我们感到非常欣慰和激动。最近跟同学们一起策划“教育十年”的过程当中，我看到一些文献，说梅贻琦校长在很早的时候就说过：“我们要注重群育。”后来我们经常说智育、德育、体育，而在我们“时代论坛”，就体现出了一种群育。当然这个群育其实也很重要，像施政同学他给我们“时代论坛”做了一块桌布，而在这几百场的活动当中，同学们经常从北门借了三轮车，用团队的力量把各种桌椅、道具拉到现场。很多同学在课后没有吃饭就赶到现场来做好每一个细节，从布好每一根线路，有时候还要把它们固定起来，到防火措施……各种各样的细节。一些国际关系比较敏感的时候，还要做其他的预案和准备。在这些细节和过程当中，我们每一个人都得到了群育，得到了锻炼和成长。所以我想，这是我们在新的十年启程的时候应该更多思考的一点。另外就是我们刚才说的，我们论坛的十年是一个公共十年，我们每一个人都有一种责任感。这种责任感使得十年来，好多同学纵然已经毕业、出国留学、工作、人生起起伏伏，甚至可能并不认识，却都有着一个共同的理念。而且我们这种理念，将在未来的十年当中，让时代凝聚成一股清华精神当中极新鲜、极鲜活的力量，使得我们在未来的十年，坚定不移，彼此结下更深厚的情谊。一言以蔽之，我们要用社会良知去办好我们的“时代论坛”！谢谢大家。

陈丰千：感谢师兄的分享。我们第一部分其实都是对“时代论坛”这十年的发展加以回眸，“时代论坛”这十年取得了非常辉煌的成绩，但她的发展是不是一帆风顺的？是不是她未来的发展就畅通无阻呢？下面一个段落，我们就来凝眉沉思，思考“时代论坛”现在所面临的机遇与挑战。首先有请分管“时代论坛”的现任清华大学学生会副主席，我们的巩凯旋学姐来给我们谈一谈“时代论坛”现在所面临的机遇和挑战。

巩凯旋：各位老师、学长学姐、同学们，其实我今天站在这个位置上，真的是站在前人的肩膀上面。我本来准备的开头不是这样的，但是我刚刚在听了那么多的故事之后，忽然觉得勾起了自己的另外一种情感。我之前在史老师曾经参加过的思源的一次分享会上就曾讲了差不多半个小时，讲我跟“时代论坛”的故事。我说，这个学期是我在“时代论坛”第四年的最后一个时期，刚好算是修完整个大学本科。在“时代”修的这门课程，叫作“成长”。但是今天我不想在这过多分享我跟“时代论坛”的成长故事，可能之后过几个月我“退休”了，可以慢慢再回味我在这里所经过的酸、甜、苦、辣。前面我们花了一个多小时的时间，跟大家交流“时代论坛”是一个什么样的组织，交流从源起到现在发生很多很多的事情，然而这不是我们今天办这个研讨会的目的。不是说我们十年了，把大家聚来看一看，我们“时代论坛”办了十年，作为一个学生论坛特别棒，不是这样的。我们今天把大家聚在这里，是因为大家都是最关心“时代论坛”的一批人，我们是想让大家帮“时代论坛”想办法的。学生论坛发展到第十个年头，我们确实面临着许许多多的困难和挑战，“时代论坛”对学生论坛的工作也提出了许多新的要求，所以今天，我们很坦诚地把一个最真实的“时代论坛”的现状剖析给大家看，也是希望不论是来自其他高校的同学，还是“时代论坛”的老人们，还是我们的听友们，包括在自由讨论的环节，能够把自己的观点说出来，我们最渴望得到来自大家的意见。

我先来介绍一下“时代论坛”发展的基本情况。我用数字来说明一下，图中每一个点都是“时代论坛”按学期划分的讲座数量。第一个学期是5场，此后呈波动上升状，一直到每学期约20场的数量。我们每个学期有16周，刨去考试两周，刨去刚开学的那两周，相当于我们在12～13周的时间里面要完成这样数量的讲座。所以我们“时代论坛”现在其实有一个很好的标签：以极高的讲座频率，在学校里面产生很大的影响力。然而“时代论坛”现在所面临的困难是，她自身的发展和资源的获得与她的影响力和可持续发展是没有办法匹配的，这也正是我提到的“时代论坛”可持续发展所面临一些严峻的挑战。我想要从三个方面来论述一下，跟很多老人沟通过之后，这些是我们一致认为的“时代论坛”现在面临的问题。

首先是“时代论坛”现在面临多方面的约束，第一个约束是资金约束。现在“时代论坛”的经费都从学生会的账里走。坦白说，我们从来不想把她推销出去被冠名或是以其他形式被包装，但确实钱的问题也让我们分散了一些精力，我就不多说。

比资金约束更棘手的第二个是嘉宾资源的约束，这也是我重点想要想让大家帮忙想一想办法的。现在论坛主要邀请嘉宾的方式有三种，第一种是嘉宾联系方式的直接获得，有些是我们聪明的论坛人从网上直接找到嘉宾的联系方式，还有些是我们有个别同学有私人联系方式。第二种是来自我们的合作伙伴，腾讯、搜狐还有很多的出版社跟我们都有一些长期合作关系，当他们有一些嘉宾资源想走入校园的时候，可以找我们进行合作。第三类嘉宾获得的方式是我们的同学出去“跑嘉宾”，就比如，最近在附近的高校或者说北京整个范围之内有哪些嘉宾在做活动，我们同学会带着“时代论坛”的联系方式和论坛介绍，到现场进行嘉宾邀请。但是目前，嘉宾的来源应该可以说是极其有限和匮乏的，这两种方式某种程度上是不可持续的。我们的选择空间非常的小，更多的时候是嘉宾在选择我们，而我们真正想做的那种论坛形式，现在却很难做到。我们现在这种嘉宾的邀请方式导致了两种结果，一种是嘉宾在做高校巡回演讲，他在别的高校也讲，讲完了再来清华讲的也是那一套，没有同学们希望听到的东西出现；还有就是主动来拉拢我们的嘉宾。就在前段时间，微博大V还非常火的时候，有很多人私信我们希望和清华建立联系。所以我们面临着两个极端：第一个方面是极力拉拢我们的嘉宾，第二个方面是我们请了很久，甚至持续了三四年都没有办法请到的大人物。"时代论坛"的很多活动就在这种矛盾当中举办了，但是回过头来却发现，整个嘉宾的列表上，有些嘉宾是不够我们对"时代论坛"的要求的。

第三个是论坛自身发展能力的约束。"时代论坛"在校学生会这个平台身份具有两重性，首先是一个学生组织，其次是一个论坛，它有这两重身份这就意味着我们会面临几个矛盾。第一个矛盾是我们社团组织对同学们约束力是相对较弱的，我们的同学没有任何的报酬，大家都是凭着热情在"时代论坛"工作，我只能说给他们送一些补身子的茶安慰一下大家的辛劳。我们办活动的责任可以说是很大，但是能维系同学们的只有感情和热情。第二个矛盾是人员流动性和我们论坛专业化要求之间的矛盾。之前"时代论坛"的专业化一直是被听友们所赞赏的，而且也有人对比在清华听讲座和在北大听讲座的感受，其中提到一点就是说清华的组织非常有序，我们的工作人员非常专业，我们双周都会开一次部会，一般都持续2～3个小时，中间很大一部分的工作都是对部员进行培训，但是每到换届的时候，大部分同学流失掉，这样对于论坛可持续发展也是一个比较严峻的挑战。第三个矛盾也是我想重点提出的，就是我们认为论坛是同学的第二课堂，它不只是对于论坛内部参与举办的同学而言的，也是对学校同学，希望大家能够在这里学到一些什么。但是我们现在面临活动的压力非常大，这就导致我们很少有精力或者说我们被活动拖着走，如果我们没有办法把整个部门（将近60个人的部门）的同学自我教育好，那我们怎么能拿出来东西向全校的同学进行推广，这是论坛自身发展能力的约束。

除了面临多方面的约束之外，我们还面临一个问题，就是论坛的现状不能实现我们对论坛功能的界定，这主要是针对我们跟听友的互动来了解到的。现在功利浮躁的社会风气对我们论坛活动的举办是一个很大的挑战，跟大家举个例子来说，上学期有一场林俊杰的专场，我们下午五点开始发票，一共400张票，第一个来排票的同学是早上8点到这儿的，他在那儿读了9个小时的书，然后当天活动现场里三层外三层，嘉宾一来大家都特别激动，但是与此形成对比的是去年12月份的一场活动，当时我们请到的是原来国立清华大学的一位校长，刘炯朗老先生，这位老先生在教育领域有自己独到的见解，我们之前的活动耗费了同学们大量的心血，光策划就改了五次，我们拍摄了DV然后请到了咱们去新竹清华交换过的同学，让大家面对面地来探讨两岸清华的不同和相同点。但是当天的活动450个位置只坐了三分之一不到，我当时面对那个场面的时候，我没有办法为我的部员们解答，说为什么我们付出了那么多的努力后同学们不感兴趣，因为我自己本身也很困惑，它是有意义的。我想很久之后，参与了刘炯朗老先生那场活动的同学会记得当天的论坛里，老先生分享过通才的观点；但我可能不记得林俊杰在清华唱过什么歌。然而，论坛要保证它的知名度和影响力，有一些挺吸引同学们的嘉宾，我们也是要请的，但是怎么做好在浮躁风气下的平衡，也是我们想要求助于大家解答的困惑。

第二个是独立思考与盲目跟风，我们经常举的例子就是唐骏。在唐骏最火的时候我们请过唐骏，当时场面十分火爆。但是现在看来，看嘉宾表的时候又有想把他从上面抹掉的冲动，我们对于论坛很重要的定位是希望鼓励大家能够进行独立的思考，我觉得清华的同学应该具有批判的精神。还有一个例子就是莫言在获得诺贝尔奖之前来到清华，当时上座率没有满，但是获了奖之后就请不来了，我们一方面自我安慰到说我们“时代论坛”是有前瞻性的，莫言还有吴良镛老先生都在来过“时代论坛”后获奖了，但是一方面也觉得很难过，这个奖项获得前后他们的作品已经在那里了，我们现在也只能说很无奈，但我们是不是没有就什么可做呢？我觉得“时代论坛”从论坛前期的准备到中期的现场互动，我们可以进行一些有针对性的设计来营造不是很“和谐”的、仅仅是你讲我听的这样一种氛围，可以有很多思想的交锋。

除了面临各方面的约束，当前的发展状况无法满足我们对论坛的功能界定之外，外部环境也给论坛带来了相当多的压力。这一点我想在座的其他兄弟院校的同学们应该有深切的体会。现在论坛越来越火了，各种学生组织、社会团体都在办论坛。在这个环境当中，“时代论坛”区别于其他论坛的特点在哪里，我们独特的竞争力在哪里，这是我们一直以来在思考的问题。我们不希望发展到后来“时代论坛”变得跟其他的组织一样，嘉宾来了同学冲着嘉宾来听，不知道你这是“时代论坛”办的活动，也不知道你的独特性在哪里。我们在清华校园里也有很多的组织，有依托海外资源的海外名师讲堂，有研究生会现在针对大家的批判性思维训练的巅峰对话，还有在团委宣传部针对时事进行探讨的时事大讲堂，我们觉得在这些纷繁复杂的，竞争市场当中，“时代论坛”的特点就是它是植根于同学的，要发挥同学对于活动的一种想法，注入这个活动当中，可能很多其他的论坛资源比我们好，但是能跟同学走得多近，我们是打一个问号的，在这点上不敢说是非常的有信心，但是至少比其他的论坛做得好，针对这一点我后面还会提到。当然我抛出来了许许多多的问题，讲得有一点沉重，但是我确实是从去年以来，一直在想这些问题。今天找到一个吐槽的机会也感觉很畅快，我们今天请大家来帮助我们想问题，是希望能够制定一个“时代论坛”发展的战略，指明今后十年或者是二十年“时代论坛”应该往哪个方向发展，我们能在这里达成共识。

我在跟很多老人和同学交流以后，我们也有一些自己的想法和努力的方向，希望大家多提出意见和建议。第一个是针对嘉宾资源匮乏的问题，我们希望能够推动多方面合作关系的建立。刚才学姐也提到我们现在由三个部分组成，溯源讲堂可以说是三个组里面相对发展比较好的，我们计划按照以往的方式继续去发展它，今后可以在嘉宾背景调查上面做得更加细致一些。

第二个是聆听时代之声，我们希望能和校外更多媒体建立联系，包括央视网、搜狐教育频道等。

第三个是人生与事业，这个组我们比较希望能获得学校方面的支持，因为之前请到过很多很牛的嘉宾来跟大家探讨如何有成就，类似成功学的东西。在成功的人都请了一圈之后，大家发现两个问题，一个是成功的人越来越难请，第二个是这是不是就是人生的全部？百年校庆期间我们做了一场活动，就是“到祖国需要的地方去”，邀请了很多清华毕业的扎根基层的师兄、师姐来谈一谈他们的人生规划是什么。我们觉得“人生与事业”这个系列有必要把人生百态展现给大家，让大家自己去体会希望有什么样的人生。但是很坦白地讲，现在这块的资源我们是知道得比较少的。但是我们知道学校校友总会，包括就业指导中心拥有这一类的信息，是不是可以考虑跟这些部门形成一种联合。比如说在招聘季来办宣讲会时，嘉宾可不可以来“时代论坛”来跟大家分享一下职业规划方面的话题，再比如，对于有针对性的培养项目，是不是可以请嘉宾来的时候给全校同学做一个推荐，我们是比较希望能在学校平台上获得这样的资源。

针对资金匮乏的问题，如果能稳定经济来源的话，就能够减少我们分散在对外处理事务的精力，让我们花更多时间在活动上，讲座效果会更好。

针对听众参与问题，快餐化文化发展的今天，APP的推出是我们进行的一个尝试，也是希望能够契合时代发展的潮流，以同学们觉得更为便捷舒适的方式互动。之后还计划建立听友会，招募听友参与到我们的策划过程中来，通过一些方式与听友建立更进一步的联系。至于大家能够参与多深，我们也希望在今后的讲座规划上面，来进行刚刚我提到的环节设计，营造一种独立思辨的氛围。

针对校园论坛的整体环境的营造，我们希望校内的讲座资源可以进行一定的整合，不要发生同一个嘉宾在一段时间内出现了一次又一次，讲的是同样一件事情的情况。我们是不是可以考虑让一些论坛强强联合，大家共同发挥各自的优势，有资源的出嘉宾，有想法的出想法，一同为清华的同学做贡献，整体上来说提供更高水平的讲座。

我今天谈到的这些问题很多是跟“时代论坛”的“老人”交流过的。在“时代论坛”即将工作满四年，我从“时代论坛”本身办活动的过程当中向很多“老人”们学习，也向比我年纪小的同学学习，学习他们身上的热情。向大家展示了这些，就像我刚开始的时候跟大家提到的，是想开诚布公地告诉大家一个实在的“时代论坛”是怎么样的，这些年来让我们夜不能寐的问题是什么样的。因为多一个思路可能我们就多一条未来的道路，我们也非常希望或者说是恳求大家，希望大家能够不吝惜自己的想法，真诚地与我们交流，谢谢大家。

陈丰千：谢谢巩凯旋学姐，刚才她提到了很多的“时代论坛”现在发展所面临的机遇与挑战。我们在2011年的时候，发起了首都高校论坛联盟，所参与的成员主要为首都的兄弟院校由学生组织的举办论坛讲座的一些组织。今天我们也很荣幸地请到了北京师范大学学生会副主席李凯达同学，他将与我们分享“风云论坛”的实践经验。可能所有学生组织论坛所面临的机遇与挑战是相通的，我们可能有共通的问题、共通的机遇、共通的挑战，有请。

李凯达：尊敬的各位嘉宾、亲爱的论坛代表们以及亲爱的时代听友朋友们，大家好，我是北京师范大学学生会副主席李凯达。首先谨代表北京师范大学学生会以及北京师范大学“风云论坛”向清华大学“时代论坛”道一声十周岁生日快乐！首先我在这想跟大家第一个分享的是我的紧张，因为在上周我接到这个邀请之后，等于拿到了一个名为“实践的经验与我的困惑”的题目。但是我发现在刚才几位学长和学姐的演讲中，慢慢地把我准备的这几点都分别说了出来，当时我在场下就特别的困惑，我花了一周的时间在想我们举办论坛现在最主要的问题，是我总结了几点最困惑的，结果第一点忻隆主席说了，紧接着凯旋姐又说了第二点，但无论如何我觉得这样的不谋而合正是我们学生论坛目前所面临的困惑，我也会把我所想的跟大家分享。

第一个就是我觉得就是如何在引领和迎合之间找一个平衡点。的确，面对现在越发浮躁的观众群体，我们在论坛的举办过程中会发现一个问题，就是很多有思想或者说是有深度的嘉宾他们往往在媒体的曝光度以及在公开讲课的曝光度上并不是多，这样一来在这些“95后”，甚至“95后后”的群体中，他们的知名度反而不高。而经常我们所讲要办一些同学们喜闻乐见的活动，那他们喜闻乐见的这些活动，这些嘉宾能讲的深度非常值得我们去考量，同学们花很长的时间去排一张票来到这个活动，但是往往听了两句之后，发现这个嘉宾没有给我们带来很多的触动，那么讲座接下来就变成了拍几张照片发一下微博，再发一个朋友圈，接下来就是刷其他的媒体，而完全不顾真正讲座的实质。我们应该探讨第一个困惑就是如何在引领和迎合之间选择一个平衡。刚才我听说很多清华“时代论坛”的学长和学姐也都是经管出身的，我本身也是一个学经济的学生，刚刚就在想，我们经常在跟朋友开玩笑，说目前现在请嘉宾会遇到一个什么问题呢？也会遇到跟中国经济相关的东西，就是我们的嘉宾是结构性短缺的，有很多主动愿意来做的嘉宾我们不需要，但是我们真正想邀请给大家能够做出一些内容的嘉宾，他本身可能会因为个人的原因不方便来，另外一个方面可能是在同学和学生们的心中的知名度也不够，所以最终没有成行。所以第一个就是迎合与引领架嘉宾的结构性短缺。

第二个就是如何依托高校的资源办出一些具有高校特色的讲座。在北京师范大学这样一个师范类的学校，同学们会很喜欢关于教育这方面问题的讲座。我们在上个学期邀请梁文道先生做一场讲座的时候，跟梁先生商量把主题变成了“教师作为一种知识分子”。而在另一场活动中，跟钱老师的沟通，我们把这个商讨主题定为“做老师真难真好”。我们知道这样的选择会满足很多同学们的需求，也办出了一些特色。但是“时代论坛”要做所有清华人的讲座，那“风云论坛”要做所有师大人的讲座，一个单一的领域或者说是一个单一的话题并不能满足一所综合性大学所需要的所有内容。第二个困惑就是如何满足全校同学的需要。一方面让主题更加富有广度，另一方面又能真正做出高校的特色。

第三个我想说的是如何把握时代的热点与真正时代的潮流，办出一些真正经典的讲座。在这里就引用一个《娱乐基础》里面的一句话，“媒介真正的独特性，虽然说是引导着我们很多人做事的方式，但是它其实真正独特的地方在于是一个潜移默化的影响”。我们在办讲座同样是作为一个很重要的校园媒体，我们也是在办讲座的过程中影响着同学们或者说是整个校园里一个思想的关注点。我们“风云论坛”有宣传“携手风云人物，对话时代之声”，清华大学的“时代论坛”说的是“把握时代脉搏，感悟时代精神”。在现在这样一个多媒体发展，甚至说是自媒体异军突起的时代里，什么样的声音能够真正代表时代之声，什么样的人物又能称得上是风云人物，想选定什么样的主题才能够保证它是历久不衰，邀请到什么样的嘉宾才能够经受得住时间的考量，我认为这是我第三个困惑。

讲完这三点我觉得就是一个抛砖引玉吧，就是跟大家聊天一般分享一下我们在论坛发展中遇到的瓶颈。我觉得这个对于我们来说并不可怕，可怕的是我们不能找到一个突破它的方法，我非常羡慕清华“时代论坛”有一个组织叫听友，我看后边的同学是不是都是我们听友的热心观众。在师大我们目前也在建这样一个组织，就是希望有这样一个良好的群众基础能给我们很多的反馈，通过与在圈外的同学们跟我们的交流，为我们提供更多论坛发展或者说是解决这些瓶颈的方法。我也只是抛砖引玉，希望听到大家更多的声音，谢谢大家。

陈丰千：非常感谢凯达从“风云论坛”带来一些分享，在这一个环节我们可能的确有一些凝重，因为它毕竟面对的是机遇和挑战。接下来是自由发言的环节，请大家讲一讲自己的思考和想法。

俞理晓：我今天站在台上是接着凯旋跟“风云论坛”的同学来抛砖的，这些砖头也是我之前在学生会“时代论坛”思考以及离开之后继续思考的问题，主要是三个问题。

第一个问题我一直心中有一个疑惑，我们这些负责组织论坛活动的同学，他本人一定是喜欢听论坛的吗？为什么会提这个问题呢，当时我在做部长和副主席的过程当中，我经常会在一些活动结束之后问这场活动的专场负责人，我说这场活动的内容你听了么？他说没有，为什么呢？因为我把所有注意力都放在现场的细节上面，我想这场活动保质保量地完成。但是过了两个星期我又问这个同学，活动结束之后重新看了这场活动的资料么？他说也没有，我说为什么？他说做讲座做腻了，做麻木了。包括2011年的时候正式出版了清华大学“时代论坛”的三册书，我们有多少同学在出版“时代论坛”书的同时翻开来仔细看我们的书。我想对于“时代论坛”这样一个组织来说，如果仅仅作为一个讲座服务的“提供者”，那么我们已有的执行力、整合能力无疑能够办出很多场非常精致的活动，但是如果我们想要做一个同学们思想活动引领者的话，我们还很难说，我想我们也应该向“时代论坛”前辈一样把更多的精力放在“时代论坛”的策划当中，而不是说上百度上看看嘉宾的简介，我们应该跟着去看看他讲的东西、他想的东西。

我想提的第二个问题就是作为校会的一个部门，我们“时代论坛”是不是真的了解我们的听众想要听的内容。这里我想要区别一下同学们想听什么和同学们想要听什么，自上而下地去了解一些内容。而作为校会的一个部门，作为同学们进行自我教育的第二课堂，我们最大的优势或者说我们的生命力就是我们了解我们的同学。刚刚通过凯旋的介绍应该已经了解到，我们现在的活动是“有什么做什么”，而不是“想什么、找什么、做什么”的模式。

第三个问题刚刚凯旋也提到了，现在清华校内的学生讲座活动非常非常多，那么面临这样一种局势，我们的“时代论坛”应该如何来面对。就我个人来看讲座数量多并不是一个坏事，至少给了我们同学一个选择的机会，本身也是一种校园文化繁荣的体现。但是我们现在的问题是同质化的问题，比如说我们刚刚“时事大讲堂”做了一个上海自贸区的问题，“时代论坛”的同学跟我说他们也想做，可是“时事大讲堂”已经请了我们国家商务部的发言人做了一场比较官方的解读，他们感到很困惑。我觉得我们应该换一个角度，“时代论坛”能做的领域很多、能做的方式也丰富得多，除了国务院的发言人之外，也可以邀请同行及企业界的嘉宾就同一个问题做更多的探讨，如果两位不同的同学都需要做一场关于做讲座的主观题，如果他们两人在前期都做了足够多的准备工作，那么在答题的时候不太可能会出现类似的答卷。但是如果说我们都偷懒，会出现类似的相同卷。显然，面对这样一个校园内的活动组织繁多的局势，“时代论坛”应该首先坚持自己的定位，但是同时要更多地在我们的内功上面下功夫，我就先分享这几个问题谢谢大家。

施政：大家好，我叫是2004级材料系的，首先我先讲两个小故事。如果记得不错，史老师第一次参加论坛的活动应该是在西阶报告厅，当时是里三层外三层，史老师过来都进不去了。还有一个小的分享就是当时网上有一个长得特别像吴彦祖的院士，王德民院士，他是咱们一位嘉宾一个中央音乐学院大提琴演奏家的舅舅。为什么分享这两个个小的细节呢，是因为这两个活动都属于论坛当时办得很热的，但背后有很多问题的活动。当时很多活动，两个门的秩序都维持好，上场就比较热闹，史老师一开始就在台阶上坐着。因为当时是在美院报告厅的第一场活动，当时没有开空调也是这个季节，演奏人员来了以后手全是冰凉的，当时他就怒了，最后两个同学抱着两个饮水机上来暖手。为什么分享这两个小的故事？我就是在想，“时代论坛”给了我什么？首先“时代论坛”是一块招牌，它招来很多人，但为什么这任主席说每到这个时候就会有人走呢？其实当时我们走的人也不是特多，就是说对内对外两个东西给我们同学什么，对内其实对于同学来说不仅仅是一个为做论坛而做论坛，它贯穿在每一个细节活动中。为什么现在金丝楠做的家具就比杨树做的家具贵呢，因为金丝楠长得慢。同样的，“时代论坛”要想做出经典，就要精雕细琢。莫言也没想到他会获得诺贝尔奖，他也是过了很多很多年才牛起来的。“时代论坛”有没有真正地告诉参与工作的同学“我们这些东西”是什么东西，我记得当时我会带着自己的组员去看每一个场地。可以毫不夸张地讲，我做了一个表，清华能做讲座的场地有多少个座位，哪些教室归哪些老师管都包含进去了。这是对内对人的培养，用这些才能真正让同学们得到才干上的提高。技术层面的分享，从社工角度使“时代论坛”里面每一名同学在这里让自己的执行能力有一个真正的提高。再高一个层面就是说，我们作为一个学生会一个部门，它肩负了学校一些职能方面以及学生管理方面的工作，而这些活动当中，希望大家能够沉下去思考这些东西。现在是大数据时代，刚才领导说的我觉得很对，就是有些关于是物理学的问题，我们可以问问物理学的老师学生，这人说得对不对，不会忽悠我们吧，特别是人文这一块，但当时像于丹很火的时候，我们没有请于丹。就是很多东西不仅是看搜索前10页的，11～100页也要找一找。这些东西有没有做，有没有思考，不要小看同学们的利益，大家的兴趣、爱好、知识面都是很广的。当时人文学院请赵丽明老师做女书那一场，当时现场的同学很少，只来了十几个人，但是能说不去做吗？在场的同学反倒听得更认真，因为同学少。因为女书是中国文化的瑰宝，在在场的20多位同学心目当中，真的是种下了种子。有很多时候我只是抛砖，更多的长篇大论的东西不占用大家的时间。我们不是说为做活动而做活动，不是说我做了组长之后要当部长，而是过程当中我要看做的活动的曲线是怎么样增长的。我在这里强调是要有一个长期传承的。毓琳姐说有些东西要沉下去，要等一个嘉宾，好像有一个人等了一年，有些东西是区别对待的。

陈丰千：非常感谢学长的分享。我想以前我们常说昨天、今天、明天。咱们回眸过、凝眉过，但是“时代论坛”不可能止步于此。更多的，我们是想带给“时代论坛”更加美好的发展，所以我们想进入第三个环节。这第三个环节就是翘首展望“时代论坛”未来在何方。首先我们热烈欢迎王松涛老师带给我们一些分享，您作为“时代论坛”初始的创始人之一，在十年之后您对它的发展有什么期待，有什么想法呢？谢谢。

王松涛：我想今天我能够被邀请来参加这个论坛特别特别的荣幸。我觉得我可能有三个身份，第一个是刚才屠毓琳也说了我是初创团队的人员之一。第二个身份就是在学校的三年半时间里一直担任学生会的秘书长。第三就是我也算是听友之一。所以从三个方面交流一下自己对“时代论坛”这些年的体会。等会儿史老师可能会给大家提一些更宏观、更重要的希望，我今天还是介绍我个人的体会。刚刚屠毓琳让我把十年前的故事再补充两句，因为她是从接到张劲帆电话说起的，我再把这之前两件小事简单地跟大家说一下。没想到“时代论坛”能继续下去，以前也没说过。我做学生会主席的第一天是6月19号，第二天我接到了一个电话，这是一个自称为美国哈佛大学一个社团的中国学生打给我的，我说这消息真快，昨天晚上刚竞选上学生会主席，第二天就有人通过其他的渠道给我打电话了。他约我第二天聊聊天，他说他们是哈佛大学的一个学生组织，想在暑假到清华来开一场小型的论坛，当时一听到论坛这个词就跟大家今天听到高端大气上档次的节目一样，因为2003年最火的是《焦点访谈》，论坛基本上就是那种一年开一次的论坛，当时我听到的第一个感觉就是很大的一个事，后来这个就黄了，具体的就不说了。

当时有一个学习部部长的候选人，也是电子系的同学给我提了一个策划书，他希望做一个活动希望与某某某面对面，因为当时网上面对面的活动特别多，所以他也就借鉴了当时新闻频道里面各种面对面的活动。我说高端大气上档次的论坛没搞成，这个有点俗，我们试一试吧。后来我们也就谈了一下，因为刚刚跟哈佛那边的同学交流过，觉得他们挺洋气的，后来想想《纽约时报》，就说我们要不然就定“时代”吧，因为当时对“时代论坛”就是一个尝试，没有太多的想法，把这个故事第一次讲出来之后，觉得这十年真的是树木的十年。“时代论坛”经过十年的发展，有这么多的同学为这个来努力，仍然是学校里面非常有影响力的论坛之一，确实是包含了很多同学的心血。今天我想分享的第二部分就是我个人觉得“时代论坛”的几个特色，这可能是最早或者说是最综合的论坛，因为咱们学校有很多专注于人文、外事的专著论坛，咱们“时代论坛”三个板块一直没死掉，而且还坚持下去是很不容易的。而且还有一个最深刻，我记得最早是三四个论坛，有一次搞红楼梦文化的时候连续请了几位嘉宾或者说在一个论坛里请多位嘉宾来围绕一个主题，这个主题可能是同学们比较关注或者说是热议的一个话题，这个自然而然就比其他的论坛精致，虽然我们承认这还是很随机的，取决于嘉宾的演讲，但是我们一开始就有一个策划的设计感，让选题不是那么的随意。

另外还有一个我也可以跟大家分享的就是最专业的团队，我觉得所谓的“最专业”是打引号的，因为“时代论坛”所有的主持人都不是真正的专业主持人，都是“时代论坛”团队里的主持人，除非是一个特殊的场次用专业的主持人。我记得以前跟很多的同学讨论过我们的主持人都是西装革履的，让我们的嘉宾觉得很意外，觉得大学里还有这样的同学。但是我们往往一进入“时代论坛”的队伍里面感觉大家都是非常专业的策划者，还很关注需求，也还是很受欢迎的，我觉得这些和我们的同学的努力是分不开的。第三点我想分享的就是我刚刚回想了一下参加四十多场的论坛，对人生还是有启迪的。一个是杨振宁先生在一次论坛里谈到了自己对科学、艺术、哲学、美学这四个层面的认识，他认为科学上面是艺术，艺术上面是哲学，最后是美学，后来这个结构逻辑对我的思想影响很大。第二年我带着清华艺术团到澳门演出的时候，正好他们的主场里面有一个很大的图，有璀璨的满天星光，我当时驻足了大概3～5分钟，我觉得这可能跟杨振宁先生说的一样，我们作为科学家更多的是光的折射，艺术家看到的是七彩的亮光，艺术家可能感觉到的满天的星光，哲学家看到的是为什么这些东西是永恒的，但是美学家看到的是这产生的一系列，所以根源的东西还是在美学，跟杨先生在研究微光世界里晶体的结构有关系。闾丘露薇的那一场我记得当时我们还是很闭塞的，她给我们展示了很多她自己在伊拉克战场拍下来的视频，让我们第一次感觉到战争可以造成这么大的伤害。我记得当时讲座现场人满为患。还有周国平先生应该是在2001年左右，他的孩子问他的妈妈说云彩上面是什么，妈妈说是星星，他问星星上面是什么，妈妈说还是星星，他用一个很小的例子就诠释了世界是有限还是无限的问题。包括余秋雨先生对中国集体人格的反思。比较有趣的一点是王健林先生，中国首富，他来清华经管学院做讲座的时候提了一个很震撼的问题，他说清华人出不了10亿以上的这种数一数二的大企业家。其实这一直是一个很有杀伤力的问题，到今天我觉得都是很值得我们去思考的问题。我想说实际上俞理晓说的也是对的，很多的同学更多的关注于组织上，其实我们的每场讲座只要用心听的话，都会获得我们未来进步的智慧，还有一些对古今中外伦理的融会贯通。其实我觉得这种影响是从几个集合扩大的，我分享的是我个人的成长，但是每场讲座有成百上千的同学在听，他们都把他们听完之后的感想放到网上。其实最后对我们清华同学的分享，很难是用简短的几个片子来描绘的，这也是我们“时代论坛”的魅力所在，很多同学为了它付出了很多，最终归结于我们的成长。

最后就是再讲两句关于十年新的启程。我个人认为“时代论坛”很多次邀请我去参加活动，我很少去参加，主要一个是比较忙，另外一个这些年“时代论坛”私下的活动我基本就没参加过！一是觉得他的成功是源于它的平衡点把握得非常好，我记得成立论坛的时候是跟当时的团委书记问可不可以，后来实际上团委也好学生会也好，大家在论坛的平衡点的把握上让它保持着原汁原味的清华学生味，而且是独立的团队运作，但是我觉得未来一段阶段它能不能成功有很大的挑战。譬如过去两年我离开论坛，其实是一个很忠诚的粉丝，但是我很遗憾过去两年我没有参加过一期论坛，或者换句话说过去两年我听的论坛都不是“时代论坛”，我过去两年听得最多的是TED，因为2010年开始TED已经可以把上千个十分钟演讲放到网都是免费的，为什么还要来现场这么吵嚷的人群里去听一个可能和我只有很小相关性的论坛呢？另外我很爱听凤凰网的凤凰论坛，里面有很多论坛都有高度的媒体包装，还有好多嘉宾，海量的信息摆在我们面前的时候，我们凭什么要求同学来选择我们，而且支持我们并且成为我们同学的一部分，这点我觉得是很难的一个问题。

我觉得这个问题很大，抛砖引玉的话，我觉得第一块砖一定是要用信息技术。这点我深有体会。我现在在北京的基层政府也是做团的工作，基本上传统的动员方式已经不能再联系这些青年人了，必须要把我们想要推送的东西潜移默化地推送给我们的同学们，我觉得像微博、微信这种微技术，还有TED，T代表技术（Technology），E是娱乐（Entertainment），D是设计（Design），但是这三个板块底下有40多种关注体育的、关注生活的、关注媒体的，可以对听众的各种非常急切的需求进行反馈，再一个就是很近，最新的一期都能够在网易公开课上获取，所以我觉得信息技术很重要。

第二个应该是对同学需求的挖掘。我觉得“时代论坛”最大的生命力在于它是清华的，它代表着一群最有思想、最有活力的青年的思想，而如何能体现我们青年人的榜样作用？我上一周看的一个论坛是讲的一个设计师，一个很普通的人。他从十年前开始做一件事，就是每天用摄像机记录一秒钟的生活。他把过去十年录了下来，在他30岁的时候把过去十年的生活集成了一个一小时的短篇。前两天我跟北京的一个同学聊天，他每天出门之前都要把水房的水龙头拧得很紧。像这样一个同学完全有能力和水平到论坛上把这个经验与更多的同学分享，这个论坛的来源是同学的价值。

最后我想感谢史老师、感谢所有团委老师，还有我们所有学生会的同学为“时代论坛”一起付出的努力。我个人觉得未来“时代论坛”一定会更好，因为它有这么一个团队，同时我觉得它的团队又是一个朝气向上，有方向感的团队，当然我也相信“时代论坛”更代表着未来、代表着每一届学生会对当年思想的把握，更多的是有一个很好的引领性，希望我们能够做好顶层设计，用我们的智慧让“时代论坛”服务更多的清华同学的成长和成才。我就说这么多，谢谢大家。

陈丰千：非常感谢王老师的分享，王老师在最后的时候谈到了“时代论坛”的团队是一个朝气向上、积极的团队，我想补充说这也是一个感情很好的团队。今天虽然我们屡次提到的张劲帆学长没有来，但张劲帆派了家里的领导作为代表前来出席，他还是心系时代，下面我们就有请张可学长，分享一下张劲帆学长的这份心。

张可：非常荣幸能够代表张劲帆学长在这宣读这封写给“时代论坛”的信：

尊敬的各位领导、老师、同学，欣闻“时代论坛”十周年研讨会召开，我首先想向所有为论坛挥洒过青春汗水乃至泪水的新老同学们致以深深的敬意，十年前种下的种子在一代代论坛人的耕耘下已经茁壮成长。抚今追昔，作为一个论坛的老兵我愿意借此机会为论坛的发展抛砖引玉。论坛之势在于敬天爱人，我们注意到了清华同学对于社会问题的关注，对人文知识的渴求，我们也注意到学校需要管道和平台，将它的资源介绍给同学们。论坛之道在于立意高远，我们所选取的主题全都关乎学生的发展，而我们的演讲嘉宾更是各个领域上的高手。论坛之术在于组织严密、传承有序，我们的活动事先策划周详，事后日后总结完备，骨干同学能够将宝贵经验代代相传。经过十年的发展，论坛早期赖以成功的势、道、术，今天变得更加强大，因此我们现在可以有资本来讨论如果使论坛从成功走向更大的成功，我有几点想法和大家分享。

第一个势的方面必须要落脚在爱人上，天道无常而公道自在人心，论坛短期的成功可能更多取决于学校，但想在历史长河中留下痕迹，最终必须把同学放在第一位。论坛为同学所有、为同学所想，应该是一切行动的根本组织。表面上风光但其实流于形式这些最多是论坛的外衣，论坛应该把着力点放在自选题、自主邀请和自主安排的活动上，这些活动或许短期没有很大的声势，但是润物细无声是我们为同学做出实实在在的贡献，是论坛真正的灵魂。

第二个在道的方面应该由求同存异走向和而不同，我们过去组织的活动往往是和谐的活动的，程序自然流畅，但思想上的碰撞还远远不够，论坛不应该是嘉宾的一言堂，而应该是寻找真理的地方，我们应该有批评性思维的习惯和有效表达的能力，有走向自由和多元的能力，论坛应该立于时代前列，做潮流的引领者，我建议我们可以考虑邀请观点相左的嘉宾在论坛上有序辩论，并将这些发展为“时代论坛”的标志。

第三个在术的方面我们应该强调开放和多元，一个组织没落的标志正是逐渐演变为一个计划周密的小集团，论坛在校内应该积极吸纳院系学生会的加入，在外则要广泛联络海内外知名大学，论坛的生命力在于建立起一个让所有人都能参与的平台，在时机成熟的时候，我们可以举办大规模的会议，邀请海内外兄弟院校。

最后，时代是我们在座每一个人的，但更是今天创造新时代的年轻同学们的，作为一个论坛老兵我为大家取得的成就感到由衷的高兴。老兵不会逝去，只是悄然隐退，在幕后为大家默默祝福。

张劲帆

2013年10月26日

陈丰千：其实今天我们还有一位嘉宾，他就是我们的梁植师兄。我们一直在论坛内部说我们梁植师兄是我们论坛的老朋友，甚至说他是我们的御用主持。梁植师兄是一个能够在很多大型活动当中轻松应对各种情况，并能够现场控制好节奏的主持人。今天我跟他提到，既然也参与“时代论坛”10～20场的活动，怎么也得请他来跟我们谈谈关于“时代论坛”十年的感受，让我们有请梁植师兄。

梁植：谢谢大家，今年是我在清华第八年。我很遗憾不像大家拥有一个有户口注册的学生组织。我跟很多的社团、学生会部门，都有过很多次的合作，是大家给我机会站在这里。但是我觉得，“嫁过”这么多的人家，我认为我永远都是“时代”的“媳妇”。今天丰千给我打电话，我正想跟丰千一起做这样的一个工作，看看“时代论坛”差不多八年的时间做了多少场讲座。刚才我们提到了很多的人名，比如说余秋雨讲座那天迟到了一个多小时，我记得我多次上去跟大家聊了各种各样的事；我记得好多次爆满的情况下解决了现场的场面问题；我记得陈坤那天很多人冲到前台来……大家可能也都记得。正是这许许多多的细节，让我明白了一件事，咱们做“时代论坛”对我们这些人而言最重要的是大家在一起的青春回忆，我们一起做的这件事和这些人名都无关。大家一起在我们正值青春年华的时候大胆地面对似乎拥有一切的人，和他们交流，然后让他们的思想、他们的才华让更多的人知道。这可能是最重要的。咱们做“时代论坛”的人，咱们的回忆，大家之间的回忆是最珍贵的。我今天来看到那么多的老朋友，好多的朋友都是好久没见，平时工作之后也只是在学校里打个招呼，毕业了以后好久都没见了。看见施政师兄特别地亲切，包括刘烨我们也是好长时候没碰到了，今天通过这个机会，大家又相聚在一起，又让我回忆起那种血浓于水的感情。

因为时间很有限，既然今天丰千说这个环节是关于未来，那么我想提两点。不知道你们的感觉如何，但昨天下午我们做“教育十年”的时候，不知道什么时候开始舒服了。台上的嘉宾跟台下的人聊的时候，当时我说你们有多少的本科生？你们其中有多少人要去做科研？你们为什么读了硕士读了博士却不做科研？当台下的本科生都在跟着思考、跟着反馈，我觉得那个时候开始正式进入轨道了。因为来回的沟通是特别重要的。我觉得我们要思考一种模式，重要的嘉宾来场面要大，一个是嘉宾的心理需要大场面来匹配他的能量，第二个方面是如何要在大场面的情况下让更多的人参与进来。比如说一个同学问了一个问题，这个嘉宾的回答可能会有很多种方式。大范围的参与度怎么样实现其实是我们主持人以后要做的功课，这是我昨天的一点特别深刻的感受。

第三点我想谈一谈TED。关于美国做这样一个，可以说是科学脱口秀或是知识脱口秀的节目，它的嘉宾用一种什么样的形式能让更多的人来分享他们演讲的内容？我们嘉宾的质量非常高，我就在想怎么样让我们目前的主要以清华的同学在现场听为主，小部分同学事看演讲实录的模式改善，能让更多的人可以通过网络去观看。而这个机会一定要表明是清华提供给大家的机会。我记得史老师给咱们讲过，咱们未来在国际上很重要的竞争结果恰恰与清华提供的教学课程在全球网络上的点击率有关，不知道史老师还记不记得。我常在想这个事情我们该怎么实现，课程内容可能是一方面。

还有一方面是名家进入“时代论坛”以后，他们的演讲视频在网上的点击率同样代表我们的水平。是我们邀请他们来，这是他们和我们同学碰撞产生的结果，所以我希望我们“时代论坛”会成为中国的年轻人，甚至外国专家，全球的年轻人都可以关注的一个由学生举行的论坛。虽然有说灯光的限制、音频收录的限制，当然有很多技术层面的问题。我也在脑海中随意地遐想未来，有没有可能有专属于我们“时代论坛”的一个讲堂，大家想想，我们现在有这么多企业资源以及产生的效应，应该很愿意提供一个讲堂的对么？

这样的话，我们有一个专属的屋子，这个屋子灯光录制都按照我们的结构来。屋子里有固定的听众，这样表面上看，现场只坐了400个人，没有大礼堂坐的人多，但是极清晰的声音进行收录并放到网上，它的辐射量是巨大的。牺牲现场，我们换来的是在网络上很强的宣传推广，这是我讲的第三点。

这就是刚才在丰千给我提出任务之后我临时想到的三点，再一次谢谢“时代论坛”给了我一个“娘家”，谢谢。

陈丰千：特别感谢我们“时代论坛”的“媳妇儿”给我们提了这么好的建议，那么下面我们“时代论坛”还有一个非常非常重要的群体，就是我们听友。听友这些年带给我们的支持和他们的想法对我们的成长也至关重要。今天我们也找了这样一个听友，他是法学院一字班的同学，现在上大三。请大家来听一听在过去这两年里，在清华听到的“时代论坛”对他的影响和带给他的改变。

听友代表：谢谢丰千学姐，也特别感谢“时代论坛”。刚才开场的时候我听到了“时代论坛”服务同学数量达到7万多次。我有幸在其中出现了几十人次，在这里，我代表我们听友朋友们说一下看法。首先，我感觉特别地荣幸，我虽然有一个听友代表的称号在这里，但是我还是代表不了我们广大的清华同学。我只是作为一个个人、一个同学来谈谈我对“时代论坛”的一些感受。我第一反应到的词语就是爱。“时代论坛”确实为我们提供了特别多特别好的讲座，但是往往是特别好的讲座都需要我们花时间去排票。刚才多位师兄都提到了余光中先生那一场的故事，我当时去得比较早，排票花了三个小时。后来跟我的女朋友嘚瑟的时候她说我也想去，第二天我又花了三个小时排余光中先生的票，所以在这里也特别感谢“时代论坛”来丰富我们同学的生活。

以上是一个特别生活化的小故事，分享给大家。现在我想谈一谈对“时代论坛”的展望，我身高还可以，但是对“时代论坛”做一个展望的话还可能是力不从心。我就在这里发表一个我个人对“时代论坛”一点小小的期待。第一个期待是我希望看到“时代论坛”有更多元化的模式。虽然我现在对于常务的信息了如指掌，但是作为我成为一个听友之前，确实也错过了很多讲座的时间、走错了讲座的地点或者说排票的时候忘记携带自己的证件等。有时候要求在入场的时候带上证件并与本人联系在一起才可以进入讲座现场。当我发现这个问题和我们“时代论坛”的人沟通的时候，他说你可能是还没看到我们海报上的信息，但是我每次查确实是没看到。我想说的是并不是我故意没看到。那么在这里我想再提一个其他的例子，记不清是上学期还是上上学期的时候，打开邮箱忽然发现辅导员发的邮件，说某某某国家政要或者是谁谁谁要来清华做讲座了。可能我对这个讲座本身不是特别的了解，但是确实很有效地知道了这个讲座信息。而另外一个讲座信息从来不会错过的就是文化素质讲座，每周都会在我们的官网上刊登出来。所以，能看到一个很清晰的讲座形势并在与同学们联系更密切的校园门户网站上看到“时代论坛”的讲座通知是极为重要的。

第二个我对于“时代论坛”的期待，就是希望它能够真正成为一个时代的论坛。具体来说需要更多地与社会热点有所呼应。根据我个人经验，在我参加过的那些讲座中，讲座嘉宾要么是针对一些个人故事分享给大家——例如今年暑假王石先生还有郎朗先生的讲座。或者嘉宾们会根据自己所擅长的专业领域分享给大家一定的专业知识。“时代论坛”就是应该把握时代的脉搏、展现时代的精神。所以我在想将来能否请“时代论坛”的同学们做一下功课，对比较有意思并存在思辨性的问题为大家请一些比较有争议的嘉宾过来。如果说请一个还说不完，那我们就请第二个、第三个……第一个可能支持这一个观点，第二天就请一个持有相反观点的嘉宾过来。这样能极大地促进同学们批判性思维的养成。

最后一个小小的期待就是像我们这种累计排票达到10小时的听友们，论坛可否考虑送一张时代通票作为对我们听友钟爱“时代论坛”的感谢呢？开一个小小的玩笑，最后的愿望留给大家，再次感谢“时代论坛”，希望“时代论坛”越办越好，谢谢大家。

陈丰千：这个建议我们会认真考虑的。今天我们也有很多的嘉宾老师到场。那么在最后，也请这些老师来谈一谈他们的看法，有请白老师和史老师。

白峰杉：本来我想今天就是来听听，不说话了，但是还是说两句吧。听完了之后其实我还是挺有感触的。“时代论坛”实际上是学生自己的品牌。大家都知道，我们文化素质基地在办很多这样的讲座，我也想过很多。我觉得对“时代论坛”来说最重要的两个字就是“成长”，不管你是已经做了这件事还是听了多少的讲座，最后凝结下来的是你的成长。这是最有价值的东西。“时代论坛”有自己的品牌，所以我刚才跟史老师说，我希望让“时代论坛”成为一个很纯的专属于学生的品牌。包括像刚才忻隆提到的三点，第一点就是学生自主，包括后面几位同学也都说能不能实现碰撞，我觉得在我们整个课程，包括讲座里面，单向的东西其实不是最重要的，要能实现很多的碰撞才是能真正体现学生成长的。

最后一个我非常欣赏的点就是你们在讲价值。坚守一种价值是我认为能凝结成长的很重要的关键点。所以我是很希望文化素质教育讲座能够凝结一些学生的东西进来，但是在今天听完了研讨会之后反而觉得既然“时代论坛”这个品牌成为一个纯的学生品牌或者我们不参与进来会使“时代论坛”更具学生的特色。当然，如果以后有什么需要我们支持的地方，我非常愿意帮忙。但我并不愿意打扰这个品牌，我想做这样一个表态，谢谢大家。

史宗恺：作为“时代论坛”的听友，刚才听大家讲的时候，我就想起来令我印象深刻的两个讲座，这两个讲座都和百年校庆有关系。在百年校庆的前一天，当大家在外面热火朝天地准备晚会的时候，主楼后厅正进行着一个由梁植主持的对话。那个对话是杨振宁先生、何兆武先生、张岂之先生的对话。当你从外面很喧闹的环境进到主楼后厅的时候，当你听到他们对话的时候，你听到这些人经历了那些我们听起来很遥远历史的老先生对话的时候，你忽然发现那个历史离我们那么近，我们也会尝试着去和历史对话。所以那天下午的讲座让我深刻地感到，我们怎么样在这样的一个环境去和历史对话。杨先生讲到他们年轻的岁月，那些对我们来说如此遥远的故事。但是当你听到那些老人从他口里说出来他所经历的那些事情的时候，你会发现自己离历史如此地近。那一次"时代论坛"策划了几个百年校庆的系列讲座，另外一个是在西阶的讲座，是覃文强的报告。他在部队工作，于是那天中午我请了一批回校的同学一起吃饭，那天中午还喝了一些酒。那天下午我印象很深刻，他大概花了半个小时的时间讲他们喝酒的事情，讲他们军人喝酒的感受。军人喝酒是为了壮行，讲到激动的时候他潸然泪下，因为对他来说离开清华到部队的历程是经历了很多的痛苦与不容易，而有些痛苦我们未必能够真正体会到。所以作为时代的听友，"时代论坛"给了我很好的教育、很多的启发。我记得"时代论坛"100期的时候，那时是在经管学院报告厅举行的。我当时发表了一个观点，讲座是我们大学重要的教育资源，而今天，我还想重复我的观点。因为它确实是一类重要的教育资源。其实这类教育资源有若干特征，我还不能完全归纳出来这一类特征。这个讲座能比课程更快地做出一类反应，无论是对我们讲的学科内容还是时政等，所带来的反应是很敏捷的。它其实不只是一类学科的东西，它打破学科的限制，更多地结合了人的学术研究和人生经验并最终呈现出一种东西。所以它就变得异彩纷呈，即使是同样的内容，但是因为人经历的不同，它反映出来的火花、感受都有所不同。

还有一点很有意思的事情。在我们的课上，至少现在大学的课堂讲授仍然不只是循规蹈矩，而是按照正规的体系来介绍。但是讲座没有体系，它提供了一个可以批判的对象，即使不一定是正确的。所以我认为讲座永远会有这样一个特征。但是过些天你忽然发现你请来的一个人有另外一个方面的问题，我认为恰恰是这些特征成为我们必须注意到的方面，所以我觉得大家仍然还可以就此进行归纳。讲座这一类的教育资源，跟我们正常的那些相比，它的某些很突出的特征成为我们大学教学的重要组成部分，尤其是对那些重点大学来说更是如此。所以，就是这类讲座，它能够充分培养或是训练我们的同学独立思考判断的能力和素质。我到现在为止仍然记得很清楚，有一次请鲍尔默来做报告，给了他一个最好的环境。那个时候大礼堂是最好的地方，我们的同学们也是纷至沓来。但是我认为最重要的一点，我们很多的同学会把鲍尔默当作一个偶像来崇拜，这是一种膜拜的心态。那时候我还在学校做校办的主任，其实那一次组织很刺激我，仍然能够看得出来我们的同学在清华当中不能够培养出来独立的判断、独立的思考。所以我认为唐骏的名字还是会刻在我们“时代论坛”嘉宾的名单当中。我希望这一类讲座能够让我们的同学学会挑战、学会批判，而不是简单的膜拜。至少渐渐弥补我们在这方面的不足。就像刚才说到我们以前请到的林俊杰，包括我曾经看到过请韩红来的时候，确实大批的同学仍然把嘉宾当作偶像来膜拜，其实我认为大可不必。如果说清华的“时代论坛”能够创造出这样一个环境，让我们学会去挑战、学会去批判，那么“时代论坛”作为学生论坛的独特的功效就表现出来了。

我认为“时代论坛”作为我们学校重要的资源平台，逐渐为同学们营造了理解和认识多元文化的一个环境。前年的时候我去了一次香港，那是一次很好的学习机会，为什么香港的学校在全球当中给别人的印象是非常国际化的环境，而为什么我们不行。调研以后让对我们清华国际化的环境有了另外一方面的信息：因为国际化的评估对大学国际化评估的指标实际上是不足的，比方说香港的大学的教师是来源于多个大学，国籍是多样的，学生的学习氛围也是多样的，所以被认为是国际化的。香港的大学英文教学水平很高，香港中文大学30%的学生有出国交换的经历，这也是国际化的重要表现。但是我后来发现还有别的方面，比方说香港的大学包括香港科技大学，很少有国际最好的公司来与之合作研究。我记得我们去香港中文大学和香港科技大学的时候，他们并没有机会去做国际化的研究。同样在香港的学校，里面很少有大型的会议，很少能够请到全世界最优秀的科学家到他们的学校里边去讲座或者说是做报告。香港的大学为了强化这方面的不足特别设立一个基金，邀请诺贝尔奖获得者到他们学校做讲座。但是我后来看他们墙上的宣传还是杨振宁先生、丁肇中先生。在这些方面，我们清华给大家创造了足够的一类国际化的环境。而这一类的报告，这一类的讲座，给了我们国际化环境一个重要的方面，所以我是觉得，

“时代论坛”也是营造清华国际化环境的重要的贡献者。充分理解、认识多元文化环境是非常重要的。

当然有一点其实和其他一些讲座都有类似，就是“时代论坛”让我们学会去追踪学术的研究，社会的思考，时代的脉络。在我们各种讲座当中，“时代论坛”所办的讲座当中都有突出的体现。所以我仍然还要再强调，“时代论坛”给我们的同学提供了优秀大学所必须有的教育资源，我觉得我们需要更多地扩展这种理念，让同学更多地认识到，除了学习之外可以更加积极地参加到论坛当中。就这点来说我要感谢“时代论坛”为我们创造这样一类教育环境做了很多的贡献，我曾跟松涛说，“时代论坛”是我们学校里面最具有影响力的论坛之一。

另外一点是“时代论坛”确实也锻炼了我们一批同学。从刚才说2003年“时代论坛”创建开始，这里变成了凝聚我们一批同学的重要平台。它确实是锻炼了同学的能力，而且有一批又一批的同学与“时代论坛”共同成长。这个成长既有理性的角度也有情感的角度。情感方面，大家可以好好地总结一下“时代论坛”成就了多少同学的美好姻缘。而从理性的角度，很多时候同学们也是在失败或沮丧当中慢慢成长起来。刚才说到，其实“时代论坛”有成功的时候也有失败的时候，我们在这个过程当中成长、学习。因此在这个过程当中，我们有一批同学充分训练了他的组织、沟通、协调的能力。记得余光中那一次，我在主楼去等余光中先生的时候，我问到是如何请到余光中先生的，当时一个女生说她就是直接拨打了余光中先生的电话并邀请到了他，真是太厉害了。

我觉得这是一种能力，她有这样的勇气去做这样的事情，并在这个过程当中充分训练出来了沟通表达的能力。前两天我参加科技兴趣团活动的时候，仍然觉得我们有相当一部分的同学需要这方面的训练。而“时代论坛”恰恰为同学们提供了这样的一个的机会——敢去找、敢去沟通、敢去说，然后在这当中内外协调等。之前在思源的分享会上，我听巩凯旋讲过余光中专场排票的事情，印象很深刻，之后张可又给我讲了一次，我有很深的体会。后来我跟张超老师说，可以作为我们社工科的一个经典案例，在这个过程中到底应该如何面对清华校内群体性的突发事件？同学们在这次事件当中确实得到了很充分的训练。第二天排票时，“时代论坛”的同学在门口有序安排的这种严谨的态度、负责的精神也是和“时代论坛”一起成长起来的。对此我非常感动。我觉得，我们“时代论坛”能够走到今天，要谢谢这些做出重要贡献的同学，还有做这些组织工作的“时代论坛”的干事们。我认为，“时代论坛”已经变成我们学生会重要工作当中不可或缺的一部分，所以现在成为清华大学学生会的“时代论坛”部，我希望，我们能够继续把这个做得更好。

最后我想再回应一下大家刚才在讨论当中提到一些想法或者是可能遇到的一些问题。我觉得我们需要多种渠道、多个途径来进一步推动“时代论坛”的发展，让它能够发挥更大的作用。这里面我觉得确实是需要一些新的创意和想法，几个同学刚才都谈到TED给我们的启发，TED在最早的时候是和我们的科技兴趣团队一起锻炼起来的。当时我还记得去给大家做讲解的一个TED的一个印度的年轻人，他出来了做一次展示之后，我们还放了若干视频。我们觉得这确实有很突出的特点。比如说它具有能够适应我们同学网上观看的特征。一刻钟甚至十分钟都不到，但是你能够通过十分钟的观看受到思想的启发甚至是做成一件事的启发。我们“时代论坛”在举办讲座的时候，有些嘉宾一讲讲俩小时就属于这样的情况。所以我们需要有一个新的创意，比方说有些嘉宾的报告时间是半个小时，我们或许可以留出一个小时的时间来做互动。

我们需要能够进一步拓展“时代论坛”的影响，扩大代听友的规模能够有有利于获取更多忠诚的时代听友。刚才听到我们在座时代的组织者、参与者还有“时代论坛”的忠实听众发表的感想，我更加感到我们需要扩大影响，因为影响的扩大有助于时代的发展的。有的时候我们邀请的嘉宾可能并不一定有名，但是基于大家对“时代论坛”的信任，也许会产出一定的影响。并不是说我们“时代论坛”要推出一个什么新人，当然也有可能会这样，包括我刚才说扩大时代听友的规模这一点还是很重要的。刚才也说到我们现在面临的嘉宾资源不足的问题，坦诚说我倒不这么认为。举个例子，我们今年刚刚开经管学院顾问委员会的会议，这个会议一年一度，每年50多位海外嘉宾大概能来20多位，有没有可能由几位经管学院的同学事先约定一些嘉宾？我认为这完全能做得到。最近我和几位老师去波士顿拜访了EMC，这个公司大家可能都不是很了解。EMC是云计算目前核心技术的掌握者，它拥有着核心、云计算的操作系统。我们如果掌握到了这些，请他们的CEO来讲讲当年是如何花6个亿把这个如今市值300亿的公司买下来，这将是多么好的资源。每年来清华访问的校长很多，我跟国际处也说过很多次，确实，我们并没有很好地利用这类的资源。在新的教育中，他们在研究生的培养过程当中有一些新的做法。我认为“时代论坛”完全有可能去做这样的努力，去争取这类的听众，而不只是在我们同学当中发展影响力。我觉得请歌星来完全可以，但是也可以更多元化一些。我们拥有一些很好的资源，包括可以和科技处进行联系。我认为在莫言还没有拿到诺贝尔奖之前也完全可以请来与同学们分享他的人身经验、人生经历等。所以我们确实可以进一步用多种途径、多种方式来扩大影响。就学校而言，有可能的话，应该尽量创造条件以便更多地筹集资源比如说资金的支持等。现在很多的校友对于我们这一类的活动很关注。最近校友会有一个年度捐款计划，有很多的校友也在寻找有哪些项目他们可以支持。我认为至少“时代论坛”是一个可以获得支持的项目，所以我们完全可以开动脑筋如何去寻求这样的支持，这也是充分锻炼同学争取资源的重要的机会。当下我们仍然可以共同探讨，看看怎么样以多种渠道、多种方式来推动“时代论坛”的发展，能够让同学们在清华这样一个多样化环境当中获得全面的成长，这方面我认为还是有很多的事要做的。最后我想再次祝贺时代的十周年，要谢谢所有的同学，谢谢今天丰千的主持，谢谢。

陈丰千：史老师最后说了这么多的谢谢，其实也是我最后想说的。今天我们在这里相聚了这么长的时间，各位老师、我们的前辈们、创始人们，还有我们兄弟院校的同学们，都是因为对“时代论坛”的支持，对“时代论坛”未来发展的关爱在百忙之中拨冗而来。所以在这里我代表“时代论坛”诚挚地感谢各位嘉宾的到来。最后我也提议既然今天难得相聚于此，我们一起上台照一张大合影，也是对时代的记忆与留念，谢谢你们。

【点滴感悟】

“时代论坛”十周年研讨会上，无论是师兄师姐，还是老师和听友，大家都说出了一些“真”东西，给我启发很大，因为场面话是没有意义的。印象很深的是俞理晓师兄说道，许多人做论坛做到后来就麻木了，自己反而没有再去关注论坛的内容。我们在大学生活中，特别是在清华这个同辈压力与硬性标准并存的环境下，往往受到外在评价体系和周围人的影响，偏离自己的初衷和本心。但如果我们做一件事的时候已经不是怀着本来的目的，而是为了最终一个功利的外在认可的标准，那么我们其实就背叛了自己在做的这件事本身。反过来讲，也无法收获去做这件事的意义，不得始终。所以，往广了讲，不仅是做论坛，我们也要想清楚认真学一门课是为什么，搞科研是为什么，做社工是为什么。十周年，是一个总结，所幸这个总结是有意义的。感谢“时代论坛”十年！

（法24　吴沁芷）

能有机会来参加这样一场特别的“时代论坛”活动，真的感觉对学生论坛的价值又多了几分理解。正如史老师所说，论坛是一种教育资源，是传播思想的地方。特别是学生论坛，特别是清华的学生论坛，它的活动完全有可能在国内产生深远的影响。所以，浮躁的社会氛围中，“时代论坛”的价值坚守就显得尤为重要。下一个十年，时代任重道远。

（电13　邢学韬）